最新改訂版

6万件の相談事例にもとづく実践マニュアル

# 生命保険税務と周辺問題Q&A

(付)保険税務否認事例集
　　　裁判例・国税不服審判所裁決事例集

－著－

株式会社 星和ビジネスリンク

〈税理士〉岩崎　敏　〈公認会計士〉登美　武　〈税理士〉追中徳久

新日本保険新聞社

## 最新改定版にあたって

　前回の出版から3年が経ちました。この3年間で、多くの新しい保険商品が販売されました。この保険商品は何をどこまで保障しているのか、保険金や給付金が支払われた場合の課税関係はどうなるのか、ご相談を受けてその都度悩みました。また、国内の低金利の影響のためか、外貨建保険商品に関するご相談も増えました。

　しかし、何より、相続税や贈与税に関するご相談が大きく増えました。いままで相続税がかからなかった方が、平成27年1月1日からの相続税の見直しを受けて、相続税の申告が必要になりました。困ったとご相談をいただくようになりました。事前の準備としての、生前贈与のご相談も増えました。

　また、法人から個人への契約者変更について、裁決事例や最高裁判所決定により考え方が整理されましたが、引き続き、多くのご質問をいただいております。

　さらに、平成30年度には、事業承継税制に関する税制改正や民法の相続編および関連する法律の改正も行われました。直接、生命保険契約には影響がないにしても、今後、関連するご質問が増えると思われます。

　今回の出版は、3年間で1万件を超えたご相談内容を踏まえ、改めて全体を見直しました。皆さまのお役に立てば幸いです。

2019年1月

執筆者代表　追中 徳久

# 目 次

## 第一部　保険税務を理解する前に
### 第1　生命保険とは
　1　生命保険の種類と保険事故……………………………………………12
　2　保険契約の関係者………………………………………………………14
　3　契約内容の変更など……………………………………………………16
　4　生命保険の加入効果……………………………………………………17
　5　退職金・弔慰金財源を生命保険で作る………………………………19

### 第2　生命保険と税務
　6　生命保険に関係する税金………………………………………………20
　7　源泉徴収と確定申告の関係……………………………………………21
　　（参考）支払調書を提出する場合、支払調書の書式
　8　法人税に影響する仕訳…………………………………………………26

## 第二部　保険税務相談事例
### 第1　個人契約
#### 1）生命保険料の払込み
　9　生命保険料の払込み……………………………………………………30
　10　契約者と保険料負担者が異なる場合の取扱い………………………33

#### 2）保険金等の受取り
　11　満期保険金の受取り（一時金・年金）………………………………35
　12　満期保険金の受取り（控除する「支出金額」）………………………38
　13　死亡保険金の受取り（一時金・年金）………………………………40
　14　死亡保険金の受取り（相続放棄した者が受け取る場合）…………42
　　（参考）相続放棄申述書
　15　死亡保険金の受取り（相続人以外の者が受け取る場合）…………46
　　（参考）「生命保険金などの明細書」（相続税申告書別表第9表）
　16　入院給付金・高度障がい保険金の受取り……………………………49
　17　解約返戻金の受取り、一時所得の内部通算…………………………51
　18　受取保険金の収入すべき時期（課税時期）…………………………53
　19　個人年金保険に係る年金の受取り……………………………………55
　　（参考）年金受給権の評価額とは
　　（参考）所得税法施行令別表「余命年数表」
　20　個人年金保険に係る年金の受取り（契約者貸付金がある場合の雑所得の金額の計算）…60
　21　相続等に係る年金の雑所得の金額の計算……………………………62

22　個人年金保険に係る年金の受取り（具体的計算例）……………………64
　23　取得した年金受給権の申告……………………………………………66
　24　こども保険（祝金の取扱い）…………………………………………67
　25　こども保険（契約者が死亡した場合）………………………………71
　26　妻や子が保険金や年金を受け取った場合……………………………73

## 3）契約内容の変更など
　27　契約者変更の取扱い（個人間の名義変更）…………………………76
　28　契約者変更の取扱い（個人年金保険）………………………………79
　29　保険金額を減額した場合の取扱い……………………………………81
　30　契約転換したときの取扱い……………………………………………83

## 4）その他
　31　「生命保険契約に関する権利」の評価を行う場合…………………85
　　　（参考）「定期金に関する権利の評価明細書」
　　　　　　　「相続税がかかる財産の明細書」（相続税申告書別表第11表）
　　　　　　　「相続財産の種類別価額表」（相続税申告書別表第15表）
　32　所得税の確定申告の仕方………………………………………………90
　　　（参考）所得税の確定申告書（第一表、第二表）
　33　配偶者控除と扶養控除…………………………………………………94

## 第2　法人契約
### 1）生命保険料の払込み・配当金の受取り
　34　生命保険料の払込み……………………………………………………96
　35　定期保険に係る保険料の取扱い………………………………………98
　36　がん保険に係る保険料の取扱い………………………………………100
　37　医療保険に係る保険料の取扱い………………………………………104
　38　生前給付保険に係る保険料の取扱い…………………………………106
　39　年払保険料の取扱い……………………………………………………107
　40　特別保険料を払い込んだ場合…………………………………………109
　41　第1回保険料の振替日は？……………………………………………111
　42　払込保険料の経理処理を間違った場合………………………………113
　43　福利厚生プラン～保険料1/2損金算入の要件………………………114
　44　積立配当金の取扱い……………………………………………………118

### 2）保険加入
　45　役員・使用人親族の保険加入…………………………………………120
　46　非常勤役員の高額保険金加入…………………………………………122

### 3）保険金等の受取り
　47　満期保険金の受取り（一時金）………………………………………123
　48　死亡保険金の受取り（一時金）………………………………………124

- 49　保険金を年金により受け取った場合の取扱い……………………………125
- 50　代表取締役死亡の場合の保険金請求…………………………………127
- 51　受取保険金の益金算入時期（課税時期）………………………………129
- 52　保険金受取時に益金が出る場合………………………………………130
- 53　入院給付金・高度障害保険金の受取り…………………………………134
- 54　年金の受取り（個人年金保険）…………………………………………135
- 55　保険契約を解約した場合………………………………………………137
- 56　保険料が給与扱になる契約の解約……………………………………138
- 57　生命保険信託……………………………………………………………140

### 4）契約（内容）の変更など
- 58　契約者変更の取扱い（法人間の名義変更）……………………………142
- 59　契約者変更の取扱い（法人から個人への名義変更）…………………145
- 60　契約者変更の取扱い（個人から法人への名義変更）…………………148
- 61　保険金額を減額した場合の取扱い……………………………………150
- 62　契約転換したときの取扱い……………………………………………152
- 63　払済保険への変更………………………………………………………154
- 64　契約者貸付と自動振替貸付の取扱い…………………………………157
- 65　退職者契約を放置していた場合………………………………………159
- 66　給与扱契約のメリット・デメリット……………………………………160

### 5）特殊法人の取扱い
- 67　各種法人とその課税関係………………………………………………161
- 68　宗教法人と生命保険……………………………………………………164
- 69　学校法人と退職金制度…………………………………………………167
- 70　社会福祉法人と退職金制度……………………………………………170
- 71　医療法人と生命保険……………………………………………………173
- 72　NPO法人と生命保険……………………………………………………175

## 第3　個人事業主契約
- 73　個人事業主契約取扱いのポイント……………………………………177
- 74　個人事業主契約の取扱い（保険金の受取りと退職金支払い）………180

# 第三部　生命保険に関連した相談事例
## 第1　退職金・弔慰金・見舞金
### 1）退職金
- 75　役員退職慰労金の支給…………………………………………………184
- 76　分掌変更等による役員退職慰労金の支給……………………………186

### 2）弔慰金・見舞金など
- 77　弔慰金の税務取扱い……………………………………………………189

78　見舞金の税務取扱い……………………………………………………………191

### 第2　相続・贈与
#### 1）相続
　　79　民法（相続法）の改正…………………………………………………………193
　　80　相続人とは…………………………………………………………………………195
　　81　相続とみなし相続………………………………………………………………197
　　82　相続税の具体的な計算方法……………………………………………………198
　　83　新しい遺産分割制度と生命保険………………………………………………200
　　84　新しい自筆証書遺言制度と生命保険…………………………………………202
　　85　新しい遺留分制度と生命保険…………………………………………………203
　　86　非上場株式評価額算定における生命保険の評価……………………………205
#### 2）贈与
　　87　贈与税の計算方法（暦年課税方式と相続時精算課税方式）………………207
　　88　贈与とみなし贈与………………………………………………………………209
　　89　生命保険料（となる資金）の贈与……………………………………………210
　　90　個人からの贈与・法人からの贈与……………………………………………213
#### 3）事業承継
　　91　事業承継と生命保険……………………………………………………………215

### 第3　外貨建
　　92　外貨建生命保険の税務について………………………………………………218

## 第四部　生命保険に必要な規程、議事録の作成
### 第1　退職金・慶弔見舞金支給規程の作成
　　93　役員退職慰労金支給規程（例）………………………………………………222
　　94　退職金支給規程（例）…………………………………………………………224
　　95　慶弔見舞金支給規程（例）……………………………………………………226

### 第2　議事録の作成（株式会社の場合）
#### 1）株主総会議事録（例）
　　96　勇退退職慰労金支給の件………………………………………………………228
　　97　死亡退職金支給の件……………………………………………………………231
#### 2）取締役会議事録（例）
　　98　株主総会招集の件………………………………………………………………232
　　99　勇退退職慰労金支給の件………………………………………………………234
　　100　死亡退職金支給の件……………………………………………………………235
　　101　役員退職慰労金支給規程制定の件……………………………………………236

102　生命保険契約締結の件 …………………………………………………………237

（付録）
　　生命保険関係の税務否認事例 ……………………………………………………240
　　裁判例・国税不服審判所裁決事例 ………………………………………………246
（参考）
　　法人税基本通達等 …………………………………………………………………264
　　所得税基本通達 ……………………………………………………………………270
　　相続税法基本通達等 ………………………………………………………………273

## 凡例

| | | |
|---|---|---|
| 法法 | ………… | 法人税法 |
| 法令 | ………… | 法人税法施行令 |
| 法基通 | ………… | 法人税基本通達 |
| 所法 | ………… | 所得税法 |
| 所令 | ………… | 所得税法施行令 |
| 所基通 | ………… | 所得税基本通達 |
| 相法 | ………… | 相続税法 |
| 相令 | ………… | 相続税法施行令 |
| 相基通 | ………… | 相続税法基本通達 |
| 措法 | ………… | 租税特別措置法 |
| 措令 | ………… | 租税特別措置法施行令 |
| 措通 | ………… | 租税特別措置法関連通達 |
| 評基通 | ………… | 財産評価基本通達 |

・根拠条文は、次のように示しています。
　（例）　相続税法第3条第1項第1号　→　相法3①一
・個別通達は、（平○．○．○．資○）という形にしました。

（注）2018年4月1日現在の法令通達によっています。
（注）2013年1月1日から2037年12月31日までの間、基準所得税額の2.1％の復興特別所得税がかかっていますが、本書ではこれを含めて「所得税」と表記します。

# 第一部

# 保険税務を理解する前に

# 第1 生命保険とは

## 1 生命保険の種類と保険事故

生命保険に係る税務や会計を考えるにあたっては、生命保険そのものに係る知識が必要ですので、以下、「生命保険の種類と保険事故」「保険契約の関係者」「契約内容の変更など」を簡単にみておきます。

### 1 生命保険の主な種類

生命保険には、次のようなものがあります。

① **養老保険**

被保険者が死亡・高度障がいとなったときも、満期となったときも同額の保険金が受け取れる保険です。

特に、「満期保険金受取人が法人で、死亡保険金受取人が被保険者の遺族」である法人契約は、福利厚生の目的で活用することが多いため、「福利厚生プラン」の代表的なものとされています。

② **終身保険**

生涯の間、被保険者が死亡・高度障がいとなったときに保険金が受け取れる保険です。

③ **定期保険特約付終身保険**

主契約となる終身保険に定期保険特約をセットした保険で、被保険者の死亡・高度障がいのときには、より大きな保険金が受け取れます。

④ **定期保険**

一定期間中に、被保険者が死亡・高度障がいとなったときに保険金が受け取れる保険で、養老保険のように満期保険金の受取りはありません。

定期保険には、さらに、次のようなものもあります。

・長期平準定期保険
・逓増定期保険
・生存給付金付定期保険

⑤ **個人年金保険**

被保険者が一定の年齢に到達したときに、所定の年金額が受け取れる保険です。

⑥ **こども保険（学資保険）**

被保険者である子が小学校などに入学したときなどに祝金、満期のときは満期祝金、契約者死亡のときには養育年金が受け取れる保険です。

⑦ 医療保険
　　被保険者のけがや病気による入院、手術、死亡などに対して、保障を行う保険です。
⑧ がん保険
　　被保険者ががんと診断確定した場合や、がんで入院した場合、手術を受けた場合、死亡などがあった場合に、給付金が受け取れる保険です。

## 2 主契約と特約

　基本となる契約を「主契約」といい、その主契約の保障内容をさらに充実させたい場合や、主契約と異なる特別の定めを別途取り交わしたい場合に、主契約に付加するものを「特約」といいます。
　原則として、それぞれの特約について、保険料、保険金額・給付金額、保険期間などが定められていますが、リビング・ニーズ特約や、団体扱など、保険料が不要なものもあります。

## 3 主な保険事故（支払事由となる事故）

　その契約がどのような場合に、保険金または給付金が支払われるか、すなわち、その保険の支払事由となる事故が何かは、保険種類によって、また契約によって異なっています。
　保険事故（共済事故を含む。以下同じ。）には、次のようなものがあります。
①**死亡**：被保険者の死亡
②**満期**：保険期間満了時における被保険者の生存
③**高度障がい**：責任開始時以後の傷害・疾病による被保険者の所定の高度障がい状態
④**入院**：被保険者の所定の日数以上の継続入院（病気に限定しているものもあります。）
⑤**手術**：被保険者の病気・不慮の事故による所定の手術

## 2 保険契約の関係者

### 1 保険契約の関係者

　生命保険契約（これに類する一定の共済契約を含む。以下同じ）に係る税務については、保険種類や契約形態などによって異なってきます。
　契約形態とは、契約者、被保険者、保険金受取人の関係をいいますが、それぞれ次の者をいいます。契約者と保険金受取人は個人の場合も法人の場合もありますが、被保険者は必ず個人となります。

　① **契約者**（共済契約者を含む。以下同じ。）
　　　保険会社と保険契約を締結し、契約上の権利（契約者変更、保険金額の減額など）と義務（保険料支払いなど）を有する者
　　　契約者については、法人・個人のほかに、法人に準じた取扱いを行う、個人事業主の場合があります。
　② **被保険者**（被共済者を含む。以下同じ。）
　　　その者の生死などが保険の対象とされる者
　③ **保険金受取人**（共済金受取人を含む。以下同じ。）
　　　契約者が指定した保険金を受け取る者

　契約形態については、契約者の保管する保険証券などにより確認することができます。
　これらの者以外に、生命保険に係る税金を考えるにあたっては、「**保険料負担者**（保険料等払込人）」の存在を忘れてはいけません。特に、個人契約において、相続税と贈与税の課税関係をみる場合には、契約者は脇役で、保険料負担者が主役となってきます。通常は、契約者が保険料を負担している者として取り扱われています。
　なお、保険料（共済掛金を含む。以下同じ。）とは、契約者が支払う金銭をいい、保険金・給付金とは、支払事由に該当する場合に保険会社が支払うべき金銭をいいます。

（注）保険金（共済金を含む。以下同じ。）を支払った場合、保険会社は所轄税務署にその支払内容を記載した支払調書を提出することとなっており、保険契約の関係者も、ここに記載することとなっています。契約者欄には、契約者を記入するのですが、保険料を負担した者がこれと異なる場合には、「保険料等払込人」を記入することとされています。

### 2 特に保険金受取人について

　保険金受取人は、通常、保険契約が満期になったときに、満期保険金を受け取る満期保険金受取人、被保険者が死亡した場合に死亡保険金を受け取る死亡保険金受取人、被保険者が高度障がいになったときに高度障がい保険金を受け取る高度障がい保険金受取人がいます。
　それぞれは約款に定められていますが、特に留意を要するのは、死亡保険金受取人が死亡したにもかかわらず、受取人変更が行われていない間に、被保険者が死亡した場合です。
　これは、どのように取り扱われるのでしょうか。

新しい保険金受取人を指定しないまま被保険者が死亡したときは、保険法第46条により、受取人の相続人の全員が新たな受取人となります。
　通常、既に死亡した受取人の法定相続人、または順次の相続人であって、被保険者の死亡の時生存する者が受取人とされています。その受取割合は、保険会社あるいは商品約款により、民法上の法定相続割合としているケースと、民法第427条に規定する平等（均等）の割合としているケースがあります。

---

【保険法46】保険金受取人の死亡
　保険金受取人が保険事故の発生前に死亡したときは、その相続人の全員が保険金受取人となる。

【民法427】分割債権及び分割債務
　　数人の債権者又は債務者がある場合において、別段の意思表示がないときは、各債権者又は各債務者は、それぞれ等しい割合で権利を有し、又は義務を負う。

---

　なお、保険法の施行により、保険金受取人は遺言により変更できるようになりました。その場合、契約者の相続人がその旨を保険会社に通知しなければ保険会社に対抗できません（保険法44）。

# 3 契約内容の変更など

保険期間中には、契約内容のいろいろな変更が生じ、また、借入があったり、保険契約を解約することもあります。これらのほとんどは税務取扱いに影響を及ぼします。

以下に、主なものを記載しました。

## 1 契約内容の変更

① 名義変更

被保険者の変更はできないので、契約者の変更と保険金受取人の変更になります。

② 保険金額の減額

保険金額を減額し、保険料の払込額を少なくすることをいいます。

③ 保険料の払込方法（回数）の変更

月払を年払に変更したり、月払保険料を一括払にしたり、年払保険料を前納したりすることをいいます。

④ 保険期間の変更

保険期間を延長したり、短縮することをいいます。

⑤ 契約転換（又は保障見直し）

加入している保険契約を解約せずに、その責任準備金や配当金などを新しい保険契約の一部（転換価格）に充当して、保障内容の充実を図ることをいいます。なお、加入している保険契約に自動振替貸付金、または契約者貸付金がある場合には、この転換時に精算が行われます。

転換方法として、基本転換方式、特約転換方式、比例転換方式などがあります。

⑥ 払済保険への変更

変更時の解約返戻金を一時払の保険料に充当し、保険期間をそのままにした保険料払込済みの保険に変更することをいいます。

## 2 保険会社からの借入

① 自動振替貸付

解約返戻金のある契約について、払込猶予期間が過ぎても払い込みをしなかった場合に、保険会社が契約にもとづき保険料を自動的に立て替える制度をいいます。

② 契約者貸付

契約者の申し出により、解約返戻金の一定の範囲内で保険会社が融資する制度をいいます。

## 3 解約

保険契約を解約することによって、保険会社が解約返戻金を契約者に支払うことをいいます。

ただし、保険種類や保険期間などによっては、解約返戻金がないこともあります。

1－1 生命保険とは

 生命保険の加入効果

① 生命保険に加入した場合の効果としては、どのようなものがあるのでしょうか。
② ここ2～3ヶ月で退職金を1,000万円ほど支払いました。この支払いで、損益計算書の利益が減少し、業績が安定しません。生命保険は、こういったことに有効なものなのでしょうか。

　契約者が個人の場合には、①遺産分割の円滑化効果、②資金繰り効果、③税務メリットなどがあるといえます。一方、法人の場合には、①資金繰り効果、②利益調整効果、③税務メリットなどが考えられ、契約者は、これらの効果を期待して、生命保険に加入しているといえます。

## 1 契約者が個人の場合

### 1) 遺産分割の円滑化効果
　被相続人の亡くなられた後に、相続人間で遺産分割する際には、金銭は何かと分割しやすい財産ですが、必要とするときに、保険金として、これを受け取って円滑に分割することができます。

### 2) 資金繰り効果
　被相続人の死亡にともない、相続税が必要となったときには、死亡保険金が納税資金として役に立ちます。また、ある1人の相続人に、分割しにくい（または分割しない方がよい）財産を取得させたいときに、他の相続人に金銭を支払う「代償分割」の場合には、死亡保険金を代償分割資金として活用できます。

### 3) 税務メリット
① 個人が生命保険料を支払った場合には、生命保険料控除の適用があるため、所得税・住民税についてメリットがあります。
　平成24年1月1日以後に締結した契約については、一般生命保険料控除、介護医療保険料控除（新設）、個人年金保険料控除のそれぞれの適用限度額が40,000円、合計適用限度額が120,000円となりました（住民税ではそれぞれ28,000円、合計70,000円となります）。
② 相続人が受け取った死亡保険金については、「500万円×法定相続人数」（非課税限度）のうち、全部または一部の金額が非課税財産（相法12）となっています。そのため、課税対象となる保険金は、これを控除した残額となりますので、有利、特に多くの資産を取得した相続人ほど有利となってきます。

## 2 契約者が法人の場合

### 1) 資金繰り効果

これは、役員・使用人の死亡などにともない、企業がその遺族に支払うべき死亡退職金や弔慰金などにあてるため、一時金を必要としたときに、借入をしなくても、保険金（または給付金、解約返戻金など）として金銭を受け取ることができるというものです。

仕訳で示しますと、次の例の借方部分にあたります。（太字部分が関係個所。以下同じ。）
（本書では、入出金には、当座預金勘定を使っています。）

| | | | |
|---|---|---|---|
| **当座預金　10,000,000** | | 保険料積立金　4,000,000 | |
| | | 雑収入　　　　6,000,000 | |

### 2) 利益調整効果

死亡退職金などの支出があると、大きな費用（損金）が発生するため、その事業年度の当期利益を大きく減少させます。しかし、保険金などを受け取った場合には、上記1）貸方に収益（益金）の発生することが多いため、当期の利益をそれほど減少させない効果があるというものです。

| | |
|---|---|
| 退職金　10,000,000 | 当座預金　10,000,000 |

### 3) 税務メリット

保険料が損金算入できる保険商品の場合には、その払込保険料が損金となるため、その年度の所得金額を減少させる、すなわち、法人税を減らすメリットがあるというものです。

ただ、その損金となったものは、保険金などの受取時に、通常、益金となります。すなわち、このメリットというのは、正確には、利益の繰延べ効果であるということになります。

《保険料払込時》

| | |
|---|---|
| **定期保険料　30,000** | 当座預金　30,000 |

《保険金などの受取時》

| | |
|---|---|
| 当座預金　10,000,000 | **雑収入　10,000,000** |

1-1 生命保険とは

## 退職金・弔慰金財源を生命保険で作る

 毎年3月に決算状況を見て、退職金財源を積んでいる会社があります。先方から、「生命保険は、『業績を見て』という融通性がないため、財源作りとしてはどうか」といわれています。
両方のメリット・デメリットを教えてください。

### メリット、デメリット

法人が退職金などの資金の準備を生命保険で行う場合と、そうでない場合のメリット、デメリットは、次の通りです。

| | メリット | デメリット |
|---|---|---|
| 生命保険で資金準備している場合 | ① 社外積立のため、退職金の財源作りが、他の社内資産に手をつけずにでき、資金繰りに困らない。<br>② 保険料を損金算入できる保険商品については、税務メリット(繰延べ効果)がある。<br>③ 被保険者である経営者や役員が亡くなった場合には、一時金が入手でき、信用力を弱めることがない。 | ① 会社業績にかかわらず、保険会社と締結した契約にもとづき、原則として所定の保険料を払い込む必要がある。 |
| 生命保険で資金準備していない場合(通常事業資金で準備) | ① 決算内容により、毎年の積立を変えることができる。 | ① 積立を行っているとはいえ、他に財源が必要となったときに使われる危険性がある。<br>② 被保険者である役員や使用人が亡くなった場合には、多額の役員退職金や弔慰金が必要となり、積み立てた金額だけでは不足することがあり、この場合には、事業の状況によっては、資金繰りに窮することとなる。 |

すなわち、退職金財源の積立を生命保険で行わない場合には、現実に退職が生じたときに、そのときの会社の収益状況や財政状況によっては、財源が不足するため、支払えない、あるいは分割払になってしまうかもしれません。

一方、積立を生命保険で行う場合には、退職金財源として、その保険金額または解約返戻金の額が準備されています。もしも役員や使用人が死亡ということになっても、資金繰りの心配はなく、死亡退職金・弔慰金を支払うことができるというメリットが出てきます。非常に有効な方策だと思います。

# 第2 生命保険と税務

## 6 生命保険に関係する税金

**Q** 生命保険に関係する税金としては、どのようなものがあるのでしょうか。また、法人契約と個人契約とでは、異なるのでしょうか。

### 1 生命保険に関係する税金

　法人税、所得税（2037年12月31日までの間、復興特別所得税を含む。以下「所得税」という）・住民税、相続税、贈与税が主なものです。これらを定めている法律としては、法人税法、所得税法、地方税法、相続税法、租税特別措置法など、これに関連した施行令（内閣が制定する政令）があり、さらに、これらの法律の解釈などを定めた施行規則（各省大臣が制定する省令）、取扱通達（基本通達及び個別通達）などがあります。

　法人が関係する税は、主に法人税であり、個人が関係する税は、所得税・住民税及び相続税、贈与税（個人事業主については、所得税・住民税）となっています。

　ところで、これらの法律などの適用にあたっては、法人であっても、個人の税法を、逆に、個人であっても、法人の税法を使って類推解釈することがありますので、常に、「個人の場合には、どうか？」「同じケースで、法人の場合には、どうか？」という視点を持っていれば、確かな解釈とそれに基づいた適切な取扱いが行われることと思います。

### 2 法人契約と個人契約に係る税金の違い

　法人契約と個人契約に係る税金は、保険種類と、契約者（＝保険料負担者）・被保険者・保険金受取人（満期、死亡）の契約形態によって、適用される税目が異なってきます。

　保険料の払込みと保険金・給付金の受取り、そして契約内容の変更にともなって、税金が発生してきますが、例えば、保険金の受取りに係る税金をみますと、次の通りとなります。

| | 保険種類 | 契約者（保険料負担者） | 被保険者 | 満期保険金受取人 | 死亡保険金受取人 | 満期の場合 | 死亡の場合 |
|---|---|---|---|---|---|---|---|
| 法人契約 | 養老保険 | 法人 | 役員・使用人 | 法人 | 法人 | 保険金額と資産計上額・負債計上額との差額は、法人税の課税対象 | 保険金額と資産計上額・負債計上額との差額は、法人税の課税対象 |
| | | | | 法人 | 役員・使用人の遺族 | 保険金額と資産計上額・負債計上額との差額は、法人税の課税対象 | 保険金は遺族のみなし相続財産として相続税の課税対象（原則として法人税には影響しない） |
| 個人契約 | 養老保険 | 個人A | 個人A | 個人A | 個人B | 保険金は一時所得として所得税・住民税の課税対象 | 保険金は遺族のみなし相続財産として相続税の課税対象 |
| | | 個人A | 個人B | 個人A | 個人A | 保険金は一時所得として所得税・住民税の課税対象 | 保険金は一時所得として所得税・住民税の課税対象 |

1-2 生命保険と税務

# 7 源泉徴収と確定申告の関係

**Q** 源泉徴収されたものについては、確定申告は、必要ないのでしょうか。

##  源泉徴収の行われる場合

所得税法では、給与所得、利子所得、退職所得、配当所得、公的年金及び事業所得・雑所得・一時所得の一部などについては、その支払いをする者が源泉徴収し、納税することを義務づけています（所法181以下）。

源泉徴収制度は、税金の前払制度です。従って、原則として、最終的には、確定申告（給与所得者の場合には、年末調整）による精算手続を必要とします。

この源泉徴収制度は、次の4タイプに分けられようかと思います。

この中で、個人の生命保険契約について源泉徴収されるケースは、タイプAの②とタイプDの④です。

|  |  | 例 |
|---|---|---|
| タイプA | 源泉徴収で課税関係が完結するもの | ①利子等（所得税15.315％、住民税5％）<br>②**一時払養老保険\*1などの金融類似商品に係る差益**（所得税15.315％、住民税5％） |
| タイプB | 源泉徴収だけで申告不要とできるもの | ①上場株式等に係る配当等（持株割合3％未満の株主）（所得税15.315％、住民税5％）<br>②上場株式等の譲渡益（源泉徴収口座）（所得税15.315％、住民税5％） |
| タイプC | 源泉徴収で終了（損益通算は可能） | ①退職手当等（申告書の提出ある場合、退職所得控除額控除後の金額の1/2相当額に対して課税（原則）。同時に、住民税も特別徴収） |
| タイプD | 源泉徴収があっても、原則として、確定申告（年末調整）が必要なもの | ①上場株式等に係る配当等（持株割合3％以上の株主）（所得税20.42％、住民税は申告）<br>②給与等（所得税は、税額表による。住民税は特別徴収（原則））<br>③公的年金等（所得税は、一定額を控除後10.21％。住民税は申告（原則））<br>④**生命保険契約に基づく年金等\*2**（所得税は、必要経費控除後10.21％（ただし、残額が25万円未満の場合は対象外）。住民税は申告）<br>⑤原稿料・印税（所得税は、10.21％。住民税は申告） |

注） タイプDにおいて「（住民税は申告）」とされていても、所得税の確定申告書を提出しているなどの場合には住民税の申告は不要。

\*1 期間が5年以下の一時払養老保険の満期保険金、及びこれに類似する商品の5年以内の解約に伴う解約返戻金差益（満期保険金または解約返戻金の額－払込保険料総額）の20.315％の源泉分離課税

\*2 年金受取人と契約者が異なる契約など一定の契約に基づく年金は、平成25年1月1日以後に支払うべきものから源泉徴収の対象外となりました。

【所法207（源泉徴収義務）】
【所法209（源泉徴収を要しない年金）】

## 2　確定申告・年末調整との関係

　確定申告とは、その年中に生じた所得金額の総決算ですが、それとともに、確定所得金額により計算した税額と、源泉徴収税額や予定納税額などの合計額を比較して精算（税金の追加納付または還付）するためのものです。

　従って、源泉徴収されたからといって、確定申告は無関係ということではありません。あらためて、確定申告の要否を判断しなくてはならないのです。

　確定申告を要する人は、①所得金額の合計額が所得控除額の合計額を超える者、及び②退職金の支払いを受けた者のうち特定のものです。

　ただし、給与所得者については、給与の年収が2,000万円以下で、かつ1ヶ所から給与所得を受けている者で、給与所得及び退職所得以外の所得の金額が20万円以下であるものなどについては、年末調整により所得税額を確定させ、納税も完了していますので、確定申告の必要はありません。

　なお、年金所得者についても、公的年金等の収入金額が400万円以下で、かつ、その公的年金等に係る雑所得以外の所得金額が20万円以下の者に対する確定申告不要制度があります。この「公的年金等に係る雑所得以外の所得」の主なものは、給与、パート収入、生命保険年金、満期保険金などです。

　ただし、平成26年度の税制改正で、外国の制度に基づき国外で支払われる年金などの源泉徴収の対象とならない公的年金等の支給を受ける者については、この確定申告不要制度が適用できないこととなりました。

（参考）支払調書を提出する場合

　次の提出範囲に該当する場合には、生命保険会社は所轄税務署に支払調書を提出することが義務付けられています（所法225①四）。従って、税務署は、この支払調書に記載されている保険金などの受取状況を知ることができます。

| 一時金・年金 | 税金 | 提出範囲 |
|---|---|---|
| 満期保険金、死亡保険金、解約返戻金、祝金などの一時金 | 一時所得として、所得税の課税対象となるもの | 一回の支払金額が100万円を超えるもの |
| | 相続税・贈与税の課税対象となるもの | 支払われる金額が100万円を超えるもの |
| 年　金 | 雑所得として所得税の課税対象となるもの | 同一人に対するその年中の支払金額が20万円を超えるもの |

**契約者死亡による調書**

　生命保険契約等について死亡による契約者変更があった場合、死亡による契約者変更情報及び解約返戻金相当額等を記載した調書が提出されます。

　支払調書などの書式は次ページ以下の通りです。

次の支払調書は、一時金の支払調書です。

平成30年1月1日以後に契約者変更があった場合、「直前の保険契約者等」「契約者変更の回数」「保険金等の支払時の契約者の払込保険料等」が新たに記載されることになりました。

平成　　年分　生命保険金等の一時金の支払調書

| 保険金等受取人 | 住所(居所)又は所在地 | | 氏名又は名称 | |
|---|---|---|---|---|
| | | | 個人番号又は法人番号 | |
| 保険契約者等(又は保険料等払込人) | | | 氏名又は名称 | |
| | | | 個人番号又は法人番号 | |
| 被保険者等 | | | 氏名又は名称 | |
| 直前の保険契約者等 | | | | |
| 保険金額等 | 増加又は割増保険金額等 | 未払利益配当金等 | 貸付金額、同未収利息 | |
| 千円 | 千円 | 千円 | 千円 | |
| 未払込保険料等 | 前納保険料等払戻金 | 差引支払保険金額等 | 既払込保険料等 | |
| 千円 | 千円 | 千円 | 千円(内　　　　) | |
| 保険事故等 | | 保険事故等の発生年月日 | 年　月　日 | |
| 保険等の種類 | | 保険金等の支払年月日 | 年　月　日 | |
| 契約者変更の回数 | | | | |
| 保険会社等 | 所在地 | | | |
| | 名称 | | 法人番号 | |

備考
1　この支払調書は、居住者及び国内法人に支払う法第225条第1項第4号に規定する給付並びに非居住者及び外国法人に支払う法第161条第1項第14号に規定する給付金のうち一時金について使用すること。
2　この支払調書の記載要領は、次による。
　……(1)〜(5)省略……
(6)　契約者以外の者が保険料等の払込みをしていることが明らかなものについては、「保険契約者等」の欄にその保険料等の払込人を記載すること。
(7)　第86条第1項第8号に規定する契約者の変更があった場合には、次によること。
　イ　「直前の保険契約者等」の欄に、当該変更前の契約者の氏名又は名称及び住所もしくは居所又は本店若しくは主たる事務所の所在地を記載すること。
　ロ　「既払込保険料」の項の内書に、現契約者((6)に該当する場合には、その保険料等の払込人)が払い込んだ保険料等の額を記載すること。
　ハ　「契約者変更の回数」の欄に、当該生命保険契約等に係る契約者の変更の回数を記載すること。
　……以下省略……

次の支払調書は、年金の支払調書です。

## 平成　　年分　生命保険契約等の年金の支払調書

| 支払を受ける者 | 住所又は居所 | | | | | |
|---|---|---|---|---|---|---|
| | 氏　名 | | | | 個人番号 | |
| 年金の種類 | 年金の支払金額 | | 年金の支払金額に対応する保険料又は掛金額 | 差引金額 | | 源泉徴収税額 |
| | 千　円 | | 千　円 | 千　円 | | 千　円 |

| 契約者 | 住所(居所)又は所在地 | | 氏名又は名称 | |
|---|---|---|---|---|
| | | | 個人番号又は法人番号 | |

| 相続等生命保険年金に該当 | 年金の支払開始日 年　月　日 | 残存期間 年数 | 支払開始日 年齢 歳 | 支払期間 年数 | 保証期間 年数 |
|---|---|---|---|---|---|
| | 支払総額又は支払総額見込額 千　円 | 支払総額等のうちに保険料又は掛金額の占める割合 ％ | | 年金に係る権利について相続税法第24条の規定により評価された額 千　円 | |

(摘要)

| 支払者 | 所在地 | | | |
|---|---|---|---|---|
| | 名　称 | （電話） | 法人番号 | |

| 整　理　欄 | ① | ② |
|---|---|---|

366

○「個人番号又は法人番号」欄に個人番号（12桁）を記載する場合には、右詰で記載します。

---

① 「年金の種類」欄には、終身年金、確定年金などの種類が記載されます。

② 「年金の支払金額」欄には、その年中に支払の確定したものが記載されます。

③ 「年金の支払金額に対応する保険料又は掛金額」欄には、その年金に係る必要経費が記載されます。

④ その年金に係る剰余金又は割戻金の額がある場合には、その金額が「年金の支払金額」欄に外書されます。

⑤ 「相続等生命保険年金に該当」欄には、関連内容が記載されます。

【支払調書発行基準】
　年金の支払いがあり、同一人に対するその年中の年金の支払金額が20万円を超える場合に支払調書が発行。ただし、相続等保険年金で平成25年1月1日以後の支払分については、全件発行。

1-2 生命保険と税務

平成30年1月1日以後の死亡による契約者変更について発行される調書は次の通りです。
相続税の課税対象となる解約返戻金相当額が記載されています。

**保険契約者等の異動に関する調書**

| 新保険契約者等 | 住所（居所）又は所在地 | | 氏名又は名称 | |
|---|---|---|---|---|
| 死亡した保険契約者等 | | | | |
| 被保険者等 | | | | |

| 解約返戻金相当額 | 既払込保険料等の総額 | 死亡した保険契約者等の払込保険料等 |
|---|---|---|
| 円 | 円 | 円 |

| 評価日 | 1 保険契約者等の死亡日<br>2 契約者変更の効力発生日 | 保険契約者等の死亡日 | 年　月　日 | （摘要） |
|---|---|---|---|---|
| 保険等の種類 | | 契約者変更の効力発生日 | 年　月　日 | （　年　月　日提出） |
| 保険会社等 | 所在地 | | | |
| | 名称 | | 法人番号 | |

備考
1　新保険契約者等の欄には、生命保険契約又は損害保険契約（共済契約を含む。）の契約者の死亡に伴う当該契約の契約者の変更（以下「契約者変更」という。）の手続をした場合における当該契約者変更後の契約者の氏名又は名称及び住所若しくは居所又は所在地を記載すること。
2　死亡した保険契約者等の欄には、契約者変更前の契約者の氏名及び住所又は居所を記載すること。
3　解約返戻金相当額の欄には、2の契約者の死亡日又は契約者変更の効力発生日のいずれかの日（以下「評価日」という。）において当該契約を解約するとしたならば支払われるべき解約返戻金の金額を記載すること。
4　評価日の欄には、3の解約返戻金相当額に係る評価日に対応する番号を○で囲むこと。
5　保険会社等の法人番号欄には、行政手続における特定の個人を識別するための番号の利用等に関する法律第2条第15項に規定する法人番号を記載すること。
6　合計表をこの様式に準じて作成し添付すること。

法人税に影響する仕訳

法人契約で、法人税に影響する仕訳には、どのようなものがありますか。

## 1 法人税の課税対象となる「所得金額」

法人税算出のベースとなる課税標準は、各事業年度の所得の金額ですが、この所得金額は、その事業年度の益金の額から損金の額を控除した金額です。(法法22①)

所得金額＝益金の額－損金の額

従って、「益金」となるものと「損金」となるものが、法人税に影響を与えるわけです。益金が多ければ多いほど、法人税は増え、逆に損金となるものが多いほど、法人税は少なくなります。

## 2 法人税に影響する仕訳

法人税（所得金額）に影響する勘定科目としては、生命保険料、定期保険料、雑損失、雑支出といった損金に算入する勘定、雑収入といった益金に算入する勘定がありますが、これらは、保険料払込時、保険金・給付金受取時などにおける仕訳において発生してきます。

以下、主な仕訳を例示しますが、太字部分が所得金額に影響を与える勘定科目と金額です。

① 保険料払込時

例えば、福利厚生プラン（養老保険）の場合には、次の仕訳の通りです。

| 保険料積立金 | 15,000 | 当座預金 | 30,000 |
|---|---|---|---|
| **福利厚生費** | **15,000** | | |

全額資産計上となるものについては、当期の所得金額に影響を及ぼしませんので、法人税への影響はなしということになります。

② 保険金受取時（解約時も、同様）

保険金受取時には、その契約が消滅するわけですから、その契約に係るすべての資産勘定（保険料積立金・配当金積立金・前払保険料勘定など）の残高及び負債勘定（保険借入金勘定）の残高を取り崩して、ゼロにします。

| 当座預金　10,000,000 | 保険料積立金　4,000,000 |
|---|---|
| | 配当金積立金　　100,000 |
| | 雑収入　　　　5,900,000 |

③　給付金受取時

　給付金受取時には、その契約は消滅せず、(特約保険料は、払込時に損金算入されているため) 関連する資産勘定残高もありません。従って、給付金全額を雑収入で受け入れます。

| 当座預金　90,000 | 雑収入　90,000 |
|---|---|

④　契約転換時

　例えば、比例転換方式の場合には、次の通り、仕訳を行います。
　資産勘定残高よりも転換価格の方が少ない場合には、その差額を借方に雑損失で表示します。

| 保険料積立金　250,000 | 保険料積立金　500,000 |
|---|---|
| 前払保険料　　200,000 | 配当金積立金　 50,000 |
| 雑損失　　　　100,000 | |

　なお、「保険会社より契約者貸付を受けて、法人税を減らすことができるか」というご照会が時々ありますが、これは、減らすことができません。次の通り、この仕訳は、資産勘定が増加するとともに、負債勘定も増加、損金が発生しない取引であるため、所得金額に影響しないのです。

| 当座預金　1,000,000 | 保険借入金　1,000,000 |
|---|---|

　なお、利息を借入金に繰入れすることの通知があったときや、借入金を精算するときに、支払利息という損金が発生してきます。この場合には、所得金額に影響し、法人税を減らすこととなります。
　借入金に繰入れするときの仕訳は、次の通りです。

| 支払利息　20,000 | 借入金　20,000 |
|---|---|

# 第二部

# 保険税務相談事例

# 第1 個人契約

## 9 生命保険料の払込み

**Q** 個人契約の生命保険料の払込みにおいて、ポイントとなる点は、何ですか。

個人契約では、法人契約と異なり、保険料払込みに係る経理処理の問題がないため、
① 生命保険料控除として所得金額より差し引くことのできる金額は、いくらなのか
② 契約者と保険料負担者が異なる場合の課税関係はどうなのか
の2点がポイントとなります。

### 1 生命保険料控除

所得税法及び地方税法上、各種所得の金額の計算において考慮されなかった特定の損失や支出金額については、税負担を軽減する目的から、「所得控除」としてその控除額を総所得金額などの所得金額から差し引くことができます（所法76、地法314の2）。

そのうちの一つが、生命保険料の支出であり、その年において生命保険料、個人年金保険料または介護医療保険料の払込みをした場合には、次により計算した金額（①②③あわせて120,000円（住民税の場合70,000円）が限度。）を生命保険料控除の金額として所得金額より差し引くことができます。

| | 払込金額 | 控除額 |
|---|---|---|
| ①一般の生命保険料（次の個人年金保険料、介護医療保険料を除く。）を払い込んだ場合 | イ．20,000円（12,000円）以下の金額 | 払込保険料の全額 |
| | ロ．20,000円（12,000円）超 40,000円（32,000円）以下の金額 | 払込保険料×1/2＋10,000円（6,000円） |
| | ハ．40,000円（32,000円）超 80,000円（56,000円）以下の金額 | 払込保険料×1/4＋20,000円（14,000円） |
| | ニ．80,000円（56,000円）超の金額 | 一律40,000円（28,000円） |
| ②個人年金保険料（疾病など特約部分を除く。）を払い込んだ場合 | ①のイ～ニの区分に応ずる算式により計算した金額（40,000円（28,000円）が限度） | |
| ③介護医療保険料を払い込んだ場合 | ①のイ～ニの区分に応ずる算式により計算した金額（40,000円（28,000円）が限度） | |

（注）払込金額とは、その年に払い込んだ金額から、その年に受けた配当金などを差し引いた残りの金額をいいます。
　　（ ）は住民税の場合。

なお、平成23年12月31日以前に締結された契約についての控除額は、以下のとおりです。
①、②あわせて100,000円（住民税の場合70,000円）が限度となります。

| | | 払込金額 | 控除額 |
|---|---|---|---|
| ①一般の生命保険料（次の個人年金保険料を除く。）を払い込んだ場合 | イ． | 25,000円（15,000円）以下の金額 | 払込保険料の全額 |
| | ロ． | 25,000円（15,000円）超 50,000円（40,000円）以下の金額 | 払込保険料×1/2＋12,500円（7,500円） |
| | ハ． | 50,000円（40,000円）超 100,000円（70,000円）以下の金額 | 払込保険料×1/4＋25,000円（17,500円） |
| | ニ． | 100,000円（70,000円）超の金額 | 一律50,000円（35,000円） |
| ②個人年金保険料（疾病など特約部分を除く。）を払い込んだ場合 | | 上記イ～ニの区分に応ずる算式により計算した金額（50,000円（35,000円）が限度） | |

（注）（　）は住民税の場合。

### 《生命保険料控除額の例示》（所得税の場合）

平成23年12月31日までに締結された契約を旧契約、平成24年1月1日以後に締結された契約を新契約と称して、控除額の計算例を記載します。

| 例 | 平成23年までの取扱い | 平成24年以後の取扱い |
|---|---|---|
| 旧契約　一般生命保険料<br>　　　　10万円支払い | 一般生命保険料控除<br>5万円 | 旧契約　一般生命保険料控除5万円<br>　　　5万円＜12万円<br>　　　　∴5万円 |
| 旧契約　一般生命保険料<br>　　　　10万円支払い<br>新契約　一般生命保険料<br>　　　　10万円支払い | 一般生命保険料控除<br>5万円 | 旧契約　一般生命保険料控除5万円<br>新契約　一般生命保険料控除4万円<br>　合計　9万円＞4万円<br>　　∴　4万円<br>ただし、旧契約のみ申告して5万円の控除を受けることは可能。<br>　　5万円＜12万円<br>　　　　∴5万円 |
| 旧契約　個人年金保険料<br>　　　　10万円支払い<br>新契約　一般生命保険料<br>　　　　10万円支払い<br>新契約　介護医療保険料<br>　　　　10万円支払い | 個人年金保険料控除<br>5万円 | 旧契約　個人年金保険料控除5万円<br>新契約　一般生命保険料控除4万円<br>新契約　介護医療保険料控除4万円<br>　合計13万円＞12万円<br>　　　　∴12万円 |

## 2 保険料の負担者と契約者

　生命保険料の払込みについては、所得税法と相続税法が関係してきますが、いずれも、あまり「契約者」という表現が出てきません。「保険料の払込みをする者」「保険料を負担した者」（以下、「保険料負担者」という。）になっています。

　例えば、生命保険料控除を適用できるのは、保険料の払込みをする者（所法76）です。これは、契約者でない者も、保険料の払込みがあることを予定しているからです。

　従って、契約者が妻や家族であっても、夫が保険料の払込みをしている場合には、他の要件が充たされている限り、保険料の払込みをした夫が、この保険料を生命保険料控除の対象とすることとなります。

　税務サイドも、生命保険会社も、保険料負担者を特定することがなかなか困難であって、手間もかかるため、第一次的には、「契約者が、保険料を負担している」ものとして取り扱っています。

　しかし、税務サイドが、「契約者は保険料を負担していなかった」ということを知った場合には、保険料負担者を基準とした税目（所得税・住民税、相続税、贈与税）で課税することとされています。

　一方、納税者サイドで、「契約者以外の者が、保険料を負担していたので、それによる申告を行いたい。」ということであれば、所轄税務署に証明できる書類などを持参して、説明の上、手続きを行う必要があります。

---

【国税不服審判所裁決事例】平成10年9月2日裁決

　「ところで、生命保険契約においては、商法第647条《他人のためにする保険－保険料支払義務》及び同法第683条《損害保険金に関する規定の準用》の規定により、保険契約者に保険料を支払う義務が課せられており、保険契約者が保険料を負担するのが通例である。

　しかしながら、保険契約者以外の者が保険料を負担している場合があることから、相続税法第3条第1項においては、保険料負担者と保険契約者が異なる場合があることを予定して受取保険金等の課税関係を規定しており、ここでいう保険料負担者とは、実質上の負担者をいうものと解されている。」

---

（注）国税の不服申立制度は、税務署長の更正や決定などに対して不服がある場合に、調査しなおすことを請求できる制度のことです。この制度には、税務署長や国税局長などに対する「再調査の請求＊」と、「再調査の請求」に対する税務署長などの決定に、なお不服があるときに、国税不服審判所長に対して行う「審査請求」があります。

　　審査請求による裁決内容のうち一部については公開されていますので、その内容を知ることができます。ここには、税務サイドの考え方がよくあらわれているので、非常に参考となります。上記も、その一つです。以下、本文中に、いくつかの事例をご紹介しています。

　　なお、本書では、特に断りのない限り、「保険料負担者は、契約者である」として説明しています。

　＊従来は「異議申立て」と言っていましたが、国税通則法の改正に伴い、平成28年4月1日から「再調査の請求」に改められています。また、異議申立ての廃止に伴い、異議申立て前置主義も廃止されました。

2-1　個人契約

契約者と保険料負担者が異なる場合の取扱い

① 契約者、被保険者、満期保険金受取人とも「妻」になっている契約がありますが、保険料引落用口座の名義が「夫」になっています。保険金を受け取ることとなった場合には、保険料負担について問われ、妻に贈与税が課税されることはありませんか。
② 贈与税課税となった場合、贈与とされるのは、保険料の引落し時点ですか、それとも満期保険金の受取り時点ですか。

## 1 口座引落しの場合の「保険料を負担した者」

　この場合の保険料負担者は、通常、預金口座の名義人であるとされています。ただ、名義人であっても、実質的には、他の者が所有しているものと認められる場合には、その他の者の口座とみなされることがありますので、ご留意ください。

　今回の場合には、契約者、満期保険金受取人ともに「妻」ですので、第一次的には、妻の受け取った満期保険金は、一時所得として所得税・住民税の課税対象となります。
　しかし、保険料を負担した者が契約者である妻ではなく、夫であるということになってきますと、妻の得た保険金は、夫から「贈与により得た」と判断され、贈与税の課税対象となってきます。夫の「預金口座からの引落し」という客観的事実にもとづきますので、税務当局から照会されたときには、非常に苦しくなりましょう。
　また、例えば、「この預金口座の名義人は、夫になっているが、実は、妻が相続によって取得したものを夫の口座に預け入れていたものである」「預金通帳も、印鑑も、妻が常に保管し、日常取引にもっぱら使っている」といったようなことであれば、話は変わってきますが、それを証明する必要があります。証明できれば、「贈与」ということは、問われないものと思われます。

【国税不服審判所裁決事例】平成12年10月30日裁決
　「現に、本件共済掛金はすべて請求人（契約者である夫、下線部分著者追記）名義の本件預金口座から口座振替の方法により支払われているのであるから、本件共済掛金をＦ（被保険者である請求人の妻、下線部分著者追記）が負担していたとする具体的な事実が確認できない以上、本件共済掛金を実質的に負担していたのは請求人といわざるを得ない。」

## 2 贈与とされる時点はいつか

贈与とされる時点は、相続税法の基本通達に、次のように定められています（相基通1の3・1の4共－8（2））。

① 書面による贈与は、贈与契約の効力の発生した時
② 書面によらない贈与は、贈与の履行の時

すなわち、贈与し、相手が受諾する旨の内容を記載した契約書などの書面があれば、その<u>契約日などが贈与した日</u>となりますが、贈与の旨を記載した書面がない場合には、引き渡しまではいつでも取り消すことができますので、<u>預金通帳、印鑑などを引き渡した時</u>とされます。ということは、「年間110万円の範囲内で贈与した」と言っても、その旨の書面が残されていなければ、最終的に預金通帳などを引き渡した時の贈与として認定されてしまうということです。

そのため、贈与をしたときには、その金額の記帳された通帳と印鑑を実際に渡しておくことが必要ですが、その贈与の事実を明確にしておきたい場合には、契約書などの書面に残しておいた方が証明力があるため、確実であるといえます。

さて、契約者である妻が払い込むべき保険料を夫が負担した場合、その行為は保険料相当額の贈与ではないか。そして、贈与の時期は、保険料払込みの時、銀行扱の場合には口座引き落し時点ではないかという疑問が生じます。

しかし、「現行の課税態度は、課税技術上の要請から決定されたものと思われ」（「税理士のための資産税」井口幸英著、有信堂発行）、保険事故発生時に贈与があったものとみなされています。すなわち、生命保険金に関しては、保険事故が発生したときに、保険金受取人が、保険料負担者から、保険料負担者が負担した分に見合う保険金を贈与により取得したものとみなすこととされています（相法5）。

相続税法上は、契約者がだれであるかよりも、保険料負担者がだれであるかがポイントとなっています。今回の場合も、契約者以外の者が保険料を負担していたということですから、この事実にもとづき、保険金支払時点で判断し、課税されることとなります。

これは、保険契約を解約した場合も同様であって、解約返戻金受取時に、解約返戻金相当額が保険料負担者から解約返戻金受取人（契約者）に贈与されたものとして、贈与税を課税することとしています。

2−1　個人契約

## 11　満期保険金の受取り（一時金・年金）

① 満期保険金を受け取りましたが、税務取扱いはどのようになるのでしょうか。年金として受け取る場合には、どうでしょうか。契約者（＝保険料負担者）は私です。
② 満期が近づいてきました。この保険金を受け取らず、保険会社に据え置こうと思っています。この場合の課税は、どのようになりますか。

　満期保険金をそのまま受け取ったり、据え置いたり、年金にしたりすることがあります。また、満期保険金受取時に借入金を精算することもあります。
　これらの場合に、取扱いはどのようになるのでしょうか。

### 1　満期保険金を受け取ったとき

　契約者が満期保険金を受け取った場合には、その満期保険金は、一時所得に該当し、所得税・住民税の課税対象となります（所法34）。なお、この満期保険金とともに支払いを受ける配当金がある場合には、それも含むこととします（所令183②一）。
一時所得の金額は次の通りで、この金額の1/2相当額が他の所得の金額と合算されて課税が行われます。

① 総収入金額　　満期保険金額
② 支出金額　　　払込保険料総額
③ 所得金額　　　①－②－特別控除額（年間50万円が限度）

　なお、一時払養老保険で、保険期間が5年以内のもの、または保険期間が5年超のもので5年以内に解約されたものについては、その保険差益部分（受取保険金額・解約返戻金額－払込保険料総額）に対して、20.315％（所得税15.315％、住民税5％）の源泉分離課税が適用されます。源泉分離課税の場合には、この源泉徴収だけで納税が完結します。
　一時払確定年金についても、5年以内に解約されたものについては、同様に、源泉分離課税の対象となりますので、ご留意ください。

### 2　満期保険金を据え置いたとき

　満期保険金を受け取らず、保険会社に据え置くことができます。しかし、その場合でも、その満期保険金を受け取る権利が発生した日（満期日など）の属する年の所得となります（所基通36-13）。従って、後に、この据置金を引き出しても、課税済みのため、引出し時点では、課税されることはありません。
　なお、据え置いた場合には、一定の利息が付加されますが、この据置利息は雑所得に該当し、別途、所得税・住民税の課税対象となるため、原則として、確定申告する必要があります。

> 【国税不服審判所裁決事例】平成12年11月8日裁決
> 「また、据置契約は、本件保険金を原資として、請求人の意思によって新たに締結されたものであり、本件契約とは別個の預金契約であると認められる。そうすると、本件保険金は、本件契約の保険期間満了後、請求人側に現実に金員が支払われることなく、新たに締結した別個の契約に引き継がれたものにすぎないと認められ、いずれも平成10年中にその支払を受けるべき権利が確定していることが認められるから、平成10年分の一時所得となり、(以下、略)。」

## 3 契約者貸付金・自動振替貸付金の精算があるとき

満期となった契約に契約者貸付金などがある場合には、そのときに精算が行われるため、その金額を控除した後の金額が満期保険金受取人に支払われることとなります。
この場合の取扱いは、次の通りです。

1）契約者が満期保険金を受け取った場合
　　契約者貸付金などを控除する前の金額が、所得税・住民税の課税対象となります。
　　すなわち、契約者貸付金などがなかったものとしての課税が行われます。
2）契約者以外の者が満期保険金を受け取った場合
　　契約者貸付金などは、その契約者しか受け取ることができないため、その金額相当額は、一時所得として所得税・住民税の課税対象となります。一方、保険金受取人は、契約者貸付金などを控除した後の、正味受取額を受け取るため、その金額が贈与税の課税対象となります。

## 4 年金を受け取ったとき

満期保険金を、年金特約の設定により年金で受け取る場合があります。
この年金に対する課税は、次のようになります。

|  | 保険金支払事由発生日前に年金払＊1を申し出たとき | 保険金支払事由発生日以後に年金払を申し出たとき |
|---|---|---|
| 契約者が満期保険金を年金で受け取った場合 | ①満期保険金受取時の課税はない。②受け取った年金は（公的年金等以外の）雑所得に該当し、所得税・住民税の課税が行われる（所法35、所令183）。 | ①満期保険金は、一時所得として課税される。②また、年金は雑所得に該当し、所得税・住民税の課税が行われる（所法35）。 |
| 契約者以外の者が満期保険金を年金で受け取った場合 | ①「定期金に関する権利」の評価の規定（相法24）により評価した額に対して、贈与税の課税が行われる。②受け取った年金は雑所得に該当し、そのうち課税部分＊2に対し、所得税・住民税の課税が行われる（所法35、所令185）。 | ①満期保険金に贈与税課税（相法5①一）。②また、年金は雑所得に該当し、所得税・住民税の課税が行われる（所法35）。 |

＊1　年金払に対する考え方の変更が平成26年9月にありました（P57参照）。
＊2　P62以降参照。

（注1）雑所得の金額の計算については、次の通り。（払込保険料総額を使う場合）

　　　①総収入金額　その年に支払いを受ける年金の額（課税部分＊）

　　　②必要経費

　　　　　その年に支払いを受ける年金の額（課税部分＊）

　　　　　　　×（払込保険料総額÷年金の受取総額または見込額）
　　　　　　　　　└→小数点3位以下を切り上げ、2位とする

　　　③所得金額　　①－②

　　　＊P62以降参照。

（注2）年金を受け取る際に、必要経費控除後の金額に対して、10.21％の所得税が源泉徴収されます。（ただし、必要経費控除後の金額が25万円以上の場合に限ります。）

　　　なお、たとえ源泉徴収された場合においても、当年分の確定申告が必要かどうかの判断が必要となります。

　　　年金受取人と契約者が異なる契約など特定の契約に基づく年金は、平成25年1月1日以後に支払うべきものから、源泉徴収の対象外となりました。

## 満期保険金の受取り（控除する「支出金額」）

① 満期保険金受取人を分割指定した場合には、一時所得の金額の計算上、控除する支出金額については、どのように考えればよいのでしょうか。
② 退職にともない、契約者を法人から個人に変更した後に、この契約が満期を迎えた場合、その受け取った満期保険金に係る一時所得の金額の計算上控除する支出金額は、どうなるのでしょうか。退職時には、解約返戻金相当額で課税されています。

### 1 控除する支出金額

満期保険金（契約者＝保険料負担者＝満期保険金受取人）、解約返戻金（契約者＝保険料負担者）といった生命保険契約に係る一時金は、一時所得に該当します。

そして、一時所得の金額は、その年中の総収入金額からその収入を得るために支出した金額の合計額を控除し、その残額から特別控除額（年間50万円が限度）を控除した金額とされています。この金額の1/2相当額が、他の所得の金額と合算されて課税されることとなります。

なお、この「支出した金額」については、その収入を生じた行為をするため、又はその収入を生じた原因の発生に伴い直接要した金額に限られます（所法34②）

### 2 満期保険金を分割して受け取った場合の「支出金額」

満期保険金の受取人を複数の者に分割して指定すること（分割指定）があります。

この場合、契約者が受け取った満期保険金は一時所得に該当し、所得税・住民税の課税対象、契約者以外の者が受け取った満期保険金は贈与税の課税対象となります。

ところで、一時所得の金額の計算上控除される支出金額は、その契約に係る契約当初からの払込保険料総額でしょうか。それとも、払込保険料総額のうち、受け取った保険金額に対応する金額なのでしょうか。

これは、次の理由から、後者の「受け取った保険金額に対応する金額」となります。

① 前述の通り、一時所得の金額の計算上、総収入金額から控除する支出金額は、その収入を生じた行為をするため、又はその収入を生じた原因の発生に伴い直接要した金額に限ることとされています。「その収入を生じた原因の発生」とは、「満期保険金を受け取る権利の発生」、「直接要した金額」とは、払込保険料総額のうち、それぞれの者が受け取った満期保険金額に対応する部分の金額と考えられます。

② また、「生命保険契約等に基づく一時金等に係る所得金額の計算上控除する保険料等」の取扱い（所基通34-4）では、「これらの金額のうち、相続税法の規定により相続、遺贈又は贈与により取得したものとみなされる一時金又は満期返戻金等に係る部分の金額を除く。」こととされています。

契約者以外の者が受け取る満期保険金に係る保険料は、「贈与により取得したものとみなされる一時金に係る部分」に該当するため、契約者が受け取る満期保険金額から控除する上記支出金額には算入されないこととなります。

## 3 法人から個人に名義変更された契約の満期保険金に係る「支出金額」

　役員が退任する際に、退職慰労金の一部として、生命保険契約の権利を現物支給（契約者を法人から個人に変更）されるときがあります。その場合には、その支給された生命保険契約の権利は退職所得に該当し、その時の解約返戻金の額（剰余金の分配額などがある場合には、これらの金額を加減算した金額。以下同様。）が所得税・住民税の課税対象となります。その後、満期を迎えたり、解約したりした場合に受け取る満期保険金あるいは解約返戻金が一時所得に該当するときには、その一時所得の金額の計算上、総収入金額から控除する支出金額は、どうなるのでしょうか。

　これについては、平成24年1月の最高裁の判決を受け、所得税法施行令が改正され、所得税基本通達34－4において、以下のように取り扱うことが明確化されました。

　一時所得の金額の計算上控除する保険料等
　① その一時金又は満期保険金を受け取る者が自ら支出した保険料
　② 受取人以外の者が支出した保険料で、受取人が自ら負担して支出したと認められるもの

　法人から個人に名義変更された場合、名義変更時点で個人に対して解約返戻金相当額で評価された金額が給与課税されます。これが②に該当します。

　よって、『名義変更時点での解約返戻金相当額＋その後受取人が自ら支出した保険料』が支出金額となります（最高裁決定平成29年9月8日参照）。

## 13 死亡保険金の受取り（一時金・年金）

 死亡保険金を受け取りましたが、税務取扱いはどのようになるのでしょうか。年金として受け取る場合には、どうでしょうか。

　死亡保険金をそのまま受け取ったり、据え置いたり、年金にしたりすることがあります。また、死亡保険金受取時に借入金を精算することもあります。
　これらの場合に、税務取扱いはどのようになるのでしょうか。

### 1 死亡保険金を受け取ったとき

　保険契約の形態により、次のような税務取扱いとなります。なお、据え置いた場合の取扱いは、満期保険金の取扱いに準じます。
① 契約者である被保険者の死亡により、保険金受取人が受け取る保険金＊は相続税の課税対象（相法3①一）
　　相続税の課税対象になった保険金のうち、相続人の受け取ったものについては、非課税規定（相法12①五）の適用があります。
　　＊分配を受ける剰余金、割戻しを受ける割戻金、及び払戻しを受ける前納保険料の額を含む（相基通3-8）。以下、「保険金」という場合には、断りのない限り、これらを含みます。
② 被保険者の死亡により、契約者である保険金受取人が受け取る死亡保険金は一時所得に該当し、所得税・住民税の課税対象
③ 契約者・被保険者・保険金受取人がすべて別人である場合には、死亡保険金は贈与税の課税対象

### 2 契約者貸付金の精算があるとき

　保険金が支払われる契約に契約者貸付金（自動振替貸付金、未払込保険料の額を含む。いずれも、元利合計額。以下、同じ。）があるとき、課税対象額は、次のようになります。（相基通3-9）
① 相続税の課税対象となる場合には、契約者貸付金控除後の金額となります。
　　契約者貸付金の額に相当する保険金及び契約者貸付金の額はいずれもなかったものとします（契約者貸付を受けた契約者が、死亡しているため。）。
② 所得税・住民税の課税対象となる場合には、契約者貸付金控除前の金額となります。
　　（保険金受取人が契約者貸付金控除後の金額を取得し、契約者が契約者貸付金相当額を取得したものとしますが、保険金受取人＝契約者であるため、契約者貸付金控除前の金額が課税対象となります。）
③ 贈与税の課税対象となる場合には、契約者貸付金控除後の金額となります。それとともに、契約者貸付金相当額は、一時所得として、契約者に所得税・住民税が課せられます。

## 3 年金を受け取ったとき

　死亡保険金を、年金特約の設定により、年金で受け取る場合があります。この年金に対する課税は、次のようになります。

| | 保険金支払事由発生日前に年金払＊1を申し出たとき | 保険金支払事由発生日以後に年金払を申し出たとき |
|---|---|---|
| 契約者が死亡保険金を年金で受け取った場合<br>　契約者A<br>　被保険者B<br>　年金受取人A | ①死亡保険金受取時の課税はない。<br>②受け取った年金は（公的年金等以外の）雑所得に該当し、所得税・住民税の課税が行われる（所法35、所令183）。 | ①死亡保険金は、一時所得として所得税等課税（所基通34-1(4)）。<br>②年金も、雑所得として所得税等課税（所法35）。 |
| 契約者以外の者が死亡保険金を年金で受け取った場合<br>　契約者A<br>　被保険者A<br>　年金受取人B | ①相法24条評価額に相続税課税（相基通24-3）。相続人が受け取る場合、非課税規定の適用あり（相基通3-6、相法3①一、相法12①五）。<br>②年金（課税部分＊2）は、雑所得として所得税等課税（所法35、所令185）。 | ①死亡保険金に相続税課税（相法3①一）。相続人が受け取る場合、非課税規定の適用あり（相法12①五）。<br>②年金も、雑所得として所得税等課税（所法35）。 |
| 契約者以外の者が死亡保険金を年金で受け取った場合<br>　契約者A<br>　被保険者B<br>　年金受取人C | ①相法24条評価額に贈与税課税（相基通24-3、相法5①一）。<br>②年金（課税部分＊2）は、雑所得として所得税等課税（所法35、所令185）。 | ①死亡保険金に贈与税課税（相法5①一）。<br>②年金も、雑所得として所得税等課税（所法35）。 |

＊1　年金払に対する考え方の変更が平成26年9月にありました（P57参照）。

＊2　P62以降参照。

（注1）雑所得の金額の計算については、次の通り。（払込保険料総額を使う場合）

　　　①総収入金額　その年に支払いを受ける年金の額（課税部分＊）

　　　②必要経費

　　　　その年に支払いを受ける年金の額（課税部分＊）×（払込保険料総額÷年金の受取総額または見込額）

　　　　　　　　　　　　　　　　　　　　　　　　　　→小数点3位以下を切り上げ、2位とする

　　　③所得金額　　①－②

（注2）年金を受け取る際に、必要経費控除後の金額に対して、10.21％の所得税が源泉徴収されます。（ただし、必要経費控除後の金額が25万円以上の場合に限ります。）

　　　なお、たとえ、源泉徴収された場合においても、当年分の確定申告が必要かどうかの判断が必要となります。年金受取人と契約者が異なる契約など特定の契約に基づく年金は、平成25年1月1日以後に支払うべきものから、源泉徴収の対象外となりました。

## 14 死亡保険金の受取り（相続放棄した者が受け取る場合）

① 相続放棄した場合でも、死亡保険金を受け取れるのでしょうか。
② 相続放棄した場合、入院給付金を受け取れないのは、なぜですか？ 受け取れる方法は、ないでしょうか。

### 1 相続放棄した場合の保険金請求権

相続が開始した場合、法定相続人は、この相続を受け入れるか、受け入れないかは全く自由ですが、この受け入れることを「承認（単純承認・限定承認）」といい、拒否することを「相続放棄」といいます。相続放棄した場合、被相続人の財産に属した一切の権利義務を引き継ぎませんが、被相続人を被保険者とする保険契約に基づく死亡保険金は受け取れるのでしょうか。

保険金受取人を契約者以外の第三者とする生命保険契約を「他人のためにする生命保険契約」といい、民法上の「第三者のためにする契約」（民法537）の一種と解されています。これは、契約により、当事者の一方（契約者）が第三者（保険金受取人）に対してある給付（死亡保険金などの支払い）をなすべきことを約束し、第三者が債務者（保険会社）に対して直接にその給付を請求する権利（保険金請求権）を有するとされる契約形態です。

このように、第三者である保険金受取人は、保険契約にもとづいて、保険金請求権を原始的に取得するものであり、これは「受取人の固有の権利」とされています。

従って、死亡保険金は相続財産とはならないため、相続放棄しても受け取ることができます。

---

【民法537】第三者のためにする契約

契約により当事者の一方が第三者に対してある給付をすることを約したときは、その第三者は、債務者に対して直接にその給付を請求する権利を有する。

② 前項の場合において、第三者の権利は、その第三者が債務者に対して同項の契約の利益を享受する意思を表示した時に発生する。

【最高裁判所判例】

保険金請求権は、保険契約の効力発生と同時に、相続人の固有財産となり、被保険者（兼保険契約者）の遺産から離脱しているとみられる。（最高裁 昭和40.2.2 同48.6.29）

《参考資料》「生命保険の法律相談」大高満範編 青林書院発行

---

### 2 相続放棄した場合の入院給付金請求権

さて、死亡保険金については、前述の通り、「死亡保険金受取人固有の権利として保険金を受け取る」こととなりますので、死亡保険金受取人が相続放棄しようがしまいが、関係なく保険金を受け取ることができます。

一方、入院給付金については、約款上、「受取人は被保険者」となっているため、被保険者の受け取

るべき給付です。しかし、被保険者が亡くなった場合には、この入院給付金は、相続財産として、他の財産債務とともに、被保険者の相続人が取得することとなります。

　この場合、相続放棄した者は、この相続人には該当しません。債務とともに、相続財産の受取りも放棄したわけですから、入院給付金については、これを受け取ることができないのです。

　死亡保険金受取人が代表受取人となっていることが多いため、この入院給付金についても、受取人固有の財産と解されることがありますが、これは、あくまでも、相続人全員に支払うべきものを代表受取人に支払っているに過ぎないのです。

---

《参考》民法における相続放棄の定め
　相続放棄の取扱いについては、次のようになっています。
（1）相続人は、自己のために相続の開始があったことを知った時＊から3ヶ月以内に、相続について、単純承認若しくは限定承認又は相続放棄をしなければなりません。（民法915①）
　　上記期間内に限定承認又は相続放棄しなかったときは、単純承認したものとみなされます。（同法921二）
（2）相続放棄をしようとする者は、その旨を家庭裁判所に申述しなければなりません。（同法938）

　　その提出書類「相続放棄申述書」は、次ページのものです。
　相続放棄の効力として、相続放棄した者は、その相続に関しては、初めから相続人とならなかったものとみなされます。（同法939）

　＊被相続人死亡の当日、死亡の通知をうけた日、先順位者の相続放棄を知った日など

# 相続放棄申述書

（この欄に収入印紙８００円分を貼ってください。）

（貼った印紙に押印しないでください。）

| 収入印紙 | 円 |
| --- | --- |
| 予納郵便切手 | 円 |

準口頭　　関連事件番号　平成　　年（家　　）第　　　　　号

　　　　　家庭裁判所　　御中　　申述人（未成年者などの場合は法定代理人）の記名押印　　　　　　　　　印
平成　　年　　月　　日

| 添付書類 | (同じ書類は1通で足ります。審理のために必要な場合は、追加書類の提出をお願いすることがあります。)<br>□ 戸籍（除籍・改製原戸籍）謄本（全部事項証明書）　合計　　通<br>□ 被相続人の住民票除票又は戸籍附票<br>□ |

## 申述人

| 本籍（国籍） | 都道府県 |
| --- | --- |
| 住所 | 〒　　－　　　　　　　電話　（　　）　　　　（　　　方） |
| フリガナ<br>氏名 | 大正・昭和・平成　年　月　日生（　　歳）　職業 |
| 被相続人との関係 | ※ 被相続人の………　1 子　2 孫　3 配偶者　4 直系尊属（父母・祖父母）<br>　　　　　　　　　　5 兄弟姉妹　6 おいめい　7 その他（　　　） |

## 法定代理人等

※
1 親権者
2 後見人
3

| 住所 | 〒　　－　　　　　　　電話　（　　）　　　　（　　　方） |
| --- | --- |
| フリガナ<br>氏名 | フリガナ<br>氏名 |

## 被相続人

| 本籍（国籍） | 都道府県 |
| --- | --- |
| 最後の住所 | 　　　　　　　　　死亡当時の職業 |
| フリガナ<br>氏名 | 平成　年　月　日死亡 |

（注）　太枠の中だけ記入してください。　※の部分は、当てはまる番号を○で囲み、被相続人との関係欄の7、法定代理人等欄の3を選んだ場合には、具体的に記入してください。

| 申　述　の　趣　旨 |
|---|
| 相　続　の　放　棄　を　す　る　。 |

| 申　述　の　理　由 ||
|---|---|
| ※　相続の開始を知った日………平成　　年　　月　　日<br>　　1　被相続人死亡の当日　　　　　3　先順位者の相続放棄を知った日<br>　　2　死亡の通知をうけた日　　　　4　その他（　　　　　　　　　　　　） ||
| 放　棄　の　理　由 | 相　続　財　産　の　概　略 |
| ※<br>1　被相続人から生前に贈与を受けている。<br>2　生活が安定している。<br>3　遺産が少ない。<br>4　遺産を分散させたくない。<br>5　債務超過のため。<br>6　その他〔　　　　　　〕 | 資<br>　農　地……約＿＿＿＿＿平方メートル　　現　金　　………約＿＿＿＿万円<br>　　　　　　　　　　　　　　　　　　　預貯金<br>　山　林……約＿＿＿＿＿平方メートル　　有価証券……約＿＿＿＿万円<br>　宅　地……約＿＿＿＿＿平方メートル<br>産<br>　建　物……約＿＿＿＿＿平方メートル<br>負　債………………………………約＿＿＿＿＿＿万円 |

(注)　太枠の中だけ記入してください。　※の部分は，当てはまる番号を○で囲み，申述の理由欄の4，放棄の理由欄の6を選んだ場合には，（　）内に具体的に記入してください。

## 15 死亡保険金の受取り（相続人以外の者が受け取る場合）

　① 「契約者・被保険者は私、死亡保険金受取人は妻」の契約について、このたび離婚しましたので、面倒をみてくれている私の兄に受取人を変更しました。私が死亡した場合、兄に支払われる保険金は、贈与税の課税対象になるのでしょうか。
② 先妻の受け取る保険金を相続税で申告する場合、私（現在の妻）が行う相続税の申告と一緒に行うのでしょうか。

### 1 課税される税目は

今回のケースでは、契約者と被保険者が同一人なので、被保険者が亡くなった場合に支払われる保険金は、受取人が籍に入っている妻であろうと、離婚した妻であろうと、また、兄であろうと、相続税の課税対象には変わりありません。

税目は変わらないのですが、次のように、①保険金の非課税規定の適用があるかどうか、②相続税の2割加算の適用があるかどうかが異なってきます。

### 2 保険金の非課税規定の適用

相続人の取得した生命保険金については、保険金の非課税限度額のうち、自己に割り当てられた部分の金額については、非課税とされるため、税金がかかりません（相法12①五）。従って、受け取った保険金額からこの金額を控除した残額が、保険金としての課税対象ということになってきます。

ここでいう「相続人」とは、法定相続人のうち、①相続を放棄した者、及び②相続権を失った者を除外した者のことをいいます。

相続を放棄した者には、この特典がないわけです。

兄は、被保険者である被相続人に子や両親がいない、あるいは、子や両親が相続放棄などしたときにはじめて、法定相続人となることができます。そうでない場合には、相続人ではないため、受け取った保険金に対して、非課税規定の適用を受けることができません。先妻も、戸籍上の配偶者ではないため、法定相続人には該当せず、非課税規定の適用はありません。

次ページの「相続税申告書別表第9表」を参照下さい。

同表の「1 相続や遺贈によって取得したものとみなされる保険金など」欄には、兄の分も、先妻の分も記入されますが、「2 課税される金額の計算」欄には、いずれも、記入されません。

2-1 個人契約

# 生命保険金などの明細書

被相続人 ＿＿＿＿

第9表（平成21年4月分以降用）

## 1 相続や遺贈によって取得したものとみなされる保険金など

この表は、相続人やその他の人が被相続人から相続や遺贈によって取得したものとみなされる生命保険金、損害保険契約の死亡保険金及び特定の生命共済金などを受け取った場合に、その受取金額などを記入します。

| 保険会社等の所在地 | 保険会社等の名称 | 受取年月日 | 受取金額 | 受取人の氏名 |
|---|---|---|---|---|
|  |  | ． ． | 円 |  |
|  |  | ． ． |  |  |
|  |  | ． ． |  |  |
|  |  | ． ． |  |  |
|  |  | ． ． |  |  |

(注) 1 相続人（相続の放棄をした人を除きます。以下同じです。）が受け取った保険金などのうち一定の金額は非課税となりますので、その人は、次の2の該当欄に非課税となる金額と課税される金額とを記入します。
2 相続人以外の人が受け取った保険金などについては、非課税となる金額はありませんので、その人は、その受け取った金額そのままを第11表の「財産の明細」の「価額」の欄に転記します。
3 相続時精算課税適用財産は含まれません。

## 2 課税される金額の計算

この表は、被相続人の死亡によって相続人が生命保険金などを受け取った場合に、記入します。

| 保険金の非課税限度額 | ［第2表の④の法定相続人の数］（500万円×＿＿人により計算した金額を右の④に記入します。） | ④ ＿＿,000,000 円 |
|---|---|---|

| 保険金などを受け取った相続人の氏名 | ① 受け取った保険金などの金額 | ② 非課税金額 $\left(Ⓐ \times \dfrac{各人の①}{Ⓑ}\right)$ | ③ 課税金額 (①-②) |
|---|---|---|---|
|  | 円 | 円 | 円 |
|  |  |  |  |
|  |  |  |  |
|  |  |  |  |
| 合計 | Ⓑ |  |  |

(注) 1 Ⓑの金額がⒶの金額より少ないときは、各相続人の①欄の金額がそのまま②欄の非課税金額となりますので、③欄の課税金額は0となります。
2 ③欄の金額を第11表の「財産の明細」の「価額」欄に転記します。

第9表（平成30.7） （資4-20-10-A4統一）

## 3 相続税の2割加算の適用

　相続などによって財産を取得した者が、被相続人の一親等の血族（その者の代襲相続人、すなわち被相続人の孫などを含む。）及び配偶者以外の者である場合には、その納付すべき相続税額は、算出された税額の2割増しとなります（相法18）。

　これは、被相続人の養子となっていた被相続人の孫（いわゆる孫養子）の場合も同様です。

　例えば、次の者が全員保険金を取得したときの上記2つの規定の適用の有無は、それぞれ次のようになります。

　本人（被相続人）と妻、先妻、子Ａ、子Ｂ（相続放棄）、兄がいると仮定。

|  | 保険金の非課税規定の適用 | 相続税の2割加算の適用 | 説明 |
|---|---|---|---|
| 妻 | ○（適用あり） | ×（加算されない） | 配偶者であるため |
| 先妻 | ×（適用なし） | ○（2割加算） | 配偶者でないため |
| 子Ａ | ○（適用あり） | ×（加算されない） | 一親等の血族であるため |
| 子Ｂ（相続放棄） | ×（適用なし） | ×（加算されない） | 一親等の血族であるが、相続放棄しているため |
| 兄 | ×（適用なし） | ○（2割加算） | 法定相続人でないため |

## 4 相続人以外の者の申告

　保険金を受け取った先妻は、現在の妻に対して、自分の受け取った保険金を知らせることは、まずないでしょう。現実問題として、なかなかむずかしいと思います。

　しかし、相続税の計算方法は、被相続人から相続などにより財産を取得したすべての者の課税価格の合計額（生命保険金などのみなし相続財産を含む。）が基礎控除額を超える場合に、その財産の取得者に対して課税されるものなので、すべての財産を合算しないと、相続税額が算出されません。

　従って、すべての財産を合算しての申告納付が困難である場合には、被相続人が亡くなった当時の被相続人の住所を管轄する税務署に相談していただく必要があります。

　このような事態に陥ることを避けるためには、一時所得タイプの保険契約形態を採用することが必要です。すなわち、「契約者：先妻、被保険者：夫、死亡保険金受取人：先妻」という形態であり、このようにしておけば、死亡保険金は一時所得となり、所得税・住民税の課税対象となってきて、現在の妻などに対して、死亡保険金の存在を知られることはありません。先妻に資金力のない場合には、保険料の負担について、生前贈与対策をとっておく必要があります。

# 16 入院給付金・高度障がい保険金の受取り

 被保険者である夫が高度障がい状態となったため、妻である私が保険金を請求しようと思います。税金は、どのようになるのでしょうか。

## 1 本人の受け取る入院給付金や高度障がい保険金は、非課税

「生命保険契約に基づく給付金で、身体の傷害に基因して支払を受けるもの」は、所得税法上非課税（所法9①十七、所令30一）とされており、これには、傷害だけでなく、疾病により支払いを受ける入院給付金や高度障がい保険金（給付金）も該当します（所基通9-21）。そして、一時金だけでなく、年金として支払いを受けるものも非課税扱いとなります。

以下、高度障がい保険金を取り上げますが、次の契約形態にもとづき支払われる高度障がい保険金が非課税となります。

【契約形態】
　契約者（＝保険料負担者）：夫
　被保険者（身体の傷害を受けた者）：夫
　高度障がい保険金受取人（保険金等の支払を受ける者）：夫

## 2 被保険者と保険金受取人が異なる場合の取扱い

被保険者となる者が、通常、高度障がい保険金の受取人となりますが、契約形態「契約者：夫、被保険者：妻、高度障がい保険金受取人：夫」のように、高度障がい状態になった被保険者と高度障がい保険金受取人が異なる場合があります。この場合には、原則として、上記非課税規定の適用はなく、その保険金は、一時所得として所得税・住民税の課税対象になります。

しかし、高度障がい保険金の支払いを受ける者が、被保険者の「配偶者若しくは直系血族又は生計を一にするその他の親族」であるときには、例外的に、非課税としての取扱いが認められています（所基通9-20）。

これらの者が受け取る場合には、本人が受け取る場合と「その実質では大差がないのに、自己の傷害によるものではないからとして課税を強行することは、実際上は極めて難しく、実務の上でも、課税に踏み切ることができない。」という考え方にもとづいています。（「所得税基本通達逐条解説」大蔵財務協会発行）

【所基通9‐20】身体に損害を受けた者以外の者が支払を受ける傷害保険金等
令第30条第1号の規定により非課税とされる「身体の傷害に基因して支払を受けるもの」は、自己の身体の傷害に基因して支払を受けるものをいうのであるが、その支払を受ける者と身体に傷害を受けた者とが異なる場合であっても、その支払を受ける者がその身体に傷害を受けた者の配偶者若しくは直系血族又は生計を一にするその他の親族であるときは、当該保険金又は給付金についても同号の適用があるものとする。

> （注）いわゆる死亡保険金は、「身体の傷害に基因して支払を受けるもの」には該当しないのであるから留意する。

## 3 代理人の受け取る高度障がい保険金も非課税

　通常、高度障がい保険金受取人は被保険者ですので、被保険者が請求することとなるのですが、被保険者が請求できない特別の事情がある場合には、代理人が請求することとなります。
　この場合には、代理人の受け取る高度障がい保険金も非課税となってきます。

　代理人として受け取った保険金は、受取人である被保険者のものです。
　従って、ご照会のケースのように、妻が代理で受け取った場合にも、その保険金の受取人はあくまでも「夫」です。
　そのため、もし、その後、夫が死亡したときには、この保険金のうち未使用残高（通常、現金または預金などになっている。）は、夫の遺産の一部として、相続税の課税対象になってきます。これは、（本来の）相続財産であるため、非課税規定（相法12①五）の適用はありません。
　夫の生存中に、妻がこの財産を自己の利益のために使用した場合には、「贈与」と認定されることがありますので、ご留意ください。

> （付）リビング・ニーズ特約に基づく保険金に係る課税取扱い
> 　リビング・ニーズ特約に基づく保険金は、被保険者の余命が6か月以内と診断された場合に、主契約の死亡保険金の一部又は全部を被保険者に対して支払うものです。
> 　この保険金は、生命保険契約に基づく一時金として一時所得に該当しますが、重度の疾病に基因して支払われる保険金であって、死亡を支払事由とするものではありません。従って、高度障がい保険金と同様に、非課税所得として取り扱われることとなります。

2-1 個人契約

 解約返戻金の受取り、一時所得の内部通算

 解約返戻金を受け取りましたが、税金はどのようにかかるのでしょうか。今年は、満期になる契約もあります。

## 1 解約返戻金に対する課税

契約者に対し支払われた解約返戻金は、生命保険契約に基づく一時金に該当します。これについては、契約者と保険料負担者の関係により、所得税・住民税の課税対象になる場合と、贈与税の課税対象になる場合があります。

1）所得税・住民税の課税対象になる場合

解約返戻金が支払われるのは、契約者に対してです。契約者と保険料を負担した者が同一人である場合には、解約返戻金は一時所得に該当し、所得税・住民税の課税対象となってきます。

なお、商品の種類などにより、契約日以後5年以内の解約である場合には、金融類似商品として、源泉分離課税（所得税15.315％、住民税5％）の対象となることがあります。

2）贈与税の課税対象になる場合

一方、保険料が契約者以外の者によって負担されたものであるときは、契約者が取得した解約返戻金のうち、その契約者以外の者が負担した保険料の金額の払込保険料総額に対する割合に相当する部分を保険料負担者から贈与によって取得したものとみなされることとなっています。（相法5①、②）

従って、この部分の金額は、贈与税の課税対象となり、次のような取扱いとなってきます。

ア．契約者以外の者が負担した保険料の部分
解約返戻金の額×（契約者以外の者が負担した保険料の金額÷払込保険料総額）
→贈与税の課税対象

イ．契約者が負担した保険料の部分
解約返戻金の額×（契約者が負担した保険料の金額÷払込保険料総額）
→一時所得として、所得税・住民税の課税対象

## 2 一時所得内の内部通算の可否

解約返戻金の額については、払込保険料総額よりも少ない場合があります。この場合には、解約返戻金の額から払込保険料総額を控除すれば、マイナス、すなわち、差損が生ずることとなります。

一方、同じ年に満期となった契約があり、満期保険金の額から払込保険料の額を控除した残額、それが差益（プラス）の生ずるものであったとした場合には、それぞれの契約の差損部分と差益部分を通算することは、できるのでしょうか。

これは、できます。一時所得内の内部通算は、可能です。

「一時所得の金額は、その年中の一時所得に係る総収入金額からその収入を得るために支出した金額の合計額を控除し、その残額から一時所得の特別控除額を控除した金額とする。」(所法34②)とされており、収入金額の合計額から支出金額の合計額を控除することとなりますので、通算できるということになります。

その年に解約と満期があったとした場合の、次の事例をご参照願います。

| 契約A | 解約返戻金　100万円 | 払込保険料　200万円 | 差引　△100万円（差損） |
|---|---|---|---|
| 契約B | 満期保険金　2,000万円 | 払込保険料　1,200万円 | 差引　800万円（差益） |

この場合には、一時所得の金額の計算は次のようになります。
1) 総収入金額　　100万円＋2,000万円＝2,100万円
2) 支出金額　　　200万円＋1,200万円＝1,400万円
3) 所得金額　　　2,100万円－1,400万円－特別控除額50万円＝650万円

この金額の1/2相当額325万円が他の所得の金額と合算され、課税されることとなります。

（注）定期保険の保険期間が満了した場合のように、収入金額（満期保険金等）のないものについては、内部通算することができません。

受取保険金の収入すべき時期（課税時期）

 ①年末直前に保険期間満了日がきたが、翌年に保険金を受け取ることとした。
②死亡事故が発生したが、請求書の提出を遅らせて、保険金を翌年の受取りとした。
これらは、税務上、どのように取り扱われるのでしょうか。

## 1 満期保険金の受取り

満期保険金を受け取った場合、その一時所得に係る総収入金額の収入すべき時期は、通常、その支払いを受けた日によるものと考えられますが、その支払いを受ける前にその支払いを認識しているような場合には、その支払いがあることを知った日または支払いを受けるべき権利が確定した日（その支払いを受けるべき事実が生じた日）とされています。

満期保険金の場合には、通常は、「保険金支払請求→請求内容査定→満期→保険金支払い」という手順を踏みますが、上記「支払いを受けるべき権利が確定した日」とは、具体的には、契約により定められた特定の日（満期日、満期保険金支払期日、保険期間満了日など）に生存している場合のその日ということになります。

従って、保険金の請求手続が遅延したため、実際の受取りが翌年1月以降にずれ込むような場合であっても、保険期間満了日などの支払いを受けるべき権利が確定した日の属する年の所得として申告する必要があります。

保険金を実際に受け取った日の属する年の所得として申告した場合には、修正申告が必要となってきます。

> 《所基通36-13》一時所得の総収入金額の収入すべき時期
> 一時所得の総収入金額の収入すべき時期は、その支払を受けた日によるものとする。ただし、その支払を受けるべき金額がその日前に支払者から通知されているものについては、当該通知を受けた日により、令第183条第2項《生命保険契約等に基づく一時金に係る一時所得の金額の計算》に規定する生命保険契約等に基づく一時金又は令第184条第4項《損害保険契約等に基づく満期返戻金等》に規定する損害保険契約等に基づく満期返戻金等のようなものについては、その支払を受けるべき事実が生じた日による。

## 2 死亡保険金の受取り

契約形態により、所得税・住民税の課税対象になる場合と、相続税の課税対象になる場合とがあります。それぞれの場合の課税時期は、次の通りです。
1）一時所得として、所得税・住民税の課税対象となる場合
死亡保険金の場合には、通常は、「死亡日→保険金支払請求→請求内容査定→支払い」いう手順を踏みますが、上記「支払いを受けるべき権利が確定した日」とは、具体的な金銭債権である保険金請求権

を取得した日、すなわち、保険事故発生日、被保険者の死亡の日とされています。
　従って、保険金の請求手続が遅延したため、実際の受取りが翌年１月以降にずれ込むような場合であっても、保険期間満了日などの支払いを受けるべき権利が確定した日の属する年の所得として申告する必要があります。
　保険金を実際に受け取った日の属する年の所得として申告した場合には、修正申告が必要となってきます。
２）相続税の課税対象となる場合
　相続開始の時（死亡日）に課税関係が発生するものとされています。

2−1　個人契約

# 個人年金保険に係る年金の受取り

**Q** 年金保険の課税関係が非常に複雑なので、整理して教えてください。

　個人年金保険に係る税務は複雑ですが、これは、契約者と被保険者と年金受取人の関係による税務取扱いの相違、年金受取開始日前と年金受取開始日以後の場合の取扱い、年金受給権（年金を受け取る権利）取得の課税有無、年金受取人の死亡による取扱い、年金受取りと一括受取りによる取扱いなどがあるからです。

　以下、個人年金保険に係る税務取扱いの説明を行います。

　また、そこで使われる「年金受給権の評価額」（相法24）、「年金受取総額または見込額」（所令183①、同令82の3②）をP58に参考として付けました。

## 1　保険料払込期間中の取扱い

　次の契約形態で、保険料払込期間中に、保険契約を解約した場合、契約者が死亡した場合、及び被保険者が死亡した場合の税務取扱いは、次の通りです。

| 契約形態 | | | 解約した場合 | 契約者死亡の場合 | 被保険者死亡の場合 |
| --- | --- | --- | --- | --- | --- |
| 契約者 | 被保険者 | 年金受取人 | | | |
| A | A | A | 契約者に支払われる解約返戻金が一時所得に該当し、所得税・住民税課税（注1） | 死亡給付金受取人に支払われる死亡給付金に対し、相続税課税。受取人が相続人の場合には、非課税規定の適用あり。 | |
| A | B | B | 契約者に支払われる解約返戻金が一時所得に該当し、所得税・住民税課税（注1） | 新契約者の取得する「生命保険契約の権利」（注2）の評価額に対し、相続税課税。 | 死亡給付金受取人が契約者である場合は、支払われる死亡給付金が一時所得に該当し、所得税・住民税課税（注1） |

（注1）一時所得の金額＝解約返戻金・死亡給付金の額－払込保険料総額－特別控除額（年間50万円が限度）
　　　　この1/2相当額が他の所得の金額と合算されて課税されます。
（注2）「生命保険契約の権利」の評価額：相続開始時における解約返戻金相当額（これらとともに支払われることとなる前納保険料の金額、剰余金の分配額がある場合には、これらの金額を加算した金額）

## 2　年金受取期間中の税務

### 1）年金を受け取った場合

　次の契約形態で、年金受取期間中に年金を受け取った場合、及び年金受取人が死亡し、継続年金受取人が残存年金を受け取った場合の税務取扱いは、次の通りです。

| 契約形態 | | | 年金を受け取った場合 | 年金受取人が死亡、継続年金受取人が残存年金を受け取った場合 |
|---|---|---|---|---|
| 契約者 | 被保険者 | 年金受取人 | | |
| A | A | A | 年金（受取）開始時：課税なし<br><br>年金受取時：受け取った年金が（公的年金等以外の）雑所得となり、所得税・住民税が課税（所法35、所令183、所基通35-1）（注1、注2）<br><br>一時金で受け取った場合には、一時金が一時所得となり、所得税・住民税が課税（所基通35-3） | 年金受取人死亡時：継続年金受取人に対し、年金受給権評価額（注3）が相続税の課税対象（相法3①五、相法24①、相基通3-45(1)）。非課税規定の適用なし（注4）<br><br>年金受取時：受け取った年金が雑所得となり、課税部分＊について所得税・住民税が課税（所法35、所令185）（注1、注2） |
| A | B | B | 年金（受取）開始時：年金受取人と契約者が異なるので、年金受給権の評価額（注3）が贈与税の課税対象（相法6③、相基通3-45(2)）<br><br>年金受取時：受け取った年金が雑所得となり、課税部分について所得税・住民税が課税（所法35、所令185）（注1、注2） | 年金受取人死亡時：継続年金受取人が契約者以外であれば、年金受給権評価額（注3）が贈与税の課税対象（契約者であれば、課税なし）<br><br>年金受取時：受け取った年金が雑所得となり、課税部分＊について所得税・住民税が課税（所法35、所令185）（注1、注2） |

＊P62以降参照。

（注1）雑所得の金額＝その年に支払いを受ける年金の額－必要経費

　　　必要経費＝総収入金額（その年に支払いを受ける年金の額）×（払込保険料総額÷年金受取総額または見込額）
　　　年金受取総額または見込額については、P58の表を参照ください。
　　　相続等又は贈与により取得したものとみなされる保険契約に基づく年金については、総収入金額、必要経費とも、課税部分に限ります。

（注2）年金を受け取る際に、必要経費控除後の金額（25万円以上に限る。）に対して、10.21％の所得税が源泉徴収されます。なお、たとえ、源泉徴収された場合においても、当年分の確定申告が必要かどうかの判断が必要となります。

　　　年金受取人と契約者が異なる契約など特定の契約に基づく年金は、平成25年1月1日以後に支払うべきものから、源泉徴収の対象外となります。

（注3）年金受給権の評価額（相法24評価額）
　　　P58の表を参照ください。

（注4）保険金の非課税規定の適用のあるものは、相続人の受け取る相法3①一に掲げる保険金ですが、この年金受給権は相法3①五に掲げるものであるため、適用はありません。

## 2）一時金を受け取った場合（年金受取開始日後）

「年金を1回か、2回受け取り、その後、一時金を受け取った場合の税務取扱いは？」という照会が、よくあります。これについての取扱いは、次の通りです。

年金の受取開始日後に、年金に代えて受け取った一時金については、雑所得の収入金額とされます。しかし、将来の年金給付の総額に代えて受け取ったものについては一時所得の収入金額として取り扱っても、差し支えないこととされています（所基通35-3）。

この場合の一時所得の金額の計算上、支出金額とする金額については、①となりますが、②でもよいと考えられています。
　　①受取金額×必要経費割合
　　②払込保険料総額－それまでに受け取った年金の雑所得の金額を計算するときに必要経費とされた金額の合計額

　なお、相続等又は贈与により取得したものとみなされる保険契約に基づく年金を一時金で受け取ったときの支出金額は、次のようになります。
　　一単位当たりの金額＊×将来給付を受ける年数分に相当する課税単位数　⇒総収入金額に算入
　　総収入金額×必要経費割合　⇒支出金額に算入
　上記算入額のほかに、「年金受取総額－一時金の額」を支出金額に算入しても差し支えないものとされています。
　　＊P62以降参照。

### 《参考》保険金の支払請求権（受給権）の評価及び年金に係る雑所得の金額の取扱いの変更

　平成26年9月、国税庁より「年金の方法により支払いを受ける保険金の支払請求権（受給権）の相続税法上の評価の取扱いの変更について」というお知らせが出されました。その内容をまとめますと、次の通りです。

|  | 変更前の取扱い | 変更後の取扱い |
|---|---|---|
| 保険金の支払請求権（受給権）の評価額 | 年金の方法により支払いを受けることが定められた生命保険契約又は年金保険契約で、相続開始時又は贈与時に、年金の種類、年金の支払期間が定まっていない場合には、その保険金の支払請求権（受給権）について相続税法第24条の規定を適用せず、その保険金を一時金で支払いを受ける場合の金額により評価する。 | 相続開始時又は贈与時には、年金の種類、年金の支払期間が定まっていない年金の方法により支払いを受ける生命保険契約等であっても、契約者が年金の方法により保険金の支払を受ける契約を締結し、かつ、保険金の支払事由の発生後に保険金の受取人が年金の種類、年金の受給期間等を指定することが契約により予定されている保険契約に係る保険金の支払請求権（受給権）の価額については、受取人が相続開始後又は贈与後、受給開始前に指定を行ったことにより確定した年金の種類、受給期間等を基礎として相続税法第24条の規定を適用して算定する。 |
| 年金に係る雑所得の金額の計算 | その年に支払を受ける年金の額からその年金の額に対応する保険料の額を控除して計算 | その年に支払を受ける年金の額から相続税の課税対象とされる部分及びその年金額に対応する保険料の額を控除して計算 |

## （参考）年金受給権の評価額（相法24）とは

|  | 年金受給権の評価額<br>（相法24） | （付）年金受取総額など<br>（所令183①、同令82の3②） |
|---|---|---|
| （説明） | 「年金受給権の評価額」<br>　個人が年金の受給権を取得した場合、その受給権が相続税または贈与税の課税対象となるときには、以下の方法により、その受給権が評価されることとなる。 | 「年金受取総額またはその見込額」<br>　雑所得の金額を計算するときの必要経費算出に際し必要となる金額<br>年金年額×（払込保険料総額÷年金受取総額）または見込額 |
| 確定年金 | 評価額＝次のいずれか多い金額<br>①　解約返戻金の金額<br>②　年金に代えて給付を受ける一時金の金額<br>③　予定利率による金額<br>　（給付を受けるべき金額の1年当たりの平均額×残存期間に応ずる予定利率による複利年金現価率） | 受取総額＝年金年額×受給期間に係る年数<br><br>・年金年額には増額年金部分を加算 |
| 終身年金 | 評価額＝次のいずれか多い金額<br>①　解約返戻金の金額<br>②　年金に代えて給付を受ける一時金の金額<br>③　予定利率による金額<br>　（給付を受けるべき金額の1年当たりの平均額×被保険者の平均余命に応ずる予定利率による複利年金現価率） | 受取総額＝年金年額×年金受取開始日における被保険者の余命年数<br><br>・年金年額には増額年金部分を加算<br>・余命年数は、所得税法施行令別表に定めるところによる。（次ページ参照）<br>　　60歳の場合：男19年、女23年 |
| 保証期間付終身年金 | 評価額＝①と②のいずれか多い金額<br>①　期限までの保証期間を確定年金期間として算出した金額<br>②　終身年金として算出した金額 | 受取総額＝年金年額×次のいずれか長い年数<br>①　年金受取開始日における被保険者の余命年数<br>②　保証期間の年数<br>・年金年額には増額年金部分を加算<br>・余命年数は、所得税法施行令別表に定めるところによる。（次ページ参照） |
| 有期年金 | 評価額＝①と②のいずれか少ない金額<br>①　確定年金として算出した金額<br>②　終身年金として算出した金額 | 受取総額＝年金年額×次のいずれか短い年数<br>①　年金受取開始日における被保険者の余命年数<br>②　受給期間に係る年数 |
| 保証期間付有期年金 | 評価額＝①と②のいずれか多い金額<br>①　確定年金として算出した金額と終身年金として算出した金額のいずれか低い金額<br>②　保証期間を確定年金期間として算出した金額 | 受取総額＝年金年額×次のいずれか短い年数<br>①　年金受取開始日における被保険者の余命年数と保証期間の年数のいずれか長い方<br>②　受給期間に係る年数 |

注1）上記「年金受給権の評価額」は、平成23年4月1日以降に相続等又は贈与により取得したものについて適用。
注2）予定利率による金額
　　例　10年確定年金、年金年額120万円（年金受取日は期末払）、予定利率1.5％
　　　　120万円×9.222（別途定める複利年金現価率）＝1106.64万円

## （参考）所得税法施行令別表　余命年数表

| 年金の支給開始日における年齢 | 余命年数 男 | 余命年数 女 | 年金の支給開始日における年齢 | 余命年数 男 | 余命年数 女 | 年金の支給開始日における年齢 | 余命年数 男 | 余命年数 女 |
|---|---|---|---|---|---|---|---|---|
| 歳 | 年 | 年 | 歳 | 年 | 年 | 歳 | 年 | 年 |
| 0 | 74 | 80 | 33 | 43 | 48 | 66 | 14 | 18 |
| 1 | 74 | 79 | 34 | 42 | 47 | 67 | 14 | 17 |
| 2 | 73 | 78 | 35 | 41 | 46 | 68 | 13 | 16 |
| 3 | 72 | 77 | 36 | 40 | 45 | 69 | 12 | 15 |
| 4 | 71 | 77 | 37 | 39 | 44 | 70 | 12 | 14 |
| 5 | 70 | 76 | 38 | 38 | 43 | 71 | 11 | 14 |
| 6 | 69 | 75 | 39 | 37 | 42 | 72 | 10 | 13 |
| 7 | 68 | 74 | 40 | 36 | 41 | 73 | 10 | 12 |
| 8 | 67 | 73 | 41 | 35 | 40 | 74 | 9 | 11 |
| 9 | 66 | 72 | 42 | 34 | 39 | 75 | 8 | 11 |
| 10 | 65 | 71 | 43 | 33 | 38 | 76 | 8 | 10 |
| 11 | 64 | 70 | 44 | 32 | 37 | 77 | 7 | 9 |
| 12 | 63 | 69 | 45 | 32 | 36 | 78 | 7 | 9 |
| 13 | 62 | 68 | 46 | 31 | 36 | 79 | 6 | 8 |
| 14 | 61 | 67 | 47 | 30 | 35 | 80 | 6 | 8 |
| 15 | 60 | 66 | 48 | 29 | 34 | 81 | 6 | 7 |
| 16 | 59 | 65 | 49 | 28 | 33 | 82 | 5 | 7 |
| 17 | 58 | 64 | 50 | 27 | 32 | 83 | 5 | 6 |
| 18 | 57 | 63 | 51 | 26 | 31 | 84 | 4 | 6 |
| 19 | 56 | 62 | 52 | 25 | 30 | 85 | 4 | 5 |
| 20 | 55 | 61 | 53 | 25 | 29 | 86 | 4 | 5 |
| 21 | 54 | 60 | 54 | 24 | 28 | 87 | 4 | 4 |
| 22 | 53 | 59 | 55 | 23 | 27 | 88 | 3 | 4 |
| 23 | 52 | 58 | 56 | 22 | 26 | 89 | 3 | 4 |
| 24 | 51 | 57 | 57 | 21 | 25 | 90 | 3 | 3 |
| 25 | 50 | 56 | 58 | 20 | 25 | 91 | 3 | 3 |
| 26 | 50 | 55 | 59 | 20 | 24 | 92 | 2 | 3 |
| 27 | 49 | 54 | 60 | 19 | 23 | 93 | 2 | 3 |
| 28 | 48 | 53 | 61 | 18 | 22 | 94 | 2 | 2 |
| 29 | 47 | 52 | 62 | 17 | 21 | 95 | 2 | 2 |
| 30 | 46 | 51 | 63 | 17 | 20 | 96 | 2 | 2 |
| 31 | 45 | 50 | 64 | 16 | 19 | 97歳以上 | 1 | 1 |
| 32 | 44 | 49 | 65 | 15 | 18 | | | |

## 20 個人年金保険に係る年金の受取り
(契約者貸付金がある場合の雑所得の金額の計算)

現在 個人年金保険に加入。契約者貸付(契貸)を受けている。この契約を払済年金にした場合、年金受取開始時に、どのような課税関係になるのでしょうか。また、借入金精算額は、年金受取開始をした年の一時所得として課税されるのでしょうか。

　　　契約形態「契約者(＝保険料負担者)：Ａ、被保険者：Ａ、年金受取人：Ａ」
　　　平成21年8月年金受取開始
　　　　払込保険料総額612万円、借入金精算額477万円
　　　　払済年金年額50万円（10年確定年金）
　　　　契貸精算前の年金原資　　　9,570,000円
　　　　契貸精算後の年金原資　　　4,800,000円

### 1 借入金精算額は、一時所得

　年金受取開始時において、契約者貸付や自動振替貸付による借入金などの精算が行われます。すなわち、この契約の責任準備金は、保険会社において借入金の精算額と年金原資（借入金相当額控除後の年金原資の額）に振り分けられます。

　その課税については、「契約者（＝保険料負担者）＝年金受取人」なので、借入金精算額は一時所得、年金は雑所得に該当し、それぞれ所得税・住民税の課税対象になってきます。（所法34、所基通34-1(4)）

### 2 払込保険料総額の控除

　では、この年金保険の払込保険料総額を、一時所得と雑所得の各所得金額の計算上、収入金額からどのように控除するのでしょうか。

　これは、次の取扱いに準じて、払込保険料総額を借入金の精算額に係る部分と年金原資に係る部分に按分して控除することとなります。

> 「その生命保険契約が年金のほか一時金を支払う内容のものである場合には、保険料の総額は、その生命保険契約に係る保険料の総額に、年金支払総額又は年金支払総額の見込額と当該一時金との合計額のうちにその年金支払総額又は年金支払見込額の占める割合を乗じて計算した金額とする。」(所令183①三)
>
> 　次に、「その生命保険契約が一時金のほか年金を支払う内容のものである場合には、保険料の総額は、その生命保険契約等に係る保険料の総額から、その保険料の総額に上記割合を乗じて計算した金額を控除した金額に相当する金額とする。」(所令183②三)

その場合には、一時所得及び雑所得の金額の計算は、以下の通りとなります。

【一時所得の金額の計算】
1）総収入金額　　借入金精算額4,770,000円
2）支出金額
　　払込保険料総額6,120,000円－雑所得に係る払込保険料3,069,592円＝3,050,408円
3）所得金額
　　4,770,000円－3,050,408円－特別控除額500,000円＝1,219,592円
この1/2相当額の609,796円が他の所得の金額と合算されて課税されます。

【雑所得の金額の計算】
1）総収入金額　　500,000円
2）必要経費
　　払込保険料総額6,120,000円×（精算後の年金原資4,800,000円÷精算前の年金原資9,570,000円）＝3,069,592円
　　年金年額500,000円×$\underline{\{3,069,592円÷（500,000円×10年）\}}$＝310,000円
　　　　　　　　　　　　　　　　＝0.62
3）所得金額　　500,000円－310,000円＝190,000円

相続等に係る年金の雑所得の金額の計算

**Q** 平成22年7月の最高裁の判決を受けて、保険年金の雑所得の金額の計算が変更になったと聞いていますが、どのように変わったのでしょうか。

## 1 雑所得の金額の計算の取扱い（変更）

生命保険契約に基づく年金（保険年金）は、雑所得に該当します。この雑所得の金額の計算については、従来は、次の1）の計算によっていましたが、相続等により取得したものとみなされる生命保険契約に基づく年金（相続等保険年金）は、2）のように、課税部分のみを対象とするよう取扱変更となっています。

（平成22年分以後の所得税についての雑所得の金額の計算並びに平成22年10月20日以後に確定申告書を提出する場合又は更正の請求をする場合に適用。）

| 1） | 2）以外の年金の雑所得の金額 | 総収入金額－必要経費 |
|---|---|---|
| 2） | 相続等に係る生命保険契約に基づく年金の雑所得の金額 | 総収入金額（課税部分）－必要経費（課税部分） |

この相続等保険年金は、具体的には、次のいずれかに該当するものです。いずれも、年金受取人≠保険料負担者。
　① 死亡保険金を年金形式で受取っている年金（P41参照）
　② こども保険の契約者が亡くなったことにより受取る養育年金（P71参照）
　③ 個人年金保険契約に基づく年金（P55参照）

## 2 課税部分と雑所得の金額

相続人等が相続等により取得した年金受給権に係る生命保険契約に基づく年金の支払を受ける場合におけるその年金については、課税部分と非課税部分に振り分けた上で、課税部分の所得金額についてのみ課税対象とすることとなりました。

具体的には、相続税の課税対象部分以外を所得税の課税対象とし、その年金の残存期間年数、受取総額等を基に、所得税の課税対象となる課税金額、そして「一単位当たりの金額」を計算し、これに経過年数を乗じて、その年分における雑所得に係る総収入金額を算出するものです。

経過年数は、受取初年のときには、0年、2年目のときには、1年となります。

## 3 雑所得の金額の計算

雑所得の金額の計算については、課税金額を算出し、その後、雑所得の金額を算出することとなります。

1）課税単位数
    残存期間年数×(残存期間年数－1年)÷2＝課税単位数
2）一課税単位当たりの金額
    年金受取総額×課税割合＝課税金額
    課税金額÷課税単位数＝一課税単位当たりの金額（小数点以下切捨て）
3）総収入金額
    一課税単位当たりの金額×経過年数＝受取年金対応額
    受取年金対応額＋配当金額　⇒総収入金額に算入
4）必要経費
    受取年金対応額×必要経費割合　⇒必要経費に算入（小数点以下切上げ）
5）所得金額
    総収入金額－必要経費＝所得金額

〔例〕10年確定年金、年金年額180万円、課税割合40％、必要経費割合75％
　　　年金受取2年目の雑所得の金額は？
1）課税単位数
    残存期間年数10年×(10年－1年)÷2＝45
2）一課税単位当たりの金額
    （180万円×10年）×課税割合40％＝720万円
    720万円÷課税単位数45＝16万円
3）総収入金額
    16万円×経過年数1年＝16万円
4）必要経費
    16万円×必要経費割合75％＝12万円
5）所得金額
    16万円－12万円＝4万円

《用語の説明》
1）残存期間年数
    年金受取開始日における残存期間に係る年数
2）課税割合（確定年金の場合）
    相続税評価割合に応じ、次のとおりとなります。

| 相続税評価割合 | 課税割合 | 相続税評価割合 | 課税割合 | 相続税評価割合 | 課税割合 |
|---|---|---|---|---|---|
| 50％超55％以下 | 45％ | 75％超80％以下 | 20％ | 92％超95％以下 | 5％ |
| 55％超60％以下 | 40％ | 80％超83％以下 | 17％ | 95％超98％以下 | 2％ |
| 60％超65％以下 | 35％ | 83％超86％以下 | 14％ | 98％超 | 0 |
| 65％超70％以下 | 30％ | 86％超89％以下 | 11％ |  |  |
| 70％超75％以下 | 25％ | 89％超92％以下 | 8％ |  |  |

注）相続税評価割合＝相続税法第24条評価額÷年金受取総額

## 22 個人年金保険に係る年金の受取り（具体的計算例）

> 次の場合には、年金受取期間中の税金は、どのようになるのでしょうか。
> 年金を受け取った年には、贈与を受けたものがほかにありません。
>   契約者（＝保険料負担者）：夫、被保険者：妻、年金受取人：妻
>   月払保険料の額　15,000円、保険料払込期間　30年
>   払込保険料総額　15,000円×12ヶ月×30年＝5,400,000円
>   年金年額　60万円　　15年確定年金

### 1 年金受取開始時の取扱い

　年金受取人と契約者が異なるので、年金（受取）開始時に、年金受給権の評価額が贈与税の課税対象となります。この年金受給権の評価額及び贈与税額は、次の通りとなります。
　贈与税の計算は、その年の1月1日から12月31日までの1年間に贈与により取得した財産の価額を合計します。そして、その合計額から基礎控除額110万円を差し引き、残りの金額に税率を乗じて税額を計算します。

1）年金受給権の評価額
　　年金受給権取得日現在の解約返戻金額、一時金の金額、複利年金現価率を使った金額のいずれか多い金額となりますが、例えば、次のような金額であったものとします。
　　① 解約返戻金額　　　　　　　7,950,000円
　　② 一時金の金額　　　　　　　8,010,000円
　　③ 複利年金現価率を使った金額　8,005,800円
　　　最も多い金額は、8,010,000円
　　　　∴ 年金受給権の評価額　8,010,000円

2）贈与税額
　　この年に受けた贈与がこの年金受給権のみであった場合には、次の贈与税額となります。
　　8,010,000円－基礎控除額1,100,000円＝6,910,000円
　　6,910,000円×40％－1,250,000円＝1,514,000円

《贈与税（暦年課税）速算表》（夫婦間など一般贈与財産用）

| 基礎控除後の課税価格 | 税率 | 控除額 |
|---|---|---|
| 200万円以下 | 10% | － |
| 300万円以下 | 15% | 10万円 |
| 400万円以下 | 20% | 25万円 |
| 600万円以下 | 30% | 65万円 |
| 1,000万円以下 | 40% | 125万円 |
| 1,500万円以下 | 45% | 175万円 |
| 3,000万円以下 | 50% | 250万円 |
| 3,000万円超 | 55% | 400万円 |

## 2 毎年受け取る年金に対する雑所得の金額

　所得税・住民税については、原則として、各種の所得金額を合計して所得税額を計算するという総合課税制度がとられていますが、この対象となる所得は、利子所得、配当所得、事業所得、不動産所得、給与所得、譲渡所得、一時所得及び雑所得とされています。

　これら所得の金額を合計した総所得金額から、所得控除の合計額を控除し、それに税率を乗じて税額を計算します。

　受け取った年金は、(公的年金等以外の) 雑所得に該当しますので、上記総合課税が適用されます。なお、その年金について、所得税の源泉徴収が行われていたとしても、別途、確定申告が必要かどうかを判断しなければなりません。確定申告する場合には、その算出税額から源泉徴収税額が控除されます。

　雑所得の金額は、次の通りです。

　1）課税単位数

　　　残存期間年数15年×（15年－1年）÷2＝105

　2）一課税単位当たりの金額

　　①相続税評価割合の算出

　　　年金受給権評価額8,010,000円÷年金受取総額9,000,000円（＝600,000円×15年）＝0.89

　　②課税割合の判定

　　　89％の場合、11％（P74参照）

　　③一課税単位当たりの金額の算出

　　　9,000,000円×課税割合11％＝990,000円

　　　990,000円÷課税単位数105＝9,428円（小数点以下切捨て）

　3）総収入金額

　　　9,428円×経過年数0年＝0円

　　　　経過年数は、受取初年のときには、0年、2年目のときには、1年と階段状に増加。

　4）必要経費

　　　0円×必要経費割合60％＝0円

　　　＊必要経費割合

　　　　払込保険料総額÷年金受取総額または見込額

　　　　　小数点以下2位まで算出し、3位以下を切り上げたところによる。

　　　　5,400,000円÷9,000,000円＝0.60　∴60％

　5）所得金額

　　　0円－0円＝0円

　　なお、今回のケースのように、年金受取人と契約者が異なる契約など特定の契約に基づく年金については、源泉徴収の対象から除外されています。

取得した年金受給権の申告

> **Q** 今回、年金受取人が亡くなったため、年金を引き継ぐこととなりました。相続税の申告は、必要なのでしょうか。

##  年金受給権を取得するケース

年金受取人が亡くなったため、年金を受け取る権利を引き継ぐこととなった。このような場合には、年金受給権に対する課税問題が生じてきます。

年金受給権とは、生命保険年金を受け取る権利ですが、税務上は、定期金に関する権利に該当し、相法24条に、その権利の価額が定められています。

この権利を取得するケースとしては、次の三つが考えられます。今回、ご照会のケースは、②に該当しようかと思います。

① 契約者（＝保険料負担者）と年金受取人が異なる場合、年金受取開始時に、契約者から年金受取人が年金受給権を贈与により取得したものとされます。
② 年金受取開始後に、年金受取人が死亡。後継年金受取人が年金受給権を取得した場合、年金受給権を後継年金受取人が相続又は贈与により取得したものとされます。
③ 契約者＝被保険者の契約で、被保険者死亡により、年金特約にもとづく受取事由が発生した場合、年金受取人は年金受給権を相続等により取得したものとされます。

## 2 定期金に関する権利の申告

上記の場合、相続税や贈与税の課税対象となってくるのですが、その申告の仕方は、以下の通りです。

まず、相続や遺贈によって取得した財産を確認していきます。ここには、いわゆる、みなし相続（遺贈）財産も含まれ、一方、非課税財産は除かれます。

そして、これらの価額を評価していきます。

この中に、年金受給権も入ってきますので、別紙「定期金に関する権利の評価明細書」（P87）にもとづき評価を行い、その後、相続税申告書別表11表（課税財産）や15表（相続財産の種類別価額表）に記載することとなります。

こども保険（祝金の取扱い）

**Q** こども保険に係る祝金の課税は、どのように行われるのでしょうか。

 こども保険の給付内容

こども保険については、通常、養育年金が付加されているため、次のような給付内容となっているのが、一般的です。
　①被保険者である子が一定の年齢に達するごとに、保険金（祝金）が支払われる。
　②契約者である親が死亡した場合には、その後の保険料が免除される。
　③同じく、親が死亡した場合には、満期に達するまで年金（養育年金）を支払う。
　②については、課税関係がありませんので、①、③がテーマとなってきますが、ここでは、①について説明を行います。

## 2 祝金受取時の課税

こども保険に係る祝金を受け取ったときには、その祝金は、契約者と祝金受取人が同一人である場合、一時所得とされます。こども保険に係る税務で問題となるのは、その一時所得の金額の計算上、控除する「支出金額」です。
　これについては、保険金額の減額に係る取扱いが参考になります。
　保険金額の減額については、それを「保険契約の一部解約と考える」か（一部解約説）、「契約内容の変更と考える」か（契約内容変更説）によって、支出金額は異なってきます。

　一部解約説では、「減額時までに支出した払込保険料総額」のうち、①減額部分の保険金額に見合う金額、または②減額により減少した保険料の額に見合う金額を、「支出金額」と考えます（通常、①）。一方、契約内容変更説では、「減額時までに支出した払込保険料総額」（払戻金が少ない場合には、払戻金）と考えます。
　個人契約における保険金額の減額については、通常、契約内容変更説にたった取扱いが行われていますが、こども保険に係る祝金についても、この取扱いによっています。

### 1）保険期間中の受取祝金に対する取扱い

祝金は、一時所得に該当しますが、一時所得の金額については、次のように計算するのが合理的とされており（参考：国税庁Q＆A）、この金額の1/2相当額が、他の所得の金額と合算されて課税されます。
　従って、祝金を受け取る都度、この所得の金額を計算する必要があります。
　　①総収入金額　　祝金の額
　　②支出金額　　　その時点での払込保険料の総額（過去に祝金を受け取っている場合には、その一時所得

の金額の計算上控除した金額を除く。）
ただし、祝金の額がこの支出金額に満たないときは、その祝金の額
③所得金額　　①－②－特別控除額（年間50万円が限度）

### 2）満期祝金に対する取扱い

満期祝金受取時においても、同様に取り扱われます。
①総収入金額　　満期祝金の額
②支出金額　　　満期時点における払込保険料の総額（過去に祝金を受け取っている場合には、その一時所得の金額の計算上控除した金額を除く。）
ただし、満期祝金の額がこの支出金額に満たないときは、その満期祝金の額
③所得金額　　　①－②－特別控除額（年間50万円が限度）

このように、各祝金に係る一時所得の金額の計算上、支出金額として、順次、払込保険料の総額（既に控除した金額を除く。）を控除していきます。
従って、満期祝金受取時点においては、それまで支出金額としてきたものをすべて除くこととなりますので、その分、控除する支出金額は少なく、逆に、一時所得の金額が多くなります。

## 3　課税関係の例示

以下、保険期間中の祝金受取時と満期祝金受取時の課税関係を例示します。

《前提条件》

保険期間中の第1回目の祝金は、60万円。その時の払込保険料総額528万円（単純化するため、一時払）。第2回目以降の祝金計340万円、満期祝金は200万円とする。それぞれの年には、他に、一時所得となるものがなかったものとする。

a．第1回目の祝金受取時の「一時所得の金額」
①　総収入金額　　60万円
②　支出金額　　　528万円　ただし、60万円の方が少ないため、60万円
③　所得金額　　　60万円－60万円＝0万円
　この場合、課税される金額はありません。

b．満期祝金受取時の「一時所得の金額」
①　総収入金額　　200万円
②　支出金額　　　528万円－400万円＝128万円
　　　　　　　　　（上記60万円を含む既控除額）
③　所得金額　　　200万円－128万円－特別控除50万円＝22万円
　この1/2相当額の11万円が他の所得の金額と合算されて課税されます。

《参考》一時払養老保険の保険金額を減額した場合における精算金等に係る一時所得の金額の計算

保険金額を減額した場合の取扱いについては、次の2つの考え方があります。

一時所得の金額の計算上、総収入金額から控除する「支出金額」

A案：既払保険料のうち精算金（減額による払戻金。著者追記）の金額に達するまでの金額

B案：次の算式により計算した金額

　　　既払保険料×（減額部分の保険金額÷減額前の保険金額）

　A案によります。生命保険契約に基づく一時金の支払を受ける居住者のその支払を受ける年分の当該一時金に係る一時所得の金額の計算については、所得税法施行令第183条第2項に規定されており、この場合の収入を得るために「支出した金額」とは、その生命保険契約等に係る保険料又は掛金の総額とされています。

　この規定は、保険金額の減額により支払われる精算金に係る一時所得の計算について明定したものではありませんが、次の理由からA案によるのが相当であると考えます。

① 一時所得は、臨時・偶発的な所得であることから、B案のような継続的に収入があることを前提としたあん分方式は、その所得計算に馴染まないと考えられること。

② 生存給付金付養老保険や生命保険契約の転換により責任準備金が取り崩された場合には、次のように既払保険料のうち一時金の金額に達するまでの金額を支出した金額に算入することとされており、本件においても異なる取扱いをする特段の理由はないこと。

イ．生存給付金付養老保険（満期前に生存給付金が複数回支払われる養老保険）においては、その保険金から控除する金額は先取方式（払込保険料の額を給付の早いものから順次配分するという考え方）により取り扱っています。

ロ．保険契約の転換時に、契約者貸付が責任準備金をもって精算された場合には、保険契約者は、転換前契約に係る保険金支払のための資金である責任準備金の取崩しを受けて借入金を返済したことになる（生命保険契約の一部解約によって解約返戻金の支払を受けたと同様に考えられる。）ことから、一時所得の金額の計算上収入金額から控除する保険料の額は、既払保険料のうち収入金額（貸付金の額）に達するまでの金額に相当する金額と取り扱っています（昭53直資2-36）

（国税庁「質疑応答事例」より）

なお、国税庁はホームページの質疑応答事例に「数年間にわたり支払を受ける保険金」を掲載し、こども保険の教育資金及び満期保険金の所得区分について、上記とは異なる取扱いを公表しています。
　この取扱いは、従来のこども保険とは異なり、保険料の払込期間を有期払込とし、払込満了後に毎年教育資金及び満期保険金が支払われるという商品の特性に着目し、所得区分を雑所得とし、個人年金保険と同様の所得金額の計算をすることとしたものと考えられます。

【照会要旨】
　次のような内容の「こども保険」に加入しています。このこども保険においては、契約上、被保険者が一定の年齢に達した場合、教育資金又は満期保険金が支払われることとされています。
　このこども保険における教育資金及び満期保険金に係る所得区分はどのように取り扱われますか。
［こども保険の概要］
　保険契約者及び保険金受取人：本人
　被保険者：長男
　払込期間：被保険者が2歳から15歳までの期間
　教育資金：被保険者が満16歳、17歳、18歳及び19歳到達時にそれぞれ10万円
　満期保険金：被保険者が満20歳のときに10万円

【回答要旨】
　照会の教育資金及び満期保険金に係る所得は、いずれも雑所得に該当します。

　照会のこども保険においては、契約に基づき5年間にわたって毎年10万円の教育資金又は満期保険金のいずれかが支払われることとされています。
　このように、あらかじめ定められた期間に、連年、教育資金又は満期保険金という形で定額の給付金の支払が行われていることからすれば、これらの教育資金及び満期保険金については、臨時・偶発的に生ずる所得というよりも継続的に生ずる所得として、いずれも雑所得に該当します。
（注）　教育資金又は満期保険金の額から、それぞれに対応する保険料の額を控除した金額が雑所得の金額となります。

2-1 個人契約

## 25 こども保険（契約者が死亡した場合）

> Q こども保険（養育年金付）に加入していた夫がこのたび亡くなりました。妻である私は、税金関係が全くわかりません。どのように取り扱ったらよいのでしょうか。
> 契約形態「契約者（＝保険料負担者）：夫、被保険者：子、養育年金受取人：妻」

### 1 こども保険の性格

このこども保険については、次の二つの保険が組みあわさった保険と考えることができます。
① 養育年金が支払われる保険

契約者（＝被保険者）である夫が死亡したことにより、養育年金受取人が養育年金を受け取る権利を取得し、以後毎年子が生存しているときに養育年金の支払いを受ける、契約形態「契約者（＝保険料負担者）：夫、被保険者：夫、養育年金受取人：妻」の保険
② 祝金が支払われる保険

被保険者である子が一定の年齢に達するごとに、契約者が祝金の支払いを受ける、契約形態「契約者（＝保険料負担者）：夫、被保険者：子、祝金受取人：夫」の保険

### 2 契約者死亡時の取扱い（相続税）

契約者死亡時の税務取扱いは、次のようになります。

#### 1）養育年金を受け取る権利に対する課税

夫が亡くなった場合には、養育年金を受け取る権利は、相法3①一に定める保険金（年金払）として妻が受け取ることとなります（相基通3-15(1)イ）が、この養育年金を受け取る権利は、相続税の課税対象となります。

その評価額は相法24条評価額です（相基通3-15(1)注書き、相基通24-2）。取得する者が相続人（相続放棄した者及び相続権を失った者を含まない。）である場合には、保険金の非課税規定の適用があります。

#### 2）祝金を受け取る権利（生命保険契約の権利）に対する課税

契約者である夫が亡くなった日以後の祝金は、まだ保険事故（被保険者の一定年齢までの生存）が発生していないため、受け取ることができません。しかし、その祝金を受け取る権利は、相続税の課税対象となってきます。

この権利の額は、「相続開始の時において解約するとした場合に支払われることとなる解約返戻金等の額によって評価する。」（評基通214）こととされています。

今回の場合、祝金については、夫が受け取っていたわけですが、夫が死亡したため、その祝金を受け取る権利は、養育年金受取人である妻が引き継ぐこととなります。

ところで、契約者が死亡した場合の取扱いを定めている相基通3-15においては、生命保険契約に関

する権利に係る課税関係については、「権利を承継する被保険者について相法3①三の規定を適用する」となっています。

ここでは、承継するものには、養育年金の場合と異なり、「被保険者」であって、「等」が入っていません。

被保険者である子以外の者が権利を承継する場合にも、相法3①三の規定を適用して、「みなし相続財産」となるのか。あるいは、本来の相続財産になるのか。いずれにしても、相続税の課税対象になってきますが、それによって、受け取る者の範囲と相続放棄した場合の取扱いが異なってきます。

## 3 契約者死亡時の受取金に対する取扱い（所得税・住民税）

契約者死亡時の受取金に対する取扱いは、次のようになっています。

### 1）養育年金

妻の受け取る養育年金については、（公的年金等以外の）雑所得に該当し、そのうち課税部分は、所得税・住民税の課税対象となります。この場合、雑所得の金額の計算上、総収入金額から控除する必要経費の計算については、次の方法が合理的なものと考えられます。

すなわち、払込保険料総額を養育年金に係る部分と祝金に係る部分に按分計算し、それぞれを控除金額とすることになります。

養育年金に係る払込保険料総額＝（契約者死亡時までの払込保険料総額－契約者死亡前に支払いを受けた祝金から控除された支出金額の合計額）×｛養育年金受取見込総額÷（養育年金受取見込総額＋祝金受取見込総額）｝

必要経費＝養育年金年額のうち課税部分×（上記養育年金に係る払込保険料総額÷年金受取見込総額）

### 2）祝金

祝金については、一時所得に該当し、所得税・住民税の課税対象となります。

この場合、一時所得の金額の計算上、総収入金額から控除する支出金額は、次によります。

祝金に係る払込保険料総額＝（契約者死亡時までの払込保険料総額－契約者死亡前に支払いを受けた祝金から控除された支出金額の合計額）－養育年金に係る払込保険料総額

支出金額＝祝金に係る払込保険料総額

（ただし、祝金のほうが少ない場合には、祝金の額）

2-1 個人契約

# 26 妻や子が保険金や年金を受け取った場合

> ① 妻が年金を受け取ることとなったのですが、従来通り、私（夫）には配偶者控除の適用があるのでしょうか。
> ② 妻や子に年金収入があって、所得税（雑所得）を課される、あるいは一時払養老が満期となって所得税（一時所得）が課される場合でも、所得の金額が20万円以下なら、申告の必要がないと言われていますが、本当でしょうか？

　妻や子が年金や保険金を受け取った場合には、納税者である夫に配偶者控除または扶養控除の適用があるのかどうか、そして、妻または子本人に確定申告の必要があるのかを検討する必要があります。
　また、社会保険に影響する場合もあります。
　妻や子を受取人とする契約は結構多いようですが、これらのことも検討した上で、加入形態を決める必要があります。

## 1 配偶者控除・扶養控除の適用可否

　妻や子が保険金などを受け取っても、夫の所得から配偶者控除などの控除が受けられるのでしょうか。

### 1）配偶者控除と扶養控除

　納税者と生計を一にする配偶者その他の親族（青色事業専従者または白色事業専従者とされる者は除かれるなど、一定の要件に該当する者）がいるときには、その納税者の所得金額から、所定の金額が控除できます。これを、配偶者控除または扶養控除といいます。

### 2）控除対象配偶者・控除対象扶養親族の所得要件

　納税者がこの配偶者控除または扶養控除の適用を受けられるのは、控除対象配偶者または控除対象扶養親族のいる場合ですが、その所得要件はその配偶者などの年間の合計所得金額が38万円（2020年分以後は48万円）以下ということになっています。
　所得金額は、原則として「収入金額－必要経費」で計算しますから、それぞれ一時所得や雑所得といった所得の種類ごとに計算しなければなりません。
　たとえば、妻が年金受取人となっている個人年金の年金年額（収入金額）が100万円、これに対応する必要経費が50万円の場合には、差引50万円が所得金額になります。
　このケースでは、配偶者控除の所得要件である38万円を超えていますので、納税者である夫は配偶者控除の適用を受けることができません。（ただし、配偶者特別控除の適用を受けられる場合があります。）

## 2 確定申告の要否

　では、次に、妻や子が保険金などを受け取ったときに、確定申告を行う必要があるのでしょうか。

1）所得税

　妻や子が給与所得者である場合には、年末調整によって所得税額の精算が行われるため、原則として、確定申告は必要ありませんが、保険金や年金を受け取った場合に、その一時所得の金額の1/2相当額や雑所得の金額の合計額が20万円を超える場合には、確定申告が必要となってきます。

　ただし、給与所得者及び年金所得者については、P22に記載の通り、所得税の確定申告不要制度があり、給与所得及び退職所得以外の所得金額（年金所得者の場合には、公的年金等に係る雑所得以外の所得金額）が20万円以下の場合には、確定申告を要しないこととされています。なお、平成27年分以後、源泉徴収の対象とならない公的年金等の支給を受ける者については、この適用を受けることができません。

　この20万円については、満期保険金などの一時所得の場合には1/2した後の金額、年金などの雑所得の場合には年金額から必要経費を控除した後の金額で判定することとなります。

　一方、このような給与所得者及び年金所得者以外の者については、20万円を超えるかどうかにかかわらず、原則として確定申告が必要となります。

2）住民税

　住民税には、給与所得者に認められた申告不要の規定がないため、別途申告ということになりますが、所得税の申告をしたときには、自動的に住民税の申告をしたことになりますので、通常は申告の必要がありません。

　保険金や年金を受け取り、所得税が課される場合には、住民税も課税されることとなります。

## 3　社会保険への影響

　また、保険金・年金の受取りは、社会保険給付の受給可否などにも影響します。

1）国民健康保険の保険料

　国民健康保険に加入されている方は、保険料の算定要素の中に「所得割」があり、所得額が反映されてきます。

　従って、例えば、前年に、保険金や年金の受給があった場合には、例年よりも収入が増えることとなるため、所得額が増え、国民健康保険料も増えるということになります。

2）健康保険の被扶養者

　次に、健康保険法による「被扶養者」の認定にも影響してきます。

　被扶養者とは、被保険者と同様に健康保険の保険給付を受けることができますが、「主として被保険者の収入によって生計が維持されていること」などの要件を満たす被保険者の配偶者、三親等内の親族で、保険者の認定を受けた者でなければなりません。

　この生計維持関係の判定にあたっては、被扶養者の収入につき、「年収が130万円（60歳以上の者などである場合、180万円）未満であり、かつ被保険者の年収の半分未満であること」（被保険者と同居している場合）といった基準が設定されています。

　この年収は、一般的には、前年のものによって判断することとされ、収入の種類を問わず、すべての収入が対象となります。従って、給料はもちろん、公的年金、失業給付なども対象となるため、個人年金も対象となります。ただし、退職一時金や保険金収入のように、その受給が一時的であって継続

性のないものについては、除外して判定が行われます。
　なお、自営業者の場合には、必要経費を差し引いた後の所得が収入要件となります。

### 3）厚生年金の給付

　また、厚生年金の遺族年金の給付にも影響があります。
　厚生年金保険法では、遺族基礎年金の受給権者などの生計維持認定対象者については、生計同一要件及び「前年の収入（前年の収入が確定しない場合には、前々年の収入）が年額850万円未満などであって、年額850万円以上の収入が将来にわたってない人」といった収入要件を満たす場合に、受給権者または死亡した被保険者もしくは被保険者であった人と生計維持関係があるものと認定されて、遺族年金が給付されます。
　収入要件の判定にあたっては、上記健康保険と同様の考え方であるため、保険金収入は対象とはなりませんが、年金収入は対象となってきます。

## 27 契約者変更の取扱い（個人間の名義変更）

 契約者を変更する場合には、どのような課税関係になるのでしょうか。個人に変更する場合と、法人に変更する場合を教えてください。

### 1 個人から個人に変更する場合

#### 1）契約者生存中に変更

（契約形態「契約者が夫、被保険者が夫、満期保険金受取人が夫、死亡保険金受取人が妻」の養老保険の場合）

契約者を夫から妻に変更（満期保険金受取人も妻に変更）した場合でも、その変更時点では、夫、妻いずれに対しても課税はありません。

個人契約では、保険金などの支払事由が発生したときや保険料負担者が死亡したといったときに、課税関係が生じます。

a．満期・解約時には、新たに契約者となった妻が満期保険金や解約返戻金を受け取りますので、次の通り、この受取額を負担した保険料割合で按分して課税が行われます。

《受取額のうち夫が負担した保険料分》夫からの贈与とされ、贈与税の課税対象

《妻負担分》一時所得に該当し、所得税・住民税の課税対象

b．一方、被保険者である夫が死亡した時にも、上記同様、妻の受け取る保険金を按分して課税が行われます。

《受領額のうち夫が負担した保険料分》みなし相続財産として相続税の課税対象

《妻負担分》一時所得に該当し、所得税・住民税の課税対象

（注）支払調書への記載事項の追加（平成30年1月1日以後の契約者変更について適用）

生命保険金等の支払調書について、保険契約の契約者変更があった場合には、直前の保険契約者、契約者変更の回数、保険金等の支払時の契約者の払込保険料等が記載されます（P23参照）。

#### 2）契約者死亡による変更

（契約形態「契約者が夫、被保険者が妻、満期保険金受取人が夫、死亡保険金受取人が夫」の養老保険の場合）

a．被保険者でない契約者である夫が亡くなった（保険事故は未発生）ため、この生命保険契約の権利を新しく契約者となった妻が取得（満期保険金受取人も妻に変更）した場合には、妻の受け取った契約の権利は、解約返戻金相当額で評価（評基通214。詳細は、「生命保険契約に関する権利」の評価の項参照。）され、相続税の課税対象となります。

| 保険事故未発生で、かつ保険料負担者が亡くなった場合 | 契約者が保険料を負担していたとき | 「生命保険契約に関する権利」は、本来の相続財産（相基通 3-36⑴） |
|---|---|---|
| | 契約者以外の者が保険料を負担していたとき | 「生命保険契約に関する権利」は、みなし相続財産（相法 3①三） |

b．その後、契約が満期となったときには、その満期保険金は一時所得とされ、所得税・住民税の課税対象となります。

（注）調書の新設（平成30年1月1日以後の契約者変更について適用）
　　生命保険契約等について死亡による契約者変更があった場合には、死亡による契約者変更情報及び解約返戻金相当額等を記載した調書が提出されます（P25参照）。

　　この場合、その所得の金額の計算上、「支出金額」とする金額は、夫が契約当初から負担していた払込保険料総額と契約者変更後に妻が負担した払込保険料総額を合算した金額となります（所基通34－4、相基通3－35）。

## 2 個人から法人に変更する場合

　個人事業が法人化されたり、法人での損金メリットを享受するために、法人契約に変更することがあります。
　契約者名を個人から法人に変更する、すなわち、生命保険契約の権利を個人から法人に移転するには、有償によるケースと無償によるケースがあります。

### 1）有償による移転

a．個人側の課税
　受け取った移転代金が個人の一時所得となります。
　その所得の金額は次の通りです。

　①総収入金額　　移転代金（通常は、積立配当金などを含んだ解約返戻金相当額）
　②支出金額　　　契約者変更までの払込保険料総額
　③所得金額　　　総収入金額－支出金額－特別控除額（年間50万円が限度）
　この1/2相当額が他の所得の金額と合算されて課税されます。

b．法人側の課税
　個人に移転代金を支払ったときに、次の仕訳を行って保険契約を受け入れます。仕訳の借方・貸方それぞれの合計額に差額があれば、雑収入勘定または雑損失勘定を使って、この合計額を一致させます。

| 保険料積立金 *1 | 2,900,000 | 当座預金 *3 | 3,000,000 |
|---|---|---|---|
| 配当金積立金 *2 | 100,000 | | |

　＊1　解約返戻金相当額（次の配当金部分を除く）
　　　前払保険料勘定を使うこともあります（例、全額損金タイプ定期保険）。
　＊2　支払配当精算額（配当金部分）
　＊3　移転代金、通常は、積立配当金などを含んだ解約返戻金相当額

2) 無償による移転

　移転した個人には、課税されませんが、法人は移転代金を支払わないため、受贈益が発生し、これが課税対象となります。従って、契約者変更時点で、次の仕訳を行います。

| 保険料積立金　2,900,000 | 雑収入＊　3,000,000 |
| 配当金積立金　　100,000 | |

　＊積立配当金などを含んだ解約返戻金相当額

2-1 個人契約

## 28 契約者変更の取扱い（個人年金保険）

> Q 「契約者、被保険者、年金受取人とも、妻」の契約形態となっている個人年金保険がありますが、年金保険料控除の適用を受けるために、契約者を夫に変更したいと思っています。どちらが、有利ですか。

この問題については、贈与税と所得税・住民税の取扱いが関係してきます。

### 1 贈与税の課税

契約者が年金受取人となっている契約について、保険期間の途中に、契約者を年金受取人以外の者に変更した場合には、年金受給権取得時に年金受給権のうち、年金受取人以外の者が負担した保険料の額に対応する金額が贈与税の課税対象となります。それとともに、毎年受け取る年金が雑所得に該当しますので、そのうち課税部分が所得税・住民税の課税対象となります。

贈与税の課税対象となる金額は、次の通りです。この金額から基礎控除額（年間110万円が限度）を控除した残額に対して、税率が乗ぜられ、贈与税額が算出されます。

「年金受給権の評価額」×（年金受取人以外の者が負担した保険料の合計額÷払込保険料総額）

＊年金受給権の評価額については、個人年金保険の課税の項を参照ください。

### 2 契約者変更した場合のメリット・デメリット

|  | メリット | デメリット |
|---|---|---|
| 契約者と年金受取人が妻のまま | 贈与税課税がない | 妻に所得がないか、または少額の場合には、その所得金額から個人年金保険料控除額を控除できない |
| 契約者を夫に変更 | 夫の所得金額から個人年金保険料控除額（所得税で最高4万円、住民税で2.8万円）を控除できる＊ | 夫が保険料を負担した部分につき、贈与税課税がある |

＊平成24年1月1日以後に締結された個人年金保険の適格要件を満たした保険料の場合

### 3 どちらが有利か

どちらが「有利になるか」ということですが、これを考えるにあたっては、①他にも考慮すべき情報（夫・妻それぞれについて、他に所得はないのか、加入している年金保険がないのかなど）が必要ですし、②単年で比較するのではなく、その契約者変更時から年金受取時までの各年すべて（というのは、年金保険料控除の適用による所得税・住民税の軽減と、贈与税の支払いとの比較が必要。）の税金がどうなるかなども考慮しなければなりません。これらを総合的に考えて、判断する必要があります。

なお、年金開始時に契約者と年金受取人が異なる場合及び契約者と年金受取人が同じであるが契約者

変更履歴がある場合には、支払調書に年金受給権の評価額（相法24条評価額）が保険金額等の欄に記載されます。

2-1 個人契約

#  保険金額を減額した場合の取扱い

> **Q** 次の例にもとづく養老保険の満期時の税金を教えてください。
> 満期支払案内には、「既払保険料等 650万円」と記載されています。この年には、他に一時所得となるものはありません。
> なお、保険期間の途中に、保険金額の減額を行っています。
>   10年満期、保険金2,000万円、保険料（一時払）1,600万円
>   7年目で保険金額を1,000万円に減額、そのときの払戻金950万円

　保険料の払込みが困難になったときには、保険料の自動振替貸付や払済保険への変更とともに、保険金額を減額するという方法があります。

## 1　保険金額の減額に係る「支出金額」の考え方

　契約者＝保険料負担者の契約で保険金額を減額した場合、支払いを受けた払戻金は、一時所得に該当しますが、その収入金額から控除する支出金額は、どのように考えるのでしょうか。

　一時所得の金額の計算上、控除する「支出金額」は、「その収入を得るために支出した金額」ですが、これには、二つの考え方があります。すなわち、一つは、その減額を「保険契約の一部解約」と考え（一部解約説）、もう一つは、「契約内容の変更」と考え（契約内容変更説）ますが、それぞれによって取扱いが異なってきます。

　一部解約説では、「減額時までに支出した払込保険料総額」のうち、①減額部分の保険金額に見合う金額（払込保険料総額×減額部分の保険金額÷減額前の保険金額）、または②減額により減少した保険料の額に見合う金額を、「支出金額」と考えます（一般的には、①）。

　一方、契約内容変更説では、「減額時までに支出した払込保険料総額」（払戻金額が少ない場合には、払戻金額）と考えます。

　保険金額の減額については、法令・通達で明確にされた規定はありませんが、一般的に、個人契約については契約内容変更説、法人契約については一部解約説にもとづく取扱いが行われています（P82参照）。

## 2　一般的な取扱い

### 1）減額時の課税

　以下、ご質問の例によって、減額時の課税関係を説明します。

① 総収入金額　　　950万円
② 支出金額　　　1,600万円　ただし、①の金額の範囲内
　　　　　　　　　∴　950万円
③ 所得金額　　　950万円－950万円＝0円

　減額による払戻金については、一時所得とはなるものの、支出金額の方が多いため、結果的には、課税対象とはなってきません。

2）満期時の課税

次に、満期時の課税ですが、次の通り、上記で控除した950万円は、満期時に控除する「支出金額」から差し引かれます。

① 総収入金額　　1,000万円
② 支出金額　　　1,600万円－950万円＝650万円
③ 所得金額　　　1,000万円－650万円－特別控除50万円＝300万円

この金額の1/2相当額である150万円が他の所得の金額に合算されて課税されます。

---

（参考）一部解約説によった場合

1）減額時の課税

① 総収入金額　950万円
② 支出金額　　1,600万円×（1,000万円÷2,000万円）＝800万円
③ 所得金額　　950万円－800万円－特別控除50万円＝100万円
　　　　　　　この1/2相当額の50万円が他の所得の金額と合算されて課税されます。

2）満期時の課税

① 総収入金額　1,000万円
② 支出金額　　1,600万円－800万円＝800万円
③ 所得金額　　1,000万円－800万円－特別控除50万円＝150万円
　　　　　　　この1/2相当額の75万円が他の所得の金額と合算されて課税されます。

2-1 個人契約

# 30 契約転換したときの取扱い

> Q 最近、契約転換した契約について、受け取ったお金がないのに、税務署より、「一時所得にあたる」という指摘がありました。これは、どのようなことなのでしょうか。

## 1 契約転換に課税されるのか

　契約転換（又は保障見直し）の制度は、既契約（転換前契約）の転換価格（責任準備金など）をもとに、新しい契約（転換後契約）の保険料に充当する形で契約を切り替え、保険種類の切替えや保険金額の増額を行おうとするものです。

　契約転換は、次の条件に該当するときには、実質的な契約内容の変更であるとされていますので、転換に伴い所得税・住民税や贈与税が課税されるということはありません。

　①既契約と、契約者（＝保険料負担者）及び被保険者が同一である
　②配当の権利を引き継ぐ
　③既契約の死亡保障の範囲内で転換し、危険選択を行わない
　④既契約を解約処理するものでない　など

## 2 契約者貸付などがあった場合には？

### 1）契約者と保険料負担者が同一人である場合

　しかし、契約転換時において、その契約に契約者貸付などの未精算額があったときには、これをその契約の責任準備金から控除して精算することとしています。

　ご照会のケースは、この場合に該当するかと思います。

　税務上は、この精算は転換前契約の一部解約と考え、精算した金額を「一時所得」の収入金額として取り扱っています。この場合、転換時までに支払われた保険料の合計額から配当金を控除した残額（上記精算額の方が少ない場合には、精算額相当額）を「支出金額」として収入金額から控除することとしています。その結果、実際には、課税所得は発生しません。

　なお、この控除した金額は、転換後契約が解約・満期・被保険者死亡になったときにおける一時所得の金額の計算上控除する金額がある場合には、そこからは除かれることとなっています。

### 2）保険料負担者と契約者が異なる場合

　この場合には、上記契約者貸付金などの精算額は、契約転換時に贈与されたものとされ、贈与税の課税対象となります。一時所得に該当するときと異なり、精算額から控除できる金額は、特別控除額（年間110万円が限度。）のみとなりますので、ご留意ください。

83

支払調書の発行は、保険金額等欄に記載された一部解約とされる部分の金額が100万円を超えるものについて行われます。
　ここ数年、契約者貸付同時契約転換ということが多く行われてきた結果、この発行基準に該当するケースが増えてきたのではないかと思います。

「契約転換制度の所得税法及び相続税法上の取扱い」（昭53.2.10. 直資2－36、直所3－5）

### ＊相基通5-7（生命保険契約の転換があった場合）

　いわゆる契約転換制度により生命保険契約を転換前契約から転換後契約に転換した場合において、当該転換に際し転換前契約に係る契約者貸付金等の額が転換前契約に係る責任準備金（共済掛金積立金、剰余金、割戻金及び前納保険料を含む。）をもって精算されたときは、当該精算された契約者貸付金等の額に相当する金額は、転換前契約に係る契約者が取得した法第5条第2項に規定する「返還金その他これに準ずるもの」に該当するものとする。

# 31 「生命保険契約に関する権利」の評価を行う場合

**Q** 「生命保険契約に関する権利」は、どのような場合に評価するのでしょうか。また、評価額は、どのようになっているのでしょうか。

## 1 「生命保険契約に関する権利」を評価する場合

次のような場合に、「生命保険契約に関する権利」を評価します。

### 1) 契約者が死亡した場合（相基通3-36）

被保険者でない契約者が死亡した場合に、その契約者がその保険料を負担しているときには、その契約に関する権利は、相続人その他の者が相続等により取得する財産となり、相続税の課税対象となります。一方、その契約者がその保険料を負担していない場合には、課税しないものとします。

### 2) 保険料負担者が死亡した場合（相法3①三）

相続開始時に、まだ保険事故が発生していない生命保険契約で被相続人が保険料の全部又は一部を負担し、かつ、被相続人以外の者がその契約者であるものがある場合には、その契約者について、その契約に関する権利のうち、被相続人が負担した保険料の金額のその相続開始時までに払い込まれた保険料の全額に対する割合に相当する部分を、相続等により取得したものとみなされますので、相続税の課税対象となります。

＊この規定により、契約者が相続等によって取得したものとみなされた部分の生命保険契約に関する権利は、そのみなされた時以後は、その契約者が自ら保険料を負担したものと同様に取り扱うものとします。（相基通3-35）

《「生命保険契約に関する権利」への課税》

|  | 契約者死亡の場合 | 保険料負担者死亡の場合 |
| --- | --- | --- |
| 契約者＝保険料負担者の契約 | （本来の）相続財産等として課税 | |
| 契約者≠保険料負担者の契約 | 課税しない | みなし相続財産等として課税 |

### 3) 従業員が死亡した場合（相基通3-28）

雇用主がその従業員のために、従業員の配偶者その他の親族等を被保険者とする生命保険契約を締結している場合において、その従業員の死亡によりその相続人その他の者がこれらの契約に関する権利を取得したときは、その契約に関する権利は、退職手当金等に該当するものとして、相続税の課税対象となります。

（注）この場合、退職手当金等とされる金額は、生命保険契約に関する権利として時価で評価したときの金額によります。

### 4) 契約者を個人に変更する場合（所基通36-37）

使用者が役員又は使用人に対して生命保険契約に関する権利を支給することがあります。その生命保

険契約に関する権利は、退職を支給事由とする場合には、退職手当等であり、それ以外の場合には、給与（賞与）に該当し、それぞれ所得税・住民税の課税対象となります。

## 2 評価額の定め

上記1）～4）に該当する生命保険契約に関する権利の評価額は、次のとおりです。

### 1）相続税における定め（評基通214）

① 相続開始時において、まだ保険事故が発生していない生命保険契約に関する権利の価額は、相続開始時にその契約を解約するとした場合に支払われることとなる解約返戻金の額によって評価します。

② 上記解約返戻金の額には、これのほかに支払われることとなる前納保険料の金額、剰余金の分配額等がある場合には、これらの金額を加算し、解約返戻金の額につき源泉徴収されるべき所得税の額に相当する金額がある場合には、その金額を差し引いた金額とします。

③ 被相続人が生命保険契約の契約者である場合において、契約者貸付金もしくは自動振替貸付金又は未払込保険料の額（いずれも、その元利合計金額）があるときは、その契約者貸付金などの額について「債務控除」の適用があります。

### 2）所得税における定め（所基通36-37）

生命保険契約に関する権利については、その支給時においてその契約を解除したとした場合に支払われることとなる解約返戻金の額により評価します。

解約返戻金のほかに支払われることとなる前納保険料の金額、剰余金の分配額などがある場合には、これらの金額との合計額とします。

相続税の場合の評価の考え方とほぼ同じです。

2-1　個人契約

# 定期金に関する権利の評価明細書

（平成二十二年度改正法適用分）

| 被相続人氏名 | |
|---|---|

| 定期金又は契約の名称 | |
|---|---|
| 定期金の給付者 | 氏名又は名称：〇〇生命保険相互会社　住所又は所在地： |
| 定期金に関する権利を取得した者 | |
| 定期金給付契約に関する権利の取得年月日 | 平成 23 年 10 月 1 日 |

## 1　定期金の給付事由が発生しているもの

### (1) 有期定期金

| 解約返戻金の金額① | 一時金の金額② | ⑨の金額③ | 評価額（①、②又は③のいずれか多い金額）④ |
|---|---|---|---|
| 4,765,000 円 | 4,790,000 円 | 4,783,000 円 | 4,790,000 円 |

③の計算

| 定期金給付契約に基づく定期金の給付が終了する年月日 | 平成　年　月　日 | | | |
|---|---|---|---|---|
| 1年当たりの平均額⑤ | 予定利率⑥ | 給付期間の年数⑦ | 複利年金現価率⑧ | ⑤×⑧の金額⑨ |
| 1,000,000 円 | 1.5 ％ | 5 年 | 4.783 | 4,783,000 円 |

### (2) 無期定期金

| 解約返戻金の金額⑩ | 一時金の金額⑪ | ⑯の金額⑫ | 評価額（⑩、⑪又は⑫のいずれか多い金額）⑬ |
|---|---|---|---|
| 円 | 円 | 円 | 円 |

⑫の計算

| 1年当たりの平均額⑭ | 予定利率⑮ | ⑭÷⑮の金額⑯ |
|---|---|---|
| 円 | ％ | 円 |

### (3) 終身定期金

| 解約返戻金の金額⑰ | 一時金の金額⑱ | ㉕の金額⑲ | 評価額（⑰、⑱又は⑲のいずれか多い金額）⑳ |
|---|---|---|---|
| 円 | 円 | 円 | 円 |

⑲の計算

| 定期金給付契約の目的とされた者の生年月日及び性別 | 　年　月　日　（男・女） | | | |
|---|---|---|---|---|
| 1年当たりの平均額㉑ | 予定利率㉒ | 余命年数㉓ | 複利年金現価率㉔ | ㉑×㉔の金額㉕ |
| 円 | ％ | 年 | | 円 |

### (4) 権利者に対し、一定期間、かつ、定期金給付契約の目的とされた者の生存中定期金を給付する契約に基づくもの

| ④の金額㉖ | ⑳の金額㉗ | 評価額（㉖又は㉗のいずれか少ない金額）㉘ |
|---|---|---|
| 円 | 円 | 円 |

### (5) 定期金給付契約の目的とされた者の生存中定期金を給付し、かつ、その者が死亡したときは権利者又は遺族等に定期金を給付する契約に基づくもの

| ④の金額㉙ | ⑳の金額㉚ | 評価額（㉙又は㉚のいずれか多い金額）㉛ |
|---|---|---|
| 円 | 円 | 円 |

## 2　定期金の給付事由が発生していないもの

### (1) 契約に解約返戻金を支払う定めがない場合

| | 定期金給付契約に基づく掛金又は保険料の払込開始年月日 | 昭和・平成　　年　月　日 | | | | | |
|---|---|---|---|---|---|---|---|
| イ　掛金又は保険料が一時に払い込まれた場合 | 払込金額 ㋑ 円 | 予定利率 ㋺ ％ | 経過期間の年数 ㋩ 年 | 複利終価率 ㋥ | ㋑×㋥の金額 ㋭ 円 | 評価額（㋭×90/100）㋬ 円 | |
| ロ　イ以外の場合 | 1年当たりの平均額 ㋣ 円 | 予定利率 ㋠ ％ | 払込済期間の年数 ㋷ 年 | 複利年金終価率 ㋦ | ㋣×㋦の金額 ㋸ 円 | 評価額（㋸×90/100）㋾ 円 | |

### (2) (1)以外の場合

| 評価額（解約返戻金の金額）㋒ |
|---|
| 円 |

# 相続税がかかる財産の明細書
(相続時精算課税適用財産を除きます。)

被相続人 _____

第11表(平成21年4月分以降用)

○相続時精算課税適用財産の明細については、この表によらず第11の2表に記載します。

| 遺産の分割状況 | 区 分 | 1 全部分割 | 2 一部分割 | 3 全部未分割 |
|---|---|---|---|---|
| | 分割の日 | ・ ・ | ・ ・ | |

| 財　産　の　明　細 | | | | | | | 分割が確定した財産 | |
|---|---|---|---|---|---|---|---|---|
| 種類 | 細目 | 利用区分、銘柄等 | 所在場所等 | 数量 固定資産税評価額 | 単価 倍数 | 価額 | 取得した人の氏名 | 取得財産の価額 |
| | | | | | 円 | 円 | | 円 |
| その他の財産 | その他 | 定期金権利 ○○生命 | | | | 4,790,000 | | 4,790,000 |
| | | | | | | | | |

## 合計表

| 財産を取得した人の氏名 | (各人の合計) | | | | | |
|---|---|---|---|---|---|---|
| 分割財産の価額 ① | 円 | 円 | 円 | 円 | 円 | 円 |
| 未分割財産の価額 ② | | | | | | |
| 各人の取得財産の価額 (①+②) ③ | | | | | | |

(注) 1 「合計表」の各人の③欄の金額を第1表のその人の「取得財産の価額①」欄に転記します。
2 「財産の明細」の「価額」欄は、財産の細目、種類ごとに小計及び計を付し、最後に合計を付して、それらの金額を第15表の①から㉘までの該当欄に転記します。

2-1 個人契約

## 相続財産の種類別価額表
(この表は、第11表から第14表までの記載に基づいて記入します。)

FD3537

第15表（平成30年分以降用）

（単位は円）

○この申告書は機械で読み取りますので、黒ボールペンで記入してください。

| 種類 | 細目 | 番号 | 各人の合計（被相続人） | 被相続人（氏名） |
|---|---|---|---|---|
| ※ | 整理番号 | | | |
| 土地（土地の上に存する権利を含みます。） | 田 | ① | | |
| | 畑 | ② | | |
| | 宅地 | ③ | | |
| | 山林 | ④ | | |
| | その他の土地 | ⑤ | | |
| | 計 | ⑥ | | |
| | ⑥のうち特例農地等 通常価額 | ⑦ | | |
| | 農業投資価格による価額 | ⑧ | | |
| 家屋、構築物 | | ⑨ | | |
| 事業（農業）用財産 | 機械、器具、農耕具、その他の減価償却資産 | ⑩ | | |
| | 商品、製品、半製品、原材料、農産物等 | ⑪ | | |
| | 売掛金 | ⑫ | | |
| | その他の財産 | ⑬ | | |
| | 計 | ⑭ | | |
| 有価証券 | 特定同族会社の株式及び出資 配当還元方式によったもの | ⑮ | | |
| | その他の方式によったもの | ⑯ | | |
| | ⑮及び⑯以外の株式及び出資 | ⑰ | | |
| | 公債及び社債 | ⑱ | | |
| | 証券投資信託、貸付信託の受益証券 | ⑲ | | |
| | 計 | ⑳ | | |
| 現金、預貯金等 | | ㉑ | | |
| 家庭用財産 | | ㉒ | | |
| その他の財産 | 生命保険金等 | ㉓ | | |
| | 退職手当金等 | ㉔ | | |
| | 立木 | ㉕ | | |
| | その他 | ㉖ | 4790000 | 4790000 |
| | 計 | ㉗ | | |
| 合計（⑥+⑨+⑭+⑳+㉑+㉒+㉗） | | ㉘ | | |
| 相続時精算課税適用財産の価額 | | ㉙ | | |
| 不動産等の価額（⑥+⑨+⑩+⑮+⑯+㉕） | | ㉚ | | |
| ⑯のうち株式等納税猶予対象の株式等の価額の80％の額 | | ㉛ | | |
| ⑰のうち株式等納税猶予対象の株式等の価額の80％の額 | | ㉜ | | |
| 債務等 | 債務 | ㉝ | | |
| | 葬式費用 | ㉞ | | |
| | 合計（㉝+㉞） | ㉟ | | |
| 差引純資産価額（㉘+㉙-㉟）（赤字のときは0） | | ㊱ | | |
| 純資産価額に加算される暦年課税分の贈与財産価額 | | ㊲ | | |
| 課税価格（㊱+㊲）（1,000円未満切捨て） | | ㊳ | 000 | 000 |

※の項目は記入する必要がありません。

※税務署整理欄 申告区分 年分 名簿番号 申告年月日 グループ番号

第15表（平30.7）

（資4-20-16-1-A4統一）

# 32 所得税の確定申告の仕方

**Q** このたび、満期保険金と年金を受け取りました。所得税の確定申告書には、どのように記載すればよいのでしょうか。契約形態は、「契約者（＝保険料負担者）：本人、被保険者：本人、満期保険金受取人：本人」であり、年金保険も、年金受取人は、私です。

満期保険金　3,800,000円　　払込保険料総額　1,860,000円
年金　　　　602,631円　　必要経費　　　　204,894円（源泉徴収税額39,773円）
この年には、ほかに所得がありません。

 所得税の確定申告書

　所得税の確定申告書には、特殊な分離課税用（第三表）、損失申告用（第四表）、修正申告用（第五表）を除くと、確定申告書A（第一表と第二表）と確定申告書B（第一表と第二表）があります。
　確定申告書Aは、給与所得、雑所得、配当所得、及び一時所得を申告する場合に使用される簡素な申告書です。一方、確定申告書Bは、所得の種類にかかわらず、使用することができます。
　ここでは、確定申告書Aを使って説明します。

## 2 確定申告書の記入

### 1）満期保険金関係

①　第二表の「雑所得（公的年金等以外）・配当所得・一時所得に関する事項」の「所得の種類」欄に「一時」と記入。「収入金額」「必要経費等」欄に「3,800,000」「1,860,000」と記入。

②　第一表の「収入金額等」「一時」欄に、特別控除額50万円を控除した後の金額「1,440,000」を記入。「所得金額」「一時④」欄に、上記の1/2後の金額「720,000」を記入。

### 2）年金関係

①　第二表の「所得の内訳（源泉徴収税額）」の「所得の種類」「種目・所得の生ずる場所又は給与などの支払者の氏名・名称」「収入金額」「源泉徴収税額」欄に、「雑」「生命保険年金　○○生命」「602,631」「39,773」を記入。

②　同表の「雑所得（公的年金等以外）・配当所得・一時所得に関する事項」の「所得の種類」欄に「雑」と記入。「収入金額」「必要経費等」欄に「602,631」「204,894」と記入。

③　第一表の「収入金額等」「雑（その他）」欄に、「602,631」。「所得金額」「雑」欄に、「397,737」（＝602,631－204,894）を記入。

## 3 住民税に係る申告との関係

　給与所得のみで、勤務先から給与支払報告書を提出されている人や、所得税の確定申告書を提出した人、または提出する人については、住民税の申告は必要ありません。
　自分に所得がない場合でも、非課税証明書または所得証明書が必要となる人などは申告が必要です。申告書の提出がないと、非課税証明書等の発行ができませんので、ご注意ください。

# 平成 ___ 年分の所得税及び復興特別所得税の確定申告書A

FA0113 第一表（平成二十九年分以降用）

| 収入金額等 | | |
|---|---|---|
| 給与 | ⑦ | |
| 雑 公的年金等 | ㋑ | |
| 雑 その他 | ㋒ | 602631 |
| 配当 | ㋓ | |
| 一時 | ㋔ | 1440000 |

| 所得金額 | | |
|---|---|---|
| 給与 区分 | ① | |
| 雑 | ② | 397737 |
| 配当 | ③ | |
| 一時 | ④ | 720000 |
| 合計 (①+②+③+④) | ⑤ | 1117737 |

| 所得から差し引かれる金額 | | |
|---|---|---|
| 社会保険料控除 | ⑥ | |
| 小規模企業共済等掛金控除 | ⑦ | |
| 生命保険料控除 | ⑧ | |
| 地震保険料控除 | ⑨ | |
| 寡婦、寡夫控除 | ⑩ | 0000 |
| 勤労学生、障害者控除 | ⑪ | 0000 |
| 配偶者(特別)控除 区分 | ⑫〜⑬ | 0000 |
| 扶養控除 | ⑭ | 0000 |
| 基礎控除 | ⑮ | 0000 |
| ⑥から⑮までの計 | ⑯ | |
| 雑損控除 | ⑰ | |
| 医療費控除 区分 | ⑱ | |
| 寄附金控除 | ⑲ | |
| 合計 (⑯+⑰+⑱+⑲) | ⑳ | |

| 税金の計算 | | |
|---|---|---|
| 課税される所得金額 (⑤－⑳) | ㉑ | 000 |
| 上の㉑に対する税額 | ㉒ | |
| 配当控除 | ㉓ | |
| (特定増改築等)住宅借入金等特別控除 区分 | ㉔ | |
| 政党等寄附金等特別控除 | ㉕〜㉗ | |
| 住宅耐震改修特別控除 住宅特定改修・認定住宅新築等特別税額控除 区分 | ㉙〜㉛ | |
| 差引所得税額 (㉒－㉓－㉔－㉕－㉗－㉙－㉛) | ㉜ | |
| 災害減免額 | ㉝ | |
| 再差引所得税額（基準所得税額）(㉜－㉝) | ㉞ | |
| 復興特別所得税額 (㉞×2.1%) | ㉟ | |
| 所得税及び復興特別所得税の額 (㉞+㉟) | ㊱ | |
| 外国税額控除 区分 | ㊲ | |
| 所得税及び復興特別所得税の源泉徴収税額 | ㊳ | |
| 所得税及び復興特別所得税の申告納税額 (㊱－㊲－㊳) 納める税金 | ㊴ | 00 |
| 還付される税金 | ㊵ | |

| その他 | | |
|---|---|---|
| 配偶者の合計所得金額 | ㊶ | |
| 雑所得・一時所得等の所得税及び復興特別所得税の源泉徴収税額の合計額 | ㊷ | |
| 未納付の所得税及び復興特別所得税の源泉徴収税額 | ㊸ | |

| 延納の届出 | | |
|---|---|---|
| 申告期限までに納付する金額 | ㊹ | 00 |
| 延納届出額 | ㊺ | 000 |

← 復興特別所得税額の記入をお忘れなく。

2-1 個人契約

# 平成　　年分の所得税及び復興特別所得税の確定申告書A  第一表

整理番号　　　　　　　　　FA0067

住　所

フリガナ
氏　名

## ○ 所得の内訳（所得税及び復興特別所得税の源泉徴収税額）

| 所得の種類 | 種目・所得の生ずる場所又は給与などの支払者の氏名・名称 | 収入金額 | 所得税及び復興特別所得税の源泉徴収税額 |
|---|---|---|---|
| 雑 | 生命保険年金 ○○生命 | 602,631 円 | 39,773 円 |
|  |  |  |  |
|  |  |  |  |
|  | ㊳ 所得税及び復興特別所得税の源泉徴収税額の合計額 |  | 円 |

## ○ 雑所得（公的年金等以外）・配当所得・一時所得に関する事項

| 所得の種類 | 種目・所得の生ずる場所 | 収入金額 | 必要経費等 |
|---|---|---|---|
| 雑 | 上記のとおり | 602,631 円 | 204,894 円 |
| 一時 | 生命保険金 ○○生命 | 3,800,000 | 1,860,000 |

## ○ 住民税に関する事項

| 16歳未満の扶養親族 | 扶養親族の氏名 | 続柄 | 生年月日 | 別居の場合の住所 |
|---|---|---|---|---|
|  |  |  | 平　.　. |  |
|  | 個人番号 |  |  |  |
|  |  |  | 平　.　. |  |
|  | 個人番号 |  |  |  |
|  |  |  | 平　.　. |  |
|  | 個人番号 |  |  |  |

給与・公的年金等に係る所得以外（平成30年4月1日において65歳未満の方は給与所得以外）の所得に係る住民税の徴収方法の選択 | 給与から差引き / 自分で納付

配当に関する住民税の特例
非居住者の特例
配当割額控除額

| 寄附金税額控除 | 都道府県、市区町村分 |  | 条例指定分 | 都道府県 |
|---|---|---|---|---|
|  | 住所地の共同募金会、日赤支部分 |  |  | 市区町村 |

別居の控除対象配偶者・控除対象扶養親族の氏名・住所 | 氏名 | 住所

## ○ 所得から差し引かれる金額に関する事項

| | ⑥社会保険料控除 | 社会保険の種類 | 支払保険料 | ⑦小規模企業共済等掛金控除 | 掛金の種類 | 支払掛金 |
|---|---|---|---|---|---|---|
| | | | 円 | | | 円 |
| | | 合　計 | | | 合　計 | |

| ⑧生命保険料控除 | 新生命保険料の計 | 円 | 旧生命保険料の計 | 円 |
|---|---|---|---|---|
| | 新個人年金保険料の計 | | 旧個人年金保険料の計 | |
| | 介護医療保険料の計 | | | |

| ⑨地震保険料控除 | 地震保険料の計 | 円 | 旧長期損害保険料の計 | 円 |

| ⑩⑪本人該当事項 | □ 寡婦（寡夫）控除 □ 死別 □ 生死不明 □ 離婚 □ 未帰還 | □ 勤労学生控除 学校名（　　　） |
|---|---|---|

⑪障害者控除　氏　名

| ⑫⑬配偶者特別控除 | 配偶者の氏名 | 生年月日 明・大 昭・平 | □ 配偶者控除 □ 配偶者特別控除 |
|---|---|---|---|
| | 個人番号 | | |

| ⑭扶養控除 | 控除対象扶養親族の氏名 | 続柄 | 生年月日 | 控除額 |
|---|---|---|---|---|
| | | | 明・大 昭・平 | 万円 |
| | 個人番号 | | | |
| | | | 明・大 昭・平 | 万円 |
| | 個人番号 | | | |
| | | | 明・大 昭・平 | 万円 |
| | 個人番号 | | | |

⑭ 扶養控除額の合計　万円

| ⑰雑損控除 | 損害の原因 | 損害年月日 | 損害を受けた資産の種類など |
|---|---|---|---|
| | | . . | |
| | 損害金額 | 保険金などで補填される金額 | 差引損失額のうち災害関連支出の金額 |
| | 円 | 円 | 円 |

| ⑱医療費控除 | 支払医療費等 | 円 | 保険金などで補填される金額 | 円 |
|---|---|---|---|---|

| ⑲寄附金控除 | 寄附先の所在地・名称 | | 寄附金 | 円 |

○ 特例適用条文等

一連番号

# 33 配偶者控除と扶養控除

**Q** 保険金や年金を受け取ったときに、配偶者控除や扶養控除が受けられなくなることがあると聞いたのですが、この配偶者控除や扶養控除とは、どのようなものなのでしょうか。

## 1 制度の概要

納税者に所得税法上の控除対象配偶者・控除対象扶養親族がいる場合には、一定の金額の所得控除が受けられます。これを配偶者控除・扶養控除といいます。

## 2 控除対象配偶者・扶養親族の要件

控除対象配偶者・扶養親族とは、その年の12月31日の現況で、次の四つの要件のすべてに当てはまる人です。控除対象扶養親族とは、扶養親族のうち、年齢16歳以上の者をいいます。

| 控除対象配偶者の要件 | 扶養親族の要件 |
| --- | --- |
| (1) 民法の規定による配偶者であること（内縁関係の人は除かれます。） | (1) 配偶者以外の親族又は都道府県知事から養育を委託された児童や市町村長から養護を委託された老人であること |
| (2) 納税者と生計を一にしていること | |
| (3) ・納税者の合計所得金額が1,000万円以下であること<br>・配偶者の合計所得金額が38万円（2020年分以後は48万円）以下であること | (3) 扶養親族の合計所得金額が38万円（2020年分以後は48万円）以下であること |
| (4) 青色申告者の事業専従者としてその年を通じて一度も給与の支払を受けていないこと、または白色申告者の事業専従者でないこと | |

（注）「合計所得金額」とは、純損失、雑損失、居住用財産の買換え等の場合の譲渡損失及び特定居住用財産の譲渡損失の繰越控除を適用する前の総所得金額、特別控除前の分離課税の長(短)期譲渡所得の金額、株式等に係る譲渡所得等の金額、先物取引に係る雑所得等の金額、山林所得金額、退職所得金額の合計額をいいます。

生命保険契約などに基づく一時金は一時所得に該当し、年金は雑所得に該当します。
一時所得の金額の1/2相当額や雑所得の金額などの合計額は、「総所得金額」といいます。そして、これに退職所得金額などを加算した金額を「合計所得金額」といいます。
従って、一時金や年金を受け取った年の合計所得金額が38万円以下か、超えるかによって、控除対象配偶者、あるいは扶養親族の要件の一つを満たすか、満たさないかということになってきます。
（満期保険金などの一時金は、一時所得の金額を1/2した後の金額で判定します。また、源泉分離課税の適用を受けた一時金については、判定の対象外。）
もし、満たさないということになってきますと、以下の所得控除額を控除することができません。

なお、これは、別に一時金や年金を受け取った場合に限らず、新たに、パート収入などを得た場合にも、同様のことがいえます。

## 3 配偶者控除の金額

控除できる金額は、控除対象配偶者の年齢および納税者の合計所得金額により、次表のようになっています。配偶者控除の適用がない者であっても、納税者本人の合計所得金額が1,000万円以下で、かつ、配偶者の合計所得金額が38万円超123万円以下（2020年分以後は48万円超133万円以下）である者については、配偶者特別控除が適用される場合があります。

配偶者特別控除額は最高で38万円となっており、納税者の合計所得金額に応じて控除額が決まり、配偶者の所得金額が増えるに従い、控除額が少なくなっていきます。

| 納税者の合計所得金額 | 控除額 | |
|---|---|---|
| | 控除対象配偶者 | 老人控除対象配偶者 |
| 900万円以下 | 38万円 | 48万円 |
| 900万円超950万円以下 | 26万円 | 32万円 |
| 950万円超1,000万円以下 | 13万円 | 16万円 |

（注）老人控除対象配偶者：控除対象配偶者のうち、その年の12月31日現在70歳以上の人

## 4 扶養控除の金額

控除できる金額は、扶養親族の年齢などにより、次表のようになっています。

| 一般の控除対象扶養親族 | | 38万円 |
|---|---|---|
| 特定扶養親族 | | 63万円 |
| 老人扶養親族 | 同居老親等以外の人 | 48万円 |
| | 同居老親等 | 58万円 |

（注）1 控除対象扶養親族：扶養親族のうち、その年の12月31日現在16歳以上の人
　　 2 特定扶養親族：控除対象扶養親族のうち、その年の12月31日現在19歳以上23歳未満の人
　　 3 老人扶養親族：控除対象扶養親族のうち、その年の12月31日現在70歳以上の人
　　 4 同居老親等：老人扶養親族のうち、納税者又はその配偶者の直系の尊属で、納税者又はその配偶者と常に同居している人

# 第2 法人契約

 生命保険料の払込み

**Q** 法人契約の生命保険料の払込みについては、どのような取扱いとなっているのでしょうか。

## 1 主契約保険料の経理処理

主な生命保険に係る保険料の取扱いは、次の通りです。

| 保険商品 | 保険金受取人 死亡保険金 | 保険金受取人 満期保険金 | 主契約保険料の取扱い |
|---|---|---|---|
| 定期保険特約付終身保険 | 法人 | — | 資産計上 |
|  | 役員・使用人の遺族 | — | 給与扱*1 |
| 終身保険 | 法人 | — | 資産計上 |
|  | 役員・使用人の遺族 | — | 給与扱*1 |
| 定期保険特約付養老保険 | 法人 | 法人 | 資産計上 |
|  | 役員・使用人の遺族 | 役員・使用人 | 給与扱*1 |
|  | 役員・使用人の遺族 | 法人 | 1/2相当額資産計上<br>1/2相当額損金算入*2（給与*3） |
| 養老保険 | 法人 | 法人 | 資産計上 |
|  | 役員・使用人の遺族 | 役員・使用人 | 給与扱*1 |
|  | 役員・使用人の遺族 | 法人 | 1/2相当額資産計上<br>1/2相当額損金算入*2（給与*3） |
| 定期保険 | 法人 | — | P98以降参照 |
|  | 役員・使用人の遺族 | — | P98以降参照 |
| 長期平準定期保険・逓増定期保険 | 法人 | — | P98以降参照 |
|  | 役員・使用人の遺族 | — | P98以降参照 |

＊1　役員に対する給与とされる保険料の額で、法人が経常的に負担するものは、定期同額給与。
＊2　期間の経過に応じて、損金の額に算入。
＊3　普遍的加入が必要。普遍的加入でない場合には、被保険者に対する給与となります。

## 2 特約保険料（災害・医療関係特約）の経理処理

特約保険料の取扱いは、次の通りです。

| 被保険者 | 給付金受取人 | 災害・医療関係特約保険料の取扱い |
|---|---|---|
| 役員・使用人 | 法人 | 損金算入*1 |
| | 役員・使用人 | 損金算入*1（給与*2） |

*1 期間の経過に応じて、損金の額に算入。

*2 役員・特定の使用人分のみを給付金受取人としている場合（すなわち、普遍的加入でない場合）には、被保険者に対する給与となる。役員に対する給与とされる保険料の額で、法人が経常的に負担するものは、定期同額給与。

（注）なお、特約保険料については、次のような取扱いもあるので、注意が必要です。

　ア　生存給付金付定期保険特約保険料などのような解約返戻金があるものの保険料については、資産計上、あるいは主契約保険料と同様の取扱いが必要。

　イ　逓増定期保険特約保険料については、保険期間の当初6割相当期間において、支払保険料のうち損金算入できる割合が1/2、1/3、1/4相当額に制限される場合もあります。

---

保険料を払い込んだ場合は、次のようにまとめることができます。

資産計上の場合には、

① 保険料積立金勘定などに計上

② 前払保険料勘定に計上のうえ、期間の経過に応じて損金化していく

損金算入の場合には、

① 生命保険料などとして、期間の経過に応じて損金算入

② 給与として、損金算入。役員の場合には、法人が経常的に負担するもの以外のものは損金不算入。また、この保険料を含めて過大給与となれば、過大部分については損金不算入

# 35 定期保険に係る保険料の取扱い

 逓増定期保険に係る保険料の取扱いが変更されています。定期保険の保険料は、全体的に、どのようになっているのでしょうか。

定期保険に係る保険料の取扱いについては、死亡保険金受取人の別、被保険者の年齢や保険期間の年数によって異なっています。

1）死亡保険金受取人：法人又は被保険者の遺族（次の給与扱タイプを除く。）

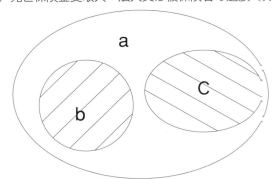

aの部分：（一般の）定期保険
　　　　　全額損金タイプ
bの部分：長期平準定期保険
　　　　　1/2資産計上タイプ
cの部分：逓増定期保険
　　　　　1/2資産計上タイプ
　　　　　2/3資産計上タイプ
　　　　　3/4資産計上タイプ

2）死亡保険金受取人：被保険者の遺族（給与扱タイプ）

役員又は部課長その他特定の使用人のみを被保険者としている場合には、払込保険料の額は、役員又は使用人に対する給与とします。

（長期平準定期保険あるいは逓増定期保険に該当しても、その保険料はこの取扱いによります。）

以下、「給与扱タイプ以外のもの」の説明となります。

　満了年齢：保険期間満了時における被保険者の年齢
　加入加算年齢：保険契約証書に記載されている加入時における被保険者の年齢に保険期間の2倍に相当する数を加えた数

| | | | 払込保険料の取扱い | |
|---|---|---|---|---|
| | | | 当初6割相当期間<br>（前払期間）<br>《端数月切捨て》 | 後半4割<br>相当期間 |
| 【（一般の）定期保険】 | 全額損金タイプ | 一定期間内における被保険者の死亡を保険事故とする生命保険のうち、長期平準定期保険及び逓増期保険に該当するもの以外のもの | 期間の経過に応じて、損金算入<br>（以下、単に「損金算入」という。） | |
| 【長期平準定期保険】 | 1/2資産計上タイプ | 定期保険のうち、満了年齢が70歳を超え、かつ、加入加算年齢が105を超えるもの<br>逓増定期保険に該当するものを除く。 | ・1/2相当額を前払金等として資産計上<br>・残額を損金算入 | ・損金算入<br>・それとともに、資産に計上した前払金等の累積額をその期間の経過に応じ取り崩して損金算入 |

（注）「1/2相当額」など：端数処理の取扱いについて明らかにされたものはありませんが、資産計上部分に上乗せし

2-2 法人契約

ておけばよいかと思います。（以下同様）

【逓増定期保険】
（保険期間の経過により保険金額が5倍までの範囲で増加する定期保険のうち、以下のものをいう。）

|  |  |  | 払込保険料の取扱い ||
|---|---|---|---|---|
|  |  |  | 当初6割相当期間<br>（前払期間） | 後半4割相当期間 |
| 平成20年<br>2月27日<br>以前の契約 | ①1/2資産<br>計上タイプ | 満了年齢が60歳を超え、かつ加入加算年齢が90を超えるもの（②又は③に該当するものを除く） | ・1/2相当額を前払金等として資産計上<br>・残額を損金算入 | ・損金算入<br>・それとともに、資産に計上した前払金等の累積額をその期間の経過に応じ取り崩して損金算入 |
|  | ②2/3資産<br>計上タイプ | 満了年齢が70歳を超え、かつ加入加算年齢が105を超えるもの（③に該当するものを除く） | ・2/3相当額を資産計上<br>・残額を損金算入 |  |
|  | ③3/4資産<br>計上タイプ | 満了年齢が80歳を超え、かつ加入加算年齢が120を超えるもの | ・3/4相当額を資産計上<br>・残額を損金算入 |  |
| 平成20年<br>2月28日<br>以後の契約 | ①1/2資産<br>計上タイプ | 満了年齢が45歳を超えるもの（②又は③に該当するものを除く） | ・1/2相当額を資産計上<br>・残額を損金算入 |  |
|  | ②2/3資産<br>計上タイプ | 満了年齢が70歳を超え、かつ加入加算年齢が95を超えるもの（③に該当するものを除く） | ・2/3相当額を資産計上<br>・残額を損金算入 |  |
|  | ③3/4資産<br>計上タイプ | 満了年齢が80歳を超え、かつ加入加算年齢が120を超えるもの | ・3/4相当額を資産計上<br>・残額を損金算入 |  |

（注）アンダーラインを付した箇所が、平成20年2月28日発遣通達により、新設され、または改正された部分

《前納保険料に係る取扱い》
保険期間の全部又はその数年分の保険料をまとめて支払った場合には、次により取り扱います。
① いったん、その保険料の全部を前払金として資産に計上する。
② その支払の対象となった期間（全保険期間分の保険料の合計額をその全保険期間を下回る一定の期間に分割して支払う場合には、その全保険期間とする。）の経過に応ずる経過期間分の保険料について、上記処理を行う。

## がん保険に係る保険料の取扱い

 がん保険の保険料の経理処理について教えてください。

　がん保険については、保険料は掛け捨てであり、満期保険金はありません。しかし、解約等の場合には、通常、解約返戻金が契約者に支払われます。なお、ここでは、終身保障タイプのみを取り扱うこととします。

　がん保険に係る保険料は、定期保険に係る保険料に準じて取り扱います（法基通9-3-5）。すなわち、保険金受取人が法人の場合には、損金算入、役員等の場合でも、損金算入ですが、全員加入・普遍的加入でないときには、給与扱となります。

　ただし、終身払込ではなく、有期払込の場合には、保険料払込期間と保険期間の経過が対応していないことから、支払う保険料の中に前払保険料が含まれていますので、特別の取扱い（保険期間のうち前払期間（保険期間開始時から保険期間の50％相当期間を経過するまでの期間）を経過するまでは、各年の払込保険料のうち、当期分保険料の1/2と当期分保険料を超える金額を資産に計上し、残額を損金算入していく。）によることとされています（保険料が給与扱となる契約を除きます）。

　がん保険に係る保険料の取扱いについては、「がん保険（終身保障タイプ）及び医療保険（終身保障タイプ）に関する税務上の取扱いについて（平成13年8月8日企第250号照会に対する回答を受けた同月10日付法人税個別通達課審4-99、4-100）」などに定められており、その内容をまとめますと、次のようになります。

　なお、がん保険を節税対策に用いる事例が多々あったことから、課税上弊害があるとして平成24年4月27日以後の契約については、次のように取扱いが改められました（法人が支払う「がん保険」（終身保障タイプ）の保険料の取扱いについて　平成24年4月27日課法2-5等）。

①　終身払込の場合　解約等において返戻金のある契約については、多額の前払保険料があることから、前払期間を経過するまでの期間においては、払込保険料の1/2を資産計上、残る1/2を損金算入、前払期間経過後の期間においては、その時点における資産計上累計額を残る期間で均等に取り崩し、損金算入していく。

②　有期払込の場合　前払期間を経過するまでに払込期間が終了するケースと、前払期間経過後に払込期間が終了するケースがあることから、それぞれに対応する取扱いとした。

③　解約等において払戻金のない契約に係る保険料については、①、②にかかわらず、保険料払込の都度、損金算入する。有期払込であり、保険料払込期間が終了した後の解約等においてごく小額の払戻金がある契約に係る保険料についても、②にかかわらず、保険料払込の都度、損金算入する。

①、②、③いずれも、保険料が給与扱となる契約を除きます。

## 2-2 法人契約

# 1 終身払込の場合

| | 平成24年4月26日以前の契約 | 平成24年4月27日以後の契約 |
|---|---|---|
| 保険金受取人が法人の場合 | 損金算入 | 【解約等において返戻金のない契約】<br>　損金算入<br><br>【解約等において返戻金のある契約】<br>イ　その保険期間\*開始の時からその保険期間の50％に相当する期間（前払期間）を経過するまでの期間<br>　　　＊加入時の年齢から105歳までの期間を計算上の保険期間（以下「保険期間」という。）とする。<br>　①損金算入額<br>　　「払込保険料の額－下記資産計上額」を損金算入<br>　②資産計上額<br>　　払込保険料の1/2相当額を資産計上<br>　（注）前払期間に1年未満の端数がある場合には、その端数を切り捨てた期間を前払期間とする。<br><br>ロ　前払期間経過後の期間<br>　①損金算入額<br>　　次の合計額を損金算入<br>　　・払込保険料の額<br>　　・次の取崩額（年額）<br>　　　「資産計上額の累計額×1÷（105歳－前払期間経過年齢）」<br>　　（注）前払期間経過年齢とは、被保険者の加入時年齢に前払期間の年数を加算した年齢をいう。<br>　②資産計上額<br>　　なし（取崩しのみ） |
| 保険金受取人が役員又は使用人（これらの者の親族を含む。）の場合 | 損金算入<br><br>　ただし、役員又は部課長その他特定の使用人（これらの者の親族を含む。）のみを被保険者としている場合には、給与扱 | 上記の方法により、取扱う。<br><br>　ただし、役員又は部課長その他特定の使用人（これらの者の親族を含む。）のみを被保険者としている場合には、給与扱 |

## 2 有期払込の場合

| | 平成24年4月26日以前の契約 | 平成24年4月27日以後の契約 |
|---|---|---|
| 保険金受取人が法人の場合 | 《払込期間中》<br>①損金算入額<br>　「払込保険料の額×保険料払込期間÷（105歳－加入時年齢）」を損金算入<br>②資産計上額<br>　「払込保険料の額－上記損金算入額」を資産計上<br>《払込期間満了後》<br>①損金算入額<br>　「保険料払込満了時点の資産計上額÷（105歳－払込満了時年齢）」を損金算入<br>　⇒年額であるため、払込満了時が事業年度の中途である場合には、月数按分により計算する。<br>②資産計上額<br>　なし（取崩しのみ） | 【解約等において返戻金のない契約】<br>【保険料払込期間が終了した後の解約等においてごく小額の払戻金がある契約】<br>　損金算入<br><br>【解約等において返戻金のある契約】<br>イ　前払期間を経過するまでの期間<br>《払込期間中》<br>　①損金算入額<br>　　「払込保険料の額－下記資産計上額」を損金算入<br>　②資産計上額<br>　　次の合計額を資産計上<br>　　・次の当期分保険料（年額）の1/2相当額<br>　　　払込保険料の額（年額）×（保険料払込期間÷保険期間）<br>　　・「払込保険料の額－当期分保険料の額」<br>《払込期間満了後》<br>　①損金算入額<br>　　当期分保険料の1/2相当額を取り崩して損金算入<br>　②資産計上額<br>　　なし（取崩しのみ）<br><br>ロ　前払期間経過後の期間<br>《払込期間中》<br>　①損金算入額<br>　　次の合計額を損金算入<br>　　・「払込保険料の額－下記資産計上額」<br>　　・次の取崩損金算入額<br>　　　｛(当期分保険料の額÷2)×前払期間｝×｛1÷(105歳－前払期間経過年齢)｝<br>　②資産計上額<br>　　「払込保険料の額－当期分保険料の額」を資産計上<br>《払込期間満了後》<br>　①損金算入額<br>　　次の合計額を損金算入<br>　　・当期分保険料の額<br>　　・取崩損金算入額<br>　②資産計上額<br>　　なし（取崩しのみ） |
| 保険金受取人が役員又は使用人（これらの者の親族を含む。)の場合 | 上記の方法により、取扱う。<br><br>　ただし、役員又は部課長その他特定の使用人（これらの者の親族を含む。）のみを被保険者としている場合には、給与扱 | 上記の方法により、取扱う。<br><br>　ただし、役員又は部課長その他特定の使用人（これらの者の親族を含む。）のみを被保険者としている場合には、給与扱 |

## 3 例外的取扱い

保険契約の解約等において払戻金のないもの(保険料払込期間が有期払込であり、保険料払込期間が終了した後の解約等においてごく小額の払戻金がある契約を含む。)である場合には、保険料の払込の都度当該保険料を損金の額に算入する。

# 37 医療保険に係る保険料の取扱い

 医療保険の保険料の経理処理について教えてください。

## 1 保険料の経理処理（原則）

　医療保険については、保険料は掛け捨てであり、満期保険金はありません。しかし、解約等の場合には、通常、解約返戻金が契約者に支払われます。なお、ここでは、終身保障タイプのみについて解説することとします。

　医療保険に係る保険料は、定期保険に係る保険料に準じて取り扱います（法基通9-3-5）。すなわち、保険金受取人が法人の場合には損金算入、役員等の場合でも損金算入ですが、全員加入・普遍的加入でないときには、給与扱となります。

　ただし、終身払込ではなく、有期払込の場合には、保険料払込期間と保険期間の経過が対応していないことから、支払う保険料の中に前払保険料が含まれています*ので、特別の取扱い（払込保険料を特定の算式により損金算入額と資産計上額に区分し、保険料の払込期間満了後に期間の経過に応じ資産計上額を取り崩して損金算入していく。）によることとされています（給与扱となる契約を除きます）。

　＊払込保険料は平準化されていますが、保険期間の前半に払い込まれる保険料の中には、後半における保険料に充当されるものが相当多額に含まれています。これは、がん保険や長期平準定期保険、逓増定期保険も同様です。

　医療保険に係る保険料の取扱いについては、「がん保険（終身保障タイプ）及び医療保険（終身保障タイプ）に関する税務上の取扱いについて（平成13年8月8日企第250号照会に対する回答を受けた同月10日付法人税個別通達課審4-99、4-100）」に定められており、その内容をまとめますと、次のようになります。

| | 終身払込の場合 | 有期払込の場合 |
|---|---|---|
| 保険金受取人が法人の場合 | 損金算入 | 《払込期間中》<br>①損金算入額<br>　「払込保険料の額×保険料払込期間÷（105歳－加入時年齢）」を損金算入<br>②資産計上額<br>　「払込保険料の額－上記損金算入額」を資産計上<br><br>《払込期間満了後》<br>　「保険料払込満了時点の資産計上額÷（105歳－払込満了時年齢）」の額を取り崩して、損金算入<br>　⇒年額であるため、払込満了時が事業年度の中途である場合には、月数按分により計算する。 |

| 保険金受取人が役員又は使用人（これらの者の親族を含む。）の場合 | 損金算入<br><br>ただし、役員又は部課長その他特定の使用人（これらの者の親族を含む。）のみを被保険者としている場合には、給与扱 | 上記の方法により、取扱う。<br><br>ただし、役員又は部課長その他特定の使用人（これらの者の親族を含む。）のみを被保険者としている場合には、給与扱 |
|---|---|---|

## 2 例外的取扱い

　なお、解約返戻金がない契約（あるいは保険料払込期間が有期払込であり、保険料払込期間が終了した後の解約等においてごく小額の払戻金がある契約）の保険料については、上記の1とは異なり、保険料払込の都度、支払保険料を損金算入することができます。ただし、保険料が給与扱となる契約を除きます。

　この取扱いは、平成24年のがん保険通達で例外的取扱いとして規定されたものであり、医療保険については、生保各社が個別に国税局に照会し、がん保険通達と同様の取扱いを認められた商品についてのみ、照会に対する回答があった日以後の新契約から適用されるものとされています。

# 38 生前給付保険に係る保険料の取扱い

> **Q** 特定の疾病や要介護状態になった時の保障をする生前給付保険の保険料の経理処理について教えてください。

　いわゆる生前給付保険とは、特定の疾病にかかったり、要介護状態になったりしたときに、一時金が支払われる保険であり、特定疾病保障保険、身体障がい保険、介護保障保険などが該当します。

　これらの保険における特定疾病保険金、身体障がい保険金、介護保障保険金などの受取人は、被保険者であることが一般的です。死亡保険金を支払うとしている会社も多く、その死亡保険金受取人も別途定められています。法人契約で、死亡保険金受取人が法人である場合には、法人特則により、特定疾病保険金などの受取人は被保険者ではなく、契約者である法人としている会社が多いようです。

　生前給付保険に係る保険料については、特に通達などには定めがないため、定期保険タイプについては、定期保険に係る保険料の取扱い（法基通9-3-5）により、終身保険タイプについては、終身保険に係る保険料の取扱いによることとなります。

## 1 定期保険タイプ

1）「特定疾病保険金などの受取人が法人、死亡保険金受取人も法人」の場合には、払込保険料は損金算入となります。しかし、定期保険に係る保険料の取扱い同様、保険期間が長期のものについては、保険期間の前半に相当の前払部分があることから、個別通達「法人が支払う長期平準定期保険等の保険料の取扱いについて」の例により取り扱うものと考えられています。
　ここで、「保険期間の長いもの」とは、「その保険期間満了の時における被保険者の年齢が70歳を超え、かつ、当該保険に加入した時における被保険者の年齢に保険期間の2倍に相当する数を加えた数が105を超えるもの」とします。
　　この取扱いでは、保険期間の前半では、払込保険料の一部を資産計上し、残る金額を損金算入し、保険期間の後半では、払込保険料を損金算入するとともに、資産計上されていた金額を残る期間で均等に損金に算入していくこととなります。
　　保険金を受け取った法人は、これを財源として、特定疾病保険金などを被保険者である役員や従業員に見舞金などとして支給し、死亡保険金を役員や従業の遺族に退職金や弔慰金などとして支給することとなります。
2）一方、「特定疾病保険金などの受取人が被保険者、死亡保険金受取人が被保険者の遺族」の場合にも、上記と同様の取扱いですが、全員加入・普遍的加入でない場合には、給与扱となります。

## 2 終身保険タイプ

1）「特定疾病保険金などの受取人が法人、死亡保険金受取人も法人」の場合には、払込保険料は資産計上となります。
2）一方、「特定疾病保険金などの受取人が被保険者、死亡保険金受取人が被保険者の遺族」の場合には、給与扱となります。

**39 年払保険料の取扱い**

> Q 3月末決算の会社ですが、この3月中に定期保険(死亡保険金受取人は法人)に入ると、年払であれば、保険料の全額が損金算入できるのでしょうか。

## 1 短期の前払費用

　資産計上すべき前払費用の額であっても、1年以内に提供を受ける役務に係るものを支払った場合には、次のように、支払った日の属する事業年度の損金の額に算入することができることとされています(法基通2-2-14)。

> 【法基通2-2-14】短期の前払費用
> 　前払費用の額は当該事業年度の損金の額に算入されないのであるが、法人が前払費用の額でその支払った日から1年以内に提供を受ける役務に係るものを支払った場合において、その支払った額に相当する金額を継続してその支払った日の属する事業年度の損金の額に算入しているときは、これを認める。

　この「短期の前払費用」通達は、1年以内の短期の前払費用(支払時点から向こう1年以内の費用)について、期間対応による繰延経理をせずに、その払込時点で損金算入することを認めるものです。ただし、継続的な取扱いが求められています。
　「本通達は、短期の前払費用について、課税上弊害が生じない範囲内で費用計上の基準を緩和し、支払ベースでの費用計上を認めることとするものである。したがって、この取扱いを悪用し、支払ベースにより一括損金算入することによって利益の繰延べ等を図ることがおよそ認められないことはいうまでもない。」(「法人税基本通達逐条解説」(税務研究会発行))という趣旨のものですので、ご留意ください。

## 2 年払保険料の取扱い

　定期保険(死亡保険金受取人は法人)に係る保険料を支払った場合には、支払った保険料の額は、期間の経過に応じて損金の額に算入することとされています。
　従って、保険料をまとめて支払った場合には、払込保険料全額を資産(たとえば、前払保険料)に計上した上で、期間の経過に応じて損金の額に算入することになります。
　さて、年払保険料についてですが、この「短期の前払費用」通達により、保険料の全額を損金算入してもよいものと考えられています。
　ただし、月々支払っていた保険料を今期は利益が出たからといって1年分まとめて支払い、次回支払いでは、払込方法を月払に戻したり、1年分支払うが、期間の経過に応じて損金算入したりといったことであれば、「利益の状況をみて取り扱っている」「この取扱いを悪用している」とみられる恐れがあり、そのようにみられた場合には、その支払った1年分の保険料は、原則通り、期間の経過に応じて損金算入することが求められるものと思われます。

《まとめ》
①原則取扱い　　　（期間の経過に応じて）損金算入
②特例扱い　　　　（継続適用を要件として）支払日に損金算入
　（支払日から１年以内に提供を受ける役務に係る前払費用を支払った場合には、「期間の経過に応じて」がはずれる。）

## 3　年払保険料などの払込み（具体例）

以下、すべて３月末決算の会社とし、また、商品は、通常の定期保険とします。

### 1）年払

３月に１年分（例 360,000円）を払い込んだ場合には、その払い込んだ日に資産計上し、決算日に１月分のみ損金算入してもよいのですが、保険料全額を払込日の属する事業年度の損金に算入できます。

【払込日】

| | |
|---|---|
| 生命保険料（１年分）　360,000 | 当座預金　360,000 |

### 2）年払の前納（年払の保険料を数回分前払いする方法）

10月に３年分（例 1,050,000円）を払い込んだ場合には、「１年以内に提供を受ける役務に係るものを支払った場合」に該当しませんので、払込日に、いったん全額を前払保険料に計上し、決算日に３月までの分を損金算入することとします。

なお、異なった考え方による取扱いもあります。例えば、３年分の前納金として支払い、当該年度の保険料充当日に年払保険料に充てるとともに、前納利息を資産計上する取扱いがあります。

【払込日】

| | |
|---|---|
| 前払保険料（３年分）　1,050,000 | 当座預金　1,050,000 |

【決算日】

| | |
|---|---|
| 生命保険料　175,000 | 前払保険料（６ヶ月分）　175,000 |

### 3）一時払（全保険期間分の保険料を契約時に１回で払い込む方法）

10月に保険期間10年の契約の保険料（例 3,420,000円）を一時払した場合には、払込日に、いったん全額を前払保険料に計上し、決算日に当該事業年度分（171,000円）のみ損金算入します。

【払込日】

| | |
|---|---|
| 前払保険料（120月分）　3,420,000 | 当座預金　3,420,000 |

【決算日】

| | |
|---|---|
| 生命保険料　171,000 | 前払保険料（６月分）　171,000 |

## 40 特別保険料を払い込んだ場合

> **Q** 生命保険（養老保険）の申込みをしましたが、このたび、主契約に特別条件を付加することが決まり、保険料を別途払い込むこととなりました。この払込保険料の取扱いは、どのように行えばよろしいのでしょうか。

　特別条件付特約の保険料（「特別保険料領収法」による特約保険料）を払い込んだ場合には、その保険料は、原則として、期間の経過に応じて、損金の額に算入することが認められています。ただし、「特定者のみを保険金等の受取人としている」場合には、例外的に、給与扱となります（法基通9-3-6の2）。

　「保険金受取人を法人」とする特別条件付特約の付加された養老保険料（養老保険料 500,000円、特約保険料 50,000円）を払い込んだとする例では、次の仕訳となります。

| 保険料積立金 | 500,000 | 当座預金 | 550,000 |
|---|---|---|---|
| 特約保険料 | 50,000 | | |

　当初払い込んだ保険料とは別に、追加で特別保険料を払い込んだ場合には、その払い込んだ日に、次の仕訳を行います。

| 特約保険料 | 50,000 | 当座預金 | 50,000 |
|---|---|---|---|

　ただし、この損金算入する取扱いについては、以下にある通り、「特別保険料に係る解約返戻金はないこと」が前提となっていますので、この前提条件を満たさない特約商品である場合には、別途の処理（主契約保険料の取扱いに準じた経理処理など）が必要になってきます。

> 《参考》「法人税質疑応答集」（千葉雄二編、大蔵財務協会発行）抜粋
> 　「特別保険料は単年度毎に精算（剰余金が出れば契約者配当の原資とし、赤字になった場合には死差益から補てんされます。）されており、特別保険料に係る解約返戻金はないことから、その支出時の損金として処理して差し支えありません。」

　保険会社によっては、解約返戻金のある特別保険料が主流となっているようですが、これに該当する場合には、特別保険料が必要となった保険契約の保険料の取扱いに準じて経理処理を行うこととなります。

　例えば、長期平準定期保険（保険金受取人は法人）の保険料（長期平準定期保険料500,000円、特別保険料50,000円）を払い込んだ場合には、次の仕訳となります。

| 定期保険料 | 275,000 | 当座預金 | 550,000 |
|---|---|---|---|
| 前払保険料 | 275,000 | | |

注意が必要なのは、決算期を過ぎて支払った特別保険料の取扱いです。
　例えば、3月決算の法人が、契約日が3月31日の年払の長期平準定期保険に申し込み保険料を支払ったが、診査の結果、特別保険料が必要となる場合です。もし、特別保険料の支払いが決算期を過ぎた4月になった場合、特別保険料については、実際に支払った4月の経理処理になります。

## 41 第1回保険料の振替日は？

**Q** 第1回保険料の振替は、いつ行うのでしょうか？保険料を払い込んだときに、損金算入してもよいものでしょうか。保険金受取人が法人となっている定期保険です。

### 1 契約日と第1回保険料の払込み

　契約日と第1回保険料の払込みは、一般的には次の取扱いになっています。

　契約を申込み、そして告知を行いますと、保険会社は申込みの諾否を判断し、承諾と判断したときには、その旨を契約の申込者に通知します。承諾があった場合には、保険会社は申込日と告知日のいずれか遅い日にさかのぼって責任を開始し、月払契約については、原則として、責任開始日の翌月1日が契約日となり、年払契約については、責任開始日が契約日となります。

　次に、第1回保険料の払込みについてですが、その払込期限は、責任開始日の翌月末日とされています。その払込期限までに払込みのない場合には、払込みの催告と解除予定日の通知が行われ、解除予定日の前日までに払込みがなければ、解除予定日に契約は解除され、消滅することとなります。

### 2 第1回保険料の払込みがあった場合

　法人が保険料を払い込んだ場合には、その払い込んだ保険料の額をその払込日に損金の額に算入することとします。なお、一部資産計上を要する長期定期保険などの保険料については、別途の取扱いになります。

| 定期保険料　100,000 | 当座預金　100,000 |
|---|---|

　なお、申込承諾までに保険料の払込みがあった場合には、次の仕訳となり、保険会社の承諾があったときに、この預け金勘定を精算して定期保険料勘定に振り替えます。一方、申込みが不承諾となり成立しなかった場合には、保険料の返金がありますので、預け金勘定を精算して当座預金勘定などを使って返金額を受け入れることとします。決算月をまたがって返金があった場合の取扱いは、次の3で説明します。

| 預け金　100,000 | 当座預金　100,000 |
|---|---|

《申込承諾のあった場合》

| 定期保険料　100,000 | 預け金　100,000 |
|---|---|

《申込みが不承諾となった場合》

| 当座預金　100,000 | 預け金　100,000 |
|---|---|

## 3 契約が不成立となった場合

　前述の通りですが、「決算月に保険料を払込み、その際、通常行われている経理処理をとったが、その翌月に保険会社から断りの通知が入った。前期に損金処理しているが、どうすればよいか？」という質問に接します。

　決算処理で追いこめるタイミングであれば、次の通り、資産勘定に振り替えます。

| 預け金　100,000 | 定期保険料　100,000 |
|---|---|

　そして、返金があったときに、この資産勘定を取り崩して返金額を受け入れます。

| 当座預金　100,000 | 預け金　100,000 |
|---|---|

　次に、決算処理に追いこめないタイミングでは、法人税申告書別表四で申告調整（「損金不算入」として所得金額に加算）を行います。そして、翌期に返金があった場合には、次の仕訳を行って返金額を受け入れるとともに、もう一度、その期に申告調整（「益金不算入」として所得金額を減算）を行います。

| 当座預金　100,000 | 雑収入　100,000 |
|---|---|

2-2 法人契約

## 42 払込保険料の経理処理を間違った場合

**Q** 払込保険料の経理処理を間違った場合には、どのような取扱いを行えばよいのでしょうか。

　経理処理を間違った場合とは、①資産に計上すべき金額を損金算入していた場合、②損金算入すべき金額を資産計上していた場合、③払込保険料については、正しく経理処理していたが、契約転換や保険金額の減額・払済などに伴う仕訳をしていなかった、あるいは誤った場合などが考えられます。
　間違った場合には、会計面と税務面より、修正を行う必要があります。
　②については、発生した修正損すべての損金算入が認められるかどうかは、所轄税務署の判断となります。
　本項では、①と③の回答となります。

### 1　会計面の修正

　まず、その時点での正しい資産計上額を把握します。
　原則として契約当初に遡って、その時点からの資産計上額を把握しますが、その後、契約転換や、保険金額の減額などが行われている場合には、これを反映させたものとします。
　契約転換を行っているケースについては、次の点を確認します。
　①　そのときに正しい仕訳を行ったのか、あるいはまったく行っていなかったのか
　②　正しい仕訳を行っていたとして、その後は、どうか
　　例えば、特約転換方式や比例転換方式、あるいは長期平準定期保険への転換といった場合には、転換価格をいったん前払保険料勘定に計上の上、期間の経過に応じて損金化していく処理が必要とされていますが、これが正しく行われていたのかを確認する必要があります。
　次に、現在計上している金額（保険料積立金勘定や前払保険料勘定など）を全額取り崩すとともに、上記で求めた正しい金額を再計上します。差額計上・取崩しでもかまいませんが、前者の全額取り崩し、再計上を行った方が理解しやすいと思います。
　相手勘定は、過年度損益修正損（益）とし、損益計算書面では、特別損益の部に記載（金額の少ない場合には、営業外損益の部に記載）することとなります。

### 2　税務面の修正

　会計面の修正仕訳だけで、税務面も解決するわけではありません。その修正損益がそのままその事業年度の損金(または益金)として、認められるかどうかは、所轄税務署の判断によることとなってきます。
　法人税申告書別表四にて加減算を行ったり、更正の請求（税金を支払いすぎていた場合）、修正申告（税金不足である場合）などを行ったりすることが必要となってくるかもしれませんので、実際の取扱いにあたっては、所轄税務署への確認が必要となります。

# 43 福利厚生プラン～保険料1/2損金算入の要件

 いわゆる福利厚生プランに係る保険料の取扱いについては、どのような点に留意する必要があるのでしょうか。

## 1 払込保険料の経理処理

　法人を契約者とし、その法人の役員・使用人を被保険者とする養老保険について、払い込まれた保険料の取扱いは、次のようになっています。(法基通9-3-4)

　このうち、タイプ③のものを一般に、福利厚生プラン(保険料1/2損金プラン)と呼び、払込保険料のうち、1/2相当額を福利厚生費などの勘定科目を使って損金算入することとしています。このタイプの保険は、役員・使用人の福利厚生を目的として活用されることが多いからです。

| 保険商品 | タイプ | 保険金受取人 | | 主契約保険料の取扱い | 災害・医療関係特約保険料の取扱い |
|---|---|---|---|---|---|
| | | 死亡保険金 | 満期保険金 | | |
| 養老保険 | ① | 法人 | 法人 | 資産計上 | 損金算入*2（期間の経過に応じて） |
| | ② | 役員・使用人の遺族 | 役員・使用人 | 給与 | 損金算入*2（期間の経過に応じて） |
| | ③ | 役員・使用人の遺族 | 法人 | 1/2相当額資産計上 1/2相当額損金算入*1（期間の経過に応じて） | 損金算入*2（期間の経過に応じて） |

*1　普遍的加入が必要。普遍的加入でない場合には、被保険者に対する給与となります。

*2　役員その他特定の使用人のみを被保険者とし、給付金受取人をその被保険者としている場合には、被保険者に対する給与となります。

## 2 福利厚生プランにかかる留意点

### 1) 全員加入が必要

　原則として、保険料の1/2相当額は、損金算入となっていますが、役員・部課長その他特定の使用人のみを被保険者としている場合には、その保険料の額は、当該役員または使用人の給与とされます。

　「1/2損金算入」のためには、役員・部課長その他特定の使用人のみを被保険者としていないこと(普遍的加入)、原則として全員加入とし、福利厚生に資することを目的としたものであることが必要となります。

　ただ、「普遍的加入」であっても、役員または使用人の全部または大部分が同族関係者である法人については、たとえその役員または使用人の全部を対象として保険に加入する場合であっても、その保険料のうち、その同族関係者である役員または使用人に係る部分の金額については、これらの者に対する給与として取り扱われることになりますので、ご注意ください。

　一方、特約関係については、役員・部課長その他特定の使用人のみを被保険者とし、給付金の受取人をその被保険者としている場合には、特約保険料はその役員または使用人に対する給与となります。

## 2) 不公平な取扱いをしてはならない

次に、保険加入の有無、保険金額などに格差を設けてはいけません。しかし、たとえ設けたとしても、それが、職種、年齢、勤続年数などに応ずる合理的な基準により普遍的に設けられた格差である場合には、税務上問題ないものとされています。

なお、役員と使用人とで加入金額に大きな格差が生ずる場合には、留意した方がよいでしょう。役員の加入が1億円、使用人の加入が500万円といったケースに対し、「保険金額や保険料額の差が大きすぎる、社会通念上おかしい。」として、役員分の1/2損金算入が認められなかったことがあります。

また、最近（平成27年6月19日）の裁決においても、従業員500万円、理事長5,000万円のケースで、福利厚生目的ではなく、自らが保険契約による経済的利益を受ける目的で保険契約を締結したものと認定された例があります。（P262参照）

## 3) 早期の解約や払済保険への変更には注意

この保険の加入目的が役員や使用人の福利厚生目的というからには、早期の解約や払済保険への変更は考えられません。そのような場合には、「契約当初から、そのように予定していて、税負担の軽減を図っていたのではないか」とみられる懸念があります。

急激なる業績悪化など、合理的な理由がない限りは、このような場合、税務トラブルとなる可能性はあるでしょう。

## 4) メンテナンスが必要

退職者の契約を放置していたり、対象となった使用人を加入させなかったりした場合には、この保険に基づく福利厚生制度が適切に運用されているのか、疑問のあるところです。メンテナンスを十分にしていなかったため、当初100名の加入者がいつのまにか30名になっていたとして、これまでの損金分を否認された事例があります。

---

### 「職種、年齢、勤続年数などに応ずる合理的な基準」を考えるに当たって

次のような点を勘案し、客観的に、全体として「福利厚生」とみることのできることが必要です。

#### 1 職 種

「役員は養老保険、使用人は定期保険に加入しようと検討中。」というケースについては、「給与又は報酬とされないためには、養老保険の死亡保険金と定期保険の死亡保険金が、一定の基準により定められていることが必要だが、一般的には、このような例はあまりないだろう。」

「今回、運転手、助手並びに営業社員は、定期保険に加入。事務職員は加入対象外というケースについては、運転手、助手並びに営業社員が全員加入であり、すべての使用人に周知されている場合、損金算入が認められよう。」

（いずれも、「保険・年金の税務Q&A」渡辺淑夫監修、ぎょうせい発行）

前者のケースでは、個々の事情によっては、「福利厚生プランに役員のみ加入」とみられることもありますので、所轄税務署に事前確認が必要であると思います。

#### 2 年 齢

加入条件を上限50歳で限定した場合、会社内の人員構成などによっては、「普遍的加入」とならない場合が考えられます。

#### 3 勤続年数

通常、福利厚生プランが弔慰金・退職金財源としてのものですから、勤続3年以上としているケースが多いようです。

#### 4 その他

課長以上を対象者とした場合には、損金算入が認められず、給与扱いとなってきます。また、加入対象である使用人が1人や2人といった場合には、福利厚生プランとしては厳しいように思います。

《参考》福利厚生プランに関連する通達とその趣旨

| 基本通達 | 裁決にみる通達の趣旨（概要） |
|---|---|
| <u>法人税基本通達9－3－4</u><br>（養老保険に係る保険料）<br>　法人が、自己を契約者とし、役員又は使用人（これらの者の親族を含む。）を被保険者とする養老保険に加入してその保険料を支払った場合には、その支払った保険料の額については、次に掲げる場合の区分に応じ、それぞれ次により取り扱うものとする。<br>(1)〜(2)（省略）<br>(3)　死亡保険金の受取人が被保険者の遺族で、生存保険金の受取人が当該法人である場合<br>　　その支払った保険料の額のうち、その2分の1に相当する金額は(1)により資産に計上し、残額は期間の経過に応じて損金の額に算入する。ただし、役員又は部課長その他特定の使用人（これらの者の親族を含む。）のみを被保険者としている場合には、当該残額は、当該役員又は使用人に対する給与とする。<br><br><u>所得税基本通達36－31</u><br>（使用者契約の養老保険に係る経済的利益）<br>　使用者が、自己を契約者とし、役員又は使用人（これらの者の親族を含む。）を被保険者とする養老保険に加入してその保険料を支払ったことにより当該役員又は使用人が受ける経済的利益については、次に掲げる場合の区分に応じ、それぞれ次により取り扱うものとする。<br>(1)〜(2)（省略）<br>(3)　死亡保険金の受取人が被保険者の遺族で、生存保険金の受取人が当該使用者である場合<br>　　当該役員又は使用人が受ける経済的利益はないものとする。ただし、役員又は特定の使用人（これらの者の親族を含む。）のみを被保険者としている場合には、その支払った保険料の額のうち、その2分の1に相当する金額は、当該役員又は使用人に対する給与等とする。<br>（注）1　（省略）<br>　　　2　上記(3)のただし書については、次によることに留意する。<br>　　　　(1)　保険加入の対象とする役員又は使用人について、加入資格の有無、保険金額等に格差が設けられている場合であっても、それが職種、年齢、勤続年数等に応ずる合理的な基準により、普遍 | 《平成5年8月24日裁決》<br>　この本件両通達の趣旨は、使用人（法人）が支払った保険料のうち、死亡保険金に係る部分については、受取人が被保険者の遺族等となっていることからみて、資産計上することを強制することは適当でなく、また、被保険者が死亡した場合に初めてその遺族等が保険金を受け取るものであることからすれば、保険料の払込段階で直ちに被保険者に対する給与として課税するのも実情に即さないことから、これを一種の福利厚生費と同視することとしたものである。<br>　このような趣旨からすると、本件両通達の本文は、福利厚生費が従事員（役員及び従業員）全体の福利のために使用されることを要するのと同様、<u>原則的には従事員の全部を対象として保険に加入する場合を想定</u>しているものと解するのが相当であり、このことは、特定の者のみが対象とされる場合には、その者が受ける経済的利益に対し給与として課税するというただし書の定めからも明らかである。<br>　ただ、注書は、<u>全従事員を保険に加入させない場合であっても、保険料を一種の福利厚生費と同視する以上、少なくとも全従事員がその恩恵に浴する機会が与えられていることを要することから、それが「合理的な基準により普遍的に設けられた格差」であると認められるときには、本件通達の本文の適用を認めるものの、逆に全従事員を保険に加入させた場合であっても、その全従事員が同族関係者であるような</u><u>法人</u>には、本件通達の本文の適用を認めない旨を明らかにしたものと認められる。<br><br>《平成18年10月17日裁決》<br>　ところで、所基通36－31（注）2の(2)の趣旨は、当該法人においては、同族関係者によって経営の支配権が確立され、同族関係者自らが養老保険の加入の要否及び保険金額等を決定する権限、すなわち養老保険契約の加入に伴う経済的利益の供与を決定する権限を有していることから、法人が支払う養老保険の保険料には、もはや<u>従業員の受動的利益であるはずの福利厚生費の性格が欠如し、福利厚生を目的とした使用者側の業務上の要請によ</u> |

| | |
|---|---|
| 的に設けられた格差であると認められるときは、ただし書（給与扱）を適用しない。<br>(2) 役員又は使用人の全部又は大部分が同族関係者\*である法人については、たとえその役員又は使用人の全部を対象として保険に加入する場合であっても、その同族関係者である役員又は使用人については、ただし書（給与扱）を適用する。 | る支出とは認められず、同族関係者が、専ら経済的利益を自ら受益するために養老保険に加入していると認められることから、支払った保険料は同族関係者に対する給与として課税するというものである。 |

＊同族関係者：株主等の親族（配偶者、6親等内の血族及び3親等内の姻族）などをいいます。

積立配当金の取扱い

 積立配当金の取扱いは、どのように行えばよいのでしょうか。

配当金に関するご照会には、次の経理処理に関するものがあります。
①配当金の通知を受けたとき
②受け取ったにもかかわらず、経理処理していなかったとき
③積立配当金を引き出したとき

## 1 配当通知を受けたとき

### 1) 一般的取扱い

配当通知（据置配当については、その積立てをした旨の通知）を受けた都度、次のように、配当金（例 50,000円）とその利息（例 5,000円）の金額を「雑収入」として益金算入し、その相手勘定は「配当金積立金」などとして、資産計上します（法基通9-3-8）。

| 配当金積立金　55,000 | 雑収入　55,000 |
|---|---|

### 2) 全額資産計上タイプの取扱い

主契約保険料を全額資産（保険料積立金など）に計上しているタイプ（死亡・満期保険金の受取人がいずれも法人である終身保険・養老保険）については、例外的に、資産計上額から控除することも認められています。ただし、その場合でも、利息部分は雑収入として益金算入することが必要です（上記通達注2）。

| 配当金積立金　55,000 | 保険料積立金　50,000 |
|---|---|
|  | 雑収入　　　　5,000 |

### 3) 保険金額買増タイプの場合の取扱い

配当金を増加保険の保険料の額に充当することになっている場合には、その保険料の額について、一般の保険料の取扱いによることとされています。

例えば、1/2損金算入タイプ養老保険の保険料の額に充当された配当金の額50,000円の取扱いについては、次のようになります。

| 保険料積立金　25,000 | 雑収入　50,000 |
|---|---|
| 福利厚生費　　25,000 |  |

## 2 経理処理を行っていなかったとき

　配当通知により、配当金の連絡があったにもかかわらず、経理処理を行っていなかった場合には、やむをえませんので、計上しておくべき金額（例500,000円）をまとめて計上することとなります。
　経理処理は、上記と同様です。
　計上もれの金額が多額になる場合には、修正申告を求められることがありますので、所轄税務署にご相談の上、取り扱ってください。なお、配当金の経理処理をしていない会社がみられることから、税務署などより照会される例が最近増えてきているようです。

| | |
|---|---|
| 配当金積立金　500,000 | 雑収入　500,000 |

## 3 積立配当金を引き出したとき

　積み立てていた配当金を引き出した場合（例100,000円）には、配当金積立金が預け金的な性格であるため、配当金積立金勘定から取り崩して引き出すこととなります。

| | |
|---|---|
| 当座預金　100,000 | 配当金積立金　100,000 |

## 4 保険金や解約返戻金を受け取ったとき

　これらの場合には、その契約が消滅するわけですから、関係する資産勘定残高や負債勘定残高とともに、配当金積立金残高を取り崩すこととなります。
　例えば、保険料の全額が資産計上となっている養老保険について死亡保険金を受け取った場合には、次のようになります。

| | |
|---|---|
| 当座預金　10,000,000 | 保険料積立金　4,000,000 |
| | 配当金積立金　100,000 |
| | 雑収入　5,900,000 |

## 45 役員・使用人親族の保険加入

① 法人に在籍していない役員・使用人の親族を被保険者とした保険の加入は、可能なのでしょうか。
② 代表取締役のご子息が他の会社に勤めているのですが、数年後に代表取締役の会社に帰ってきます。そのため、この会社で保険の加入をしておきたいという申し出がありました。現在は、みなし役員でもありません。加入は可能でしょうか。

## 1 親族の保険加入

役員または使用人の親族を被保険者とする保険の保険料についても、法基通9-3-4以下により、所定の経理処理を行うことが認められています。すなわち、親族については、「法人に在籍している者」のみならず、「在籍していない者」も含むように読める書き方がされています。

例えば、定期保険の保険料は、次の通りですが、この取扱いは、養老保険、定期付養老保険、長期平準定期保険、個人年金保険、傷害特約など、生命保険に係る通達全般に見られる表現です。

---

【法基通9-3-5】定期保険に係る保険料

法人が、自己を契約者とし、役員又は使用人（これらの者の親族を含む。）を被保険者とする定期保険に加入してその保険料を支払った場合には、その支払った保険料の額（傷害特約等の特約に係る保険料の額を除く。）については、次に掲げる場合の区分に応じ、それぞれ次により取扱うものとする。
（1）死亡保険金の受取人が当該法人である場合　その支払った保険料の額は、期間の経過に応じて損金の額に算入する。
（2）略

---

上記取扱いを契約形態別に一覧にしますと、次の通りとなります。

| 契約者 | 法人 | 法人 | 法人 | 法人 |
|---|---|---|---|---|
| 被保険者 | 役員又は使用人 | 役員又は使用人の親族 | 役員又は使用人 | 役員又は使用人の親族 |
| 死亡保険金受取人 | 法人 | 法人 | 役員又は使用人の親族 | 役員又は使用人 |
| 保険料の取扱い | （期間の経過に応じ）損金算入 | （期間の経過に応じ）損金算入 | （期間の経過に応じ）損金算入あるいは給与扱＊ | （期間の経過に応じ）損金算入あるいは給与扱＊ |

＊役員又は部課長その他特定の使用人（これらの者の親族を含む。）のみを被保険者としている場合には、その役員又は使用人に対する給与扱

## 2 加入は、条件付き

　しかし、法人の役員・使用人でない者を被保険者とする保険について、法人がその保険料を払い込み、役員・使用人と同様の取扱いを行っても、問題ないのでしょうか。
　これについては、残念ながら、この通達を解説した「法人税基本通達逐条解説」（税務研究会発行）には触れられていませんが、別の参考書では、次のように解説されています。

　保険金受取人が被保険者の遺族である場合で、特定の役員・使用人の家族のみを被保険者とするときには、給与扱になる旨説明した後に、「一般的には、法人を契約者として役員又は使用人の全部の家族を被保険者とする保険加入は、法人経営上特に必要であるとはいいがたく、現実にこのような契約はないものと思われますが、仮にあるとすれば、その必要性等を具体的に明らかにしておく必要があります。もっとも、役員又は使用人の全部又は大部分が同族関係者である法人が役員又は使用人の全部の家族を含めて保険に加入する場合には、これらの保険料のうちその同族関係者である役員・使用人に係る部分の金額は、これらの者に対する役員報酬・給与として取り扱うこととされています。」（「保険・年金の税務Q＆A」渡辺淑夫監修、ぎょうせい発行）として、無条件では認めていません。
　たとえ全員加入であったとしても、加入の必要性などが不明確な場合には、損金否認の恐れがあるということです。

　保険金受取人が被保険者の遺族以外の場合についても、その保険料支出が法人経営上必要なものであるべきでしょう。ただ、これは主観的なものであり、従って税務判断となりますので、親族を被保険者とした保険を取り扱うにあたっては、特に高額なものを取り扱うにあたっては、その加入の必要性などを明らかにした上で、所轄税務署に確認をしておいた方がよいでしょう。
　なお、付保金額については、他の役員・使用人のものとのバランスをとっておいた方がよいものと思われます。

非常勤役員の高額保険金加入

> **Q** 役員報酬をもらっていない非常勤役員は、その法人を契約者とする生命保険（例．全額損金タイプの逓増定期保険、1億円）に加入できるのでしょうか？

## 1 非常勤役員への付保

まず、「加入できるか」という問いに対しては「できる」、問題は「保険金額だ」と思います。そもそも、この保険に、どのような目的で加入しようとしているのでしょうか。

退職金や弔慰金の財源としての加入であれば、保険金額は自ずと決まってきます。

「非常勤役員」といっても、いろんなケースがあり、給与所得者であるが、友人が「会社を設立するので、名前だけ貸してほしい」といわれ貸したが、何もしていないといった役員がいる一方、決して余裕があるとはいえない財務内容に気をつかって、無報酬としているが、いろんな経営上のアドバイスを行っている、他社で常勤の役員もいるでしょう。

同じ「無報酬」でも、それぞれ事情が異なります。

後者の場合には、退任時に退職慰労金を支払ってあげたい気持にはなるでしょう。このような場合には、それなりの保険金額を付保しても、おかしくないと思います。

常勤役員の加入金額とのバランスなども考慮して判断することになるでしょう。

## 2 保険料の損金算入否認

問題なのは、退職金や弔慰金の支払対象とはなっていないのに、付保した、あるいは支払うとなっているものの、その予定額をかなり超える保険金額に加入した、といったような場合です。

このような場合については、税務面で、これに対処する措置（例えば、「過大な保険金額に係る保険料を損金否認する」）が見当たりません。

結局、税務サイドとしては、その保険料の損金算入を否認する根拠規定がなかなか見当たらないので、保険事故や解約があり、それぞれに係る保険金や解約返戻金が法人に入金されたときに、全額益金算入にさせ、役員に退職金として支給する段階で、過大な役員退職金として、損金不算入になるのではないかと思います。

ただ、一方で、外部監査人、株主や債権者である金融機関などから、「多額の退職慰労金を支払うとも思われない非常勤役員に対して、なぜ高額の保険をかけるのか」といった批判の声があがるかもしれません。監査結果への影響も考えられましょう。

2-2 法人契約

 満期保険金の受取り（一時金）

 養老保険に加入していますが、満期保険金を受け取ったときの経理処理は、どのように行うのでしょうか。

満期保険金の受取りに関する取扱いは、保険金受取人が法人であるか、役員または使用人であるかによって異なってきます。

## 1 法人が満期保険金を受け取った場合（死亡保険金受取人も法人）

主契約保険料の全額が保険料積立金勘定に計上されており、また、配当通知のある都度、原則として配当金積立金勘定に計上されているはずです。保険契約が満期により消滅することにより、これらの残額すべてを取り崩します。なお、契約者貸付や自動振替貸付を行ったことによる保険借入金勘定残高がある場合には、これも取り崩すこととします。（本書において、以下同様。）

このように、満期日に、保険料積立金（例 2,500,000円）、配当金積立金（例 200,000円）などの資産計上額を全額取り崩しますが、受け取った満期保険金（例 3,000,000円）との差額は「雑収入」として益金に算入します。満期日現在受け取っていない場合には、借方は未収金とし、入金があったときに精算を行います。（解約の場合の仕訳もほぼ同様ですが、通常、資産計上額よりも解約返戻金の額が少ないため、貸借の差額が「雑損失」として処理されます。）

| 当座預金 | 3,000,000 | 保険料積立金 | 2,500,000 |
|---|---|---|---|
| | | 配当金積立金 | 200,000 |
| | | 雑収入 | 300,000 |

【退職金としての支払い】
　この金額を役員・使用人に退職金（所得税法上の「退職所得」）として支払った場合には、次のように、仕訳を行います。ただ、役員の場合には、損金算入に限度がありますので、ご留意下さい。預り金は、退職金に対する所得税の源泉徴収税額及び住民税の特別徴収税額です。

| 退職金 | 3,000,000 | 当座預金 | 2,700,000 |
|---|---|---|---|
| | | 預り金 | 300,000 |

## 2 役員または使用人が満期保険金を受け取った場合（死亡保険金受取人はその遺族）

この契約形態の場合、主契約保険料は給与扱となっているため、資産勘定があるとすれば、配当金積立金勘定のみです。

満期保険金（所得税法上の「一時所得」）は、直接役員（または使用人）に支払われますので、法人としては、満期日に、配当金積立金（例 200,000円）を全額取り崩し、相手勘定は「雑損失」として損金に算入します。

| 雑損失 | 200,000 | 配当金積立金 | 200,000 |
|---|---|---|---|

死亡保険金の受取り（一時金）

**Q** 死亡保険金を受け取りましたが、どのように経理処理を行えばよいのでしょうか。

　死亡保険金の受取りに関する取扱いは、保険金受取人が法人であるか、被保険者の遺族であるかによって異なってきます。

## 1 法人が死亡保険金を受け取った場合（満期保険金受取人も法人）

　被保険者の死亡日（保険会社から保険金支払通知を受け取った日でも認められることがあります。以下、同じ。）に、保険料積立金（例 4,000,000円）、配当金積立金など（例 100,000円）といった資産計上額を全額取り崩し、受け取った死亡保険金（例 10,000,000円）との差額は「雑収入」として益金に算入します。

| | | | |
|---|---|---|---|
| 当座預金 | 10,000,000 | 保険料積立金 | 4,000,000 |
| | | 配当金積立金 | 100,000 |
| | | 雑収入 | 5,900,000 |

（注）死亡保険金とともに年払保険料の未経過分が返金されることがあります。これは、借方の当座預金勘定、貸方の雑収入勘定に同額が上乗せされ、反映されてきます。

【退職金としての支払い】

　この金額を役員・使用人の遺族に死亡退職金（例 10,000,000円）及び弔慰金（例 3,000,000円）として支払った場合には、支払日に、次のように、仕訳を行います。ただ、役員の場合には、損金算入に限度がありますので、ご留意下さい。また、弔慰金についても制限があります。

| | | | |
|---|---|---|---|
| 退職金 | 10,000,000 | 当座預金 | 13,000,000 |
| 福利厚生費 | 3,000,000 | | |

## 2 被保険者の遺族が死亡保険金を受け取った場合（満期保険金受取人は役員または使用人）

　死亡保険金は、直接被保険者の遺族に支払われます。この契約形態の場合には、払込保険料は給与扱となっているため、通常、資産計上額がないのですが、資産に計上されている配当金積立額（例 200,000円）がある場合には、死亡日に、その金額を全額取り崩し、相手勘定を「雑損失」として損金に算入します。

| | | | |
|---|---|---|---|
| 雑損失 | 200,000 | 配当金積立金 | 200,000 |

（注）この「保険金」は、遺族にとっては、死亡保険金としてみなし相続財産となりますが、退職金支給規程などで、これを退職金として遺族に支給することが明確になっている場合には、保険金でなく、退職手当金等としてみなし相続財産となってきます（相基通3-17）。この場合には、受取人が相続人である場合には、保険金同様、相続税法上の非課税規定が適用されます。

2-2 法人契約

# 49 保険金を年金により受け取った場合の取扱い

**Q** 法人契約ですが、満期保険金に年金特約を設定していました。このたび、年金を受け取ることとなったのですが、その経理処理は、どのように行えばよいのでしょうか。

　満期保険金、あるいは死亡保険金を一時金ではなく、年金として受け取ることがあります。この場合、年金特約（年金の種類、金額などが定められているもの）を、保険金受取事由発生日前に設定していたのか、それとも、保険金受取事由発生日以降に設定したのかによって、その取扱いが異なってきます。
　なお、年金特約の内容により、各社取扱いが異なることもありますので、ご留意下さい。下記は、一般的な取扱いです。

## 1 保険金受取事由発生日前から年金特約を設定している場合

　次の二つの方法のいずれでもよいこととされています。
１）受け取るべき金額を未収金などに計上した上で、年金受取りの都度精算していく方法
　　①満期日・死亡日に課税
　　　資産計上額をすべて取り崩して、保険金額など（未収金計上）との差額を雑収入又は雑損失に計上（益金又は損金に算入）します。以下同様。
　　②年金受取日に課税
　　　年金受取りの都度、未収金計上額のうち、受取年金額に対応する金額を取り崩します。
２）年金受取りの都度益金算入していく方法
　（年金受取りの都度、益金算入しても、差し支えないこととされています。下記参照）
　　①満期日・死亡日には、課税がありません。
　　②年金受取日に課税
　　　受け取った年金の額を益金算入するとともに、資産計上額のうち、年金額に対応する金額を取り崩して損金算入します。差引で益金の方が多い場合には、次のようになります。

| 当座預金　×××　 | 保険料積立金　××× |
| | 雑収入　　　　××× |

　　取り崩すべき資産計上額は、次のように計算します。
　　　資産計上額×（受け取った年金額÷年金受取総額または見込総額）

《参考》法人受け取りの収入保障保険、年金払特約付養老保険の税務
　満期保険金または死亡保険金を受取事由発生時に益金算入せず、年金受取時に益金算入することについては、「法人受け取りの収入保障保険、年金払特約付養老保険の税務取扱い」を内容とする生保協会の照会に対し、国

税庁は、「法人は年金受け取りのつど、益金計上して差し支えない。ただし、年金支払開始時または開始後に一括受け取りした場合は、利益操作を抑止する観点から、未払年金現価を全額益金に計上する。この取り扱いは、年金の一部一括払が約款に規定されているかどうかを問わない。」とする旨の連絡（平成15年12月15日）を行っています。

　なお、この連絡では、資産計上額の取崩方法について具体的に触れられていませんが、費用収益を対応させる観点から、資産計上額のうち毎年の受取年金額に対応する金額を取り崩して損金の額に算入する必要があります。

## 2 保険金受取事由発生日以後に年金特約を設定した場合

　受取事由発生日以後に年金で受け取る旨の約定をした契約については、「年金受取りの都度益金算入していく方法」は使えず、受け取った満期保険金または死亡保険金を、受取事由発生時に全額益金算入することになり、具体的には、次の仕訳を行います。

① 満期日・死亡日に、受け取るべき満期保険金または死亡保険金などを全額益金算入（相手勘定は未収金）するとともに、資産計上額全額を取り崩して、損金の額に算入します。

　　差引で益金の額が多い場合には、次のようになります。

| 未収金　×××  | 保険料積立金　××× |
|---|---|
|  | 配当金積立金　××× |
|  | 雑収入　　　　××× |

② 年金受取りの都度、上記未収金を取り崩すこととしますが、取崩額は、毎年の受取年金額に対応する金額、すなわち、次の金額となります。

　未収金勘定残高×（受け取った年金額÷年金受取総額または見込総額）

| 当座預金　××× | 未収金　××× |
|---|---|

2-2 法人契約

# 代表取締役死亡の場合の保険金請求

 当社は、「被保険者を代表取締役、保険金受取人を当社」とする保険契約を締結していました。代表取締役が死亡した場合、どのような方法により、保険金を請求することになりますか。

（以下は、会社法の定めとそれにもとづく取扱いを概説したものです。実際に保険金請求事由が発生した場合には、保険会社に、直接ご確認いただくよう、お願いいたします。）

## 1 保険金請求人は、代表取締役

株式会社の取締役は、1人又は2人以上（取締役会設置会社では、3人以上）が必要（会社法326、331）とされています。

取締役は、株式会社を代表し、株式会社の業務に関する一切の裁判上又は裁判外の行為をする権限を持っています（同法349）。

しかし、代表取締役その他会社を代表する者を定めている場合には、この代表取締役などが会社を代表することとなり、このような取扱いが一般的に行われています。

代表取締役は、次の方法によって、取締役の中から定められます（同法349）が、取締役会設置会社については、取締役会において代表取締役の選定が行われます（同法362）。

①定款
②定款の定めに基づく取締役の互選又は株主総会の決議

従って、死亡保険金受取人を会社とする契約においては、会社が業務執行である保険金の請求を行うこととなりますが、具体的には、この代表取締役が会社を代表して保険金を請求することとなります。（以下、会社を代表するものとして、代表取締役を定めるケースを前提とします。）

## 2 被保険者である代表取締役が死亡した場合

しかし、代表取締役が被保険者となっている場合で、その代表取締役が亡くなられた場合には、どのような手続きを行えばよいのでしょうか。

### 1）他に代表取締役がいる場合

この場合には、他の代表取締役が保険金を請求することとなります。

### 2）他に代表取締役がいない場合

代表取締役がいない、すなわち、会社の業務執行機関がない状態ですので、早急に、代表取締役を選任する必要があります。

① 2人以上の取締役がいる場合

直ちに、他の取締役が代表取締役となるか、取締役会設置会社では、取締役会を開催して、新たに代表取締役を選任（同法362）し、登記の上、保険金を請求することとなります。

② 取締役数に欠員が生じている場合
　　株主総会を開催して、新たに取締役を選任した上で、取締役会を開催して代表取締役を選任します。（取締役会設置会社の場合）

### 3）他に代表取締役がいない場合で、代表取締役を選任できない状態の場合

　この場合、利害関係人（取締役、監査役、株主、使用人、債権者など）が裁判所に対して一時代表取締役の職務を行うべき者を選任するよう請求することとなります（同法351）。

---
「必要があると認めるとき」
　代表取締役が欠けた場合又は定款で定めた代表取締役の員数が欠けた場合には、任期の満了又は辞任により退任した代表取締役は、新たに選定された代表取締役が就任するまで、なお代表取締役としての権利義務を有しますが、裁判所は、必要があると認めるときは、利害関係人の申立てにより、一時代表取締役の職務を行うべき者を選任することができることとなっています。（会社法351）

---

　この「必要があると認めるとき」とは、「代表取締役が死亡したが、会社の内紛により後任代表取締役を選任すべき取締役会を早急に開催できない事情にある場合」（東京高裁判決昭32.11.18）などが該当します。

# 受取保険金の益金算入時期（課税時期）

> ① 決算直前に満期日がきたが、翌事業年度に受け取ることとした。
> ② 被保険者である役員が死亡したが、保険金請求書類の提出を遅らせて、翌事業年度の受取りとした。
> これらは、税務上、どのように取り扱われるのでしょうか。

以下、満期保険金と死亡保険金の受取りについて、説明を行います。

## 1 満期保険金の受取り

満期保険金の益金算入時期の取扱いについては、法人税法では明文化された規定がないため、所得税法の取扱い（所基通36－13）により類推解釈することとしています。

それによると、「支払いを受けるべき事実が生じた日」を収入すべき時期にすることとなっています。満期保険金のように、保険金支払事由発生日（保険会社などによっては、支払期日、満期日、保険期間満了日など）に受け取ることのできるものは、その日に収入され、収益が発生することとなるため、その日に収益計上することとされています。いつ手続し、いつ送金されたかは問いません。

## 2 死亡保険金の受取り

死亡保険金をいつ益金に算入すべきかについては、次の4つの考えがあります。
① 被保険者の死亡日（または、その事実を知った日）
② 保険会社に請求した日
③ 保険会社から支払通知を受けた日
④ 保険金受取日

上記満期保険金の取扱い、及び相法5①「みなし贈与」の取扱い（「保険事故が発生した時」）から考えますと、①の被保険者の死亡日と考えられます。

ただ、被保険者の死亡日においては、保険金が支払われるかどうか、支払われるとしても、全額支払われるかどうかが、確定しているものではありません。また、②についても、支払いは保険会社の調査などの後に決定されるため、まだ保険金を請求した時点では、受取金額はわかりません。

ということで、保険金を受け取ることが明らかとなる③の支払通知受領日（ただし、保険金受取日が早い場合には、④の保険金受取日）に益金算入することが認められることもあります。

③、④で処理しようとする場合には、事前に所轄税務署に確認いただいたほうがよいでしょう。

## 52　保険金受取時に益金が出る場合

 このたび、満期保険金を受け取るのですが、多額の益金（雑収入）が生じます。何か対応策は、ないものでしょうか。

　この場合の対応策としては、一つしかありません。「益金が生じた事業年度で、損金を生じさせる」ことです。

　その方法としては、次のようなものがあります。これらは、個々の会社の状況によって適用した方がよいかどうかが異なってきますし、複数年度にまたがる場合には、その企業の収益などの内部状況の変化や税制改正その他の外部環境の変化によって事情が変わってくることもありますので、その点にはご留意ください。

### 1　金銭を支出して、損金発生

#### 1）減価償却費関係

① 少額減価償却資産の取得（法令133、措法67の5）

　取得価額が10万円未満の減価償却資産については、即時償却が認められています。（税抜経理方式の場合には、税抜額により、税込経理方式の場合には、消費税等の金額込みの金額で判定。以下、同様）

　さらに、青色申告書を提出する資本金1億円以下の中小企業者等には、取得価額30万円未満の減価償却資産についても、2020年3月31日までに取得等して事業の用に供した場合には、全額損金算入（即時償却）が認められています。年間損金算入限度額は300万円。

　これらの要件を充たす減価償却資産を購入します。

② 大型設備投資の実施

　工場建設などの大型設備投資を行い、減価償却費の計上を行います。借入を行えば、支払利息も損金算入できます。

③ 修繕の実施（法令132、法基通7-8-1～10）

　近いうちに修繕が必要と見込まれるものは、修繕を行い、期末までに完了させます。

　ただし、資本的支出（固定資産の使用可能期間の延長または価値の増加をもたらすような支出）に該当する場合には、償却費しか損金算入できません。

④ 少額繰延資産の支出（法令134）

　支出金額20万円未満の少額繰延資産（公共的施設等の負担金、資産取得のための権利金、広告宣伝用繰延資産など）の場合、支出事業年度で全額を償却することができます。

#### 2）報酬・退職金関係

① 事前確定届出給与の支払い（法法34、法令69）

　事前確定届出給与とは、所定の時期に確定額を支給する旨の定めに基づいて支給する給与（定期同額給与及び利益連動給与を除く。）であって、支払額は損金算入されますが、過大な部分の金額は、

損金不算入となります。
② 役員就任者に対する使用人分退職金の支給（所基通30-2(2)）
役員就任者に、「使用人であった勤続期間」に対応する退職給与を支払いますと、支払った事業年度に損金算入できます。
③ 「みなし退職」による退職金支給（所基通30-2(3)、法基通9-2-32）
役員の分掌変更などにより、その職務の内容等が激変した者に対し退職慰労金を支給しますと、「退職手当等」とされますので、完全に役員を退任したときの勇退退職金と、2度支給を受けることができます（重複払は不可）。
④ 使用人への前払退職金の支給（所基通30-2(1)）
最近、退職金制度を廃止したり、内容を変更する企業が増えてきています。
中小企業退職金共済制度もしくは確定拠出年金制度への移行など、相当の理由により、従来の退職金規程を改正した場合に、使用人に対し、その改正前の勤続期間について支払われた退職金については、退職手当等とされ、支払った事業年度に損金算入できます。
この退職金は、合理的な理由による退職金制度の実質的改変により精算の必要から支払われるものに限られるのであって、たとえば、使用人の選択によって支払われるものは、これにあたりません。
⑤ 使用人兼務役員化（法法34）
役員就任時には、使用人身分を残し（いわゆる「兼務役員」）、使用人賞与を損金算入します。
⑥ 取締役を退任して、執行役員に変更
取締役退任時の退職慰労金について、損金算入の認められることがあります。

## 3）生命保険関係
① 福利厚生プランに係る保険料の1/2損金算入（法基通9-3-4(3)）
福利厚生プラン養老保険に加入すれば、払込保険料のうち、1/2相当額が損金算入できます（普遍的加入が要件）。
② 長期平準定期保険などに係る保険料の1/2損金算入（平20.2.28.課法2-3など）
長期平準定期保険や、1/2損金タイプ逓増定期保険（いずれも、保険金受取人は法人）に加入すれば、払込保険料のうち、1/2相当額が損金算入でき、最終的には、払込保険料全額が損金算入となります。なお、逓増定期保険には1/3損金タイプや1/4損金タイプもあります。
③ 定期保険などに係る保険料の全額損金算入（法基通9-3-5）
定期保険や、全額損金タイプ逓増定期保険に加入すれば、保険料全額を損金算入できます。
④ 年払変更（法基通2-2-14）
損金性の保険に係る保険料の払方を年払に変更すれば、原則として、1年分の保険料を損金算入することができます。
⑤ 払済保険への変更（法基通9-3-7の2）
生命保険の継続が困難な場合であって、かつ払込保険料の資産計上額よりも解約返戻金の方が少ないときには、払済保険への変更を行うことによって損金算入することができます。

### 4）その他支出

① 交際費（接待飲食費）の活用（措法61の4）

2020年3月31日までの間、交際費等のうち飲食その他これに類する行為のために要する費用（社内飲食費を除く。）の額の50％に相当する金額を損金に算入することができます（期末資本金（出資金）の額が1億円以下である中小法人については、この接待飲食費の額の50％相当額の損金算入と、従来通りの年800万円の定額控除限度額までの損金算入の選択適用）。

交際費を使って、取引先との関係を円滑化することとします。

② 飲食費の支出（措法61の4）

上記交際費とは別に、一人当たり5,000円以下の飲食費（社内飲食費を除く。）について、損金算入が認められています。

③ 賃借料の前払い（法基通2-2-14）

オーナーなどから不動産を借りている場合には、期末に1年分の賃借料を前払いします（継続適用を条件に、支払日の属する事業年度の損金になる。）。

④ 広告宣伝費の支出

広告宣伝を前倒しして、会社案内やパンフレットを作成し、広告宣伝費を支出します。

⑤ 社員旅行（4泊5日以内で職場の50％以上の人数が参加）の実施（昭63.5.25.直法6-9（例規）直所3-13）

## 2 金銭を支出しないで、損金発生

ほとんどは、資産に計上しているものの再評価、あるいは売却による損失の実現化です。貸借対照表に記載されている項目について、再評価・売却により損失の生ずるものはないでしょうか。

さらに、未払金などの負債計上に伴う損金算入があります。

### 1）資産の再評価・売却

① 受取手形・売掛金・貸付金の貸倒損失（法基通9-6-1、9-6-2、9-6-3）

貸倒損失の損金算入であり、不良債権を見直し、回収見込みの立たないものは、債権の放棄などを行い、貸倒損失とします。

② 有価証券の評価替え（法令68、法基通9-1-7、9-1-9、9-1-11）

有価証券の評価替え（低価法採用企業）による評価損の計上であり、原価法採用企業でも、①簿価の50％割れ、②回復見込みなしであれば、評価損計上は可能です。

③ 商品・製品等の評価損・売却損（法令68、法基通9-1-4、9-1-5）

不良在庫品の評価替え（低価法採用・季節商品の特例）や、処分による損失の実現化です。

④ 仮払金の精算

仮払金支出したもので、まだ精算の終わっていないものを精算し、費用計上することとします。また、内容点検の上、適切な勘定科目に振り替えたり、評価損計上できるものは評価損計上を行います。

⑤ 建物など減価償却資産の除却（法令68、法基通9-1-16、9-1-17）

1年以上にわたって遊休状態であったり、本来の用途に使用できないために転用されたり、所在場所の状況が著しく変化したりした場合には、評価損を計上することができます。ただし、時価の

低下がないのに、1年以上にわたり遊休状態であるといった場合には、損金算入は認められません。
⑥　投資用資産の売却損
　　ゴルフ会員権や土地を売却して損失を出したり、その他投資用資産のうち値下がりしているものを売却することにより損失を計上することができます。

## 2）負債計上
①　未払経費の計上（法基通2-2-12）
　　販売費・一般管理費の内容を点検し、「債務が確定」しているため、損金算入できるもの（次の債務確定の3要件＊を充たすもの）がないか、見直しを行います。
　＊a．債務の成立：期末までに、その費用に対する債務が成立していること
　　b．原因事実の発生：期末までに、その債務に基づいて具体的な給付をすべき原因となる事実が発生していること
　　c．合理的な算定：期末までに、金額を合理的に算定できること

※　実際の利用に当たっては、適用要件すべてを充足しているかについて、事前に専門家である税理士または所轄税務署などに確認を行ってください。

# 53 入院給付金・高度障がい保険金の受取り

**Q** 入院給付金を受け取りましたが、どのように経理処理を行えばよいのでしょうか。

入院給付金・高度障がい保険金などの受取りに係る取扱いについては、給付金受取人が法人であるか、個人であるかによって異なっています。

以下、入院給付金を取り上げます。

## 1 法人が給付金を受け取った場合

災害・疾病関係特約により支払われる障がい給付金、入院給付金、手術給付金など（例 90,000円）を法人が受け取った場合、その収益が実現したと認識できる支払通知受領日（給付金受取日の方が早い場合には、給付金受取日）に、全額を雑収入として益金に算入することが適切と思われます。

| 未収金または当座預金　90,000 | 雑収入　90,000 |
|---|---|

【見舞金の支給】

法人が、この給付金を原資にして、慶弔見舞金支給規程（第四部規程例参照）にもとづき、見舞金を支給した場合で、その支給額が税務上相当な金額（50,000円と仮定）であるときには、その金額を損金に算入することができます。(注1、注2)

| 福利厚生費　50,000 | 当座預金　50,000 |
|---|---|

(注1) その金額が支給を受ける者の社会的地位、会社との関係などに照らし、社会通念上相当な金額は損金算入できますが、それを超える場合には、その超える金額については、給与として所得税・住民税が課税されます。

(注2) 法人受取りの場合には、個人に支払う時点で、常に「相当」な金額を意識しなければなりませんが、この金額については、明確な基準が税務上定められていないため、税務トラブルになるケースがあります。

従って、これを避けようと思えば、受取人を法人ではなく、「個人」にしておくことが必要です。

## 2 役員または使用人が給付金を受け取った場合

法人の処理は不要で、受取った役員または使用人にとっては、この給付金は、所得税法上、非課税となります。

## 54 年金の受取り（個人年金保険）

**Q** 法人を契約者とする個人年金保険の年金受取りについては、どのような取扱いになりますか。

### 1 年金を受け取る権利が発生したとき

年金受取開始時には、それまで積み立ててきた資産勘定（保険料積立金勘定、配当金積立金勘定）を、年金積立保険料勘定（取り崩し用の資産勘定）へ振り替えます。

〈例〉年金受取開始時に、保険料積立金、配当金積立金それぞれ1,800万円、600万円を年金積立保険料へ振り替えた。

| 年金積立保険料　24,000,000 | 保険料積立金　18,000,000 |
|---|---|
| | 配当金積立金　　6,000,000 |

### 2 年金を受け取ったとき

年金を受け取ったときには、年金積立保険料勘定から次の算式により算出した金額を取り崩し、受取額との差額は雑収入として益金に算入します。

取崩額＝年金積立保険料×（その年に支払いを受ける年金の額*1÷年金受取総額または見込額*2）

* 1　その年に支払いを受ける年金の額＝「契約年金＋増額年金」（年金支払開始後配当金を含まない）
* 2　年金受取総額または見込額＝年金年額×次の期間
  ・確定年金の場合、年金受取期間
  ・その他の場合については、別項「個人年金保険に係る年金などの受取り」参照

〈例〉10年確定年金で、360万円の年金を受け取った。
　　　年金積立保険料は3,200万円、年金受取見込総額は3,600万円である。
　　年金年額　360万円
　　取崩額　　3,200万円×（360万円÷3,600万円）＝320万円

| 当座預金　3,600,000 | 年金積立保険料　3,200,000 |
|---|---|
| | 雑収入　　　　　　400,000 |

## 3 受け取った年金を原資として、退職年金を支払ったとき

退職金支給規程などにより支払った場合、原則としてその金額は退職年金として損金に算入することができます。

〈例〉受け取った年金360万円を被保険者の退職年金として支払った。退職年金の源泉徴収税額は36万円。

| 退職年金 3,600,000 | 当座預金 3,240,000 |
|---|---|
| | 預り金　　 360,000 |

2-2 法人契約

## 保険契約を解約した場合

**Q** 保険契約を解約したときの取扱いは、どのように行えばよいでしょうか。

保険契約について解約を行った場合の取扱いは、次の通りです。

### 1 帳簿残高の把握

まず、その解約となる契約に係る資産勘定残高・負債勘定残高を、会社の帳簿で把握します。ただ、保険料払込時に、損金算入した契約については、払込保険料に係る資産勘定残高がありません。

【資産勘定残高】保険料払込みの都度、資産計上したときの保険料積立金勘定または前払保険料勘定、及び配当通知受取時に資産計上したときの配当金積立金勘定の解約返戻金受取日現在の残高

【負債勘定残高】契約者貸付や自動振替貸付を受けたときに使用した保険借入金勘定の解約返戻金受取日現在の残高

### 2 保険契約の個別管理がされていない場合

他の契約の残高と合算されており、個別管理されていない場合には、やむをえないので、保険料と保険期間などをもとに、資産計上されているべき金額を算出する必要があります。

### 3 解約の経理処理

保険契約を解約するということは、その契約が消滅することなので、この契約に係る資産勘定残高及び負債勘定残高を全額取り崩さなければなりません。「取り崩す」という意味は、仕訳において、資産勘定残高を貸方にもってくることであり、逆に、負債勘定残高は、借方に持ってくることをいいます。その結果、当該契約に関連する勘定科目の帳簿残高はゼロとなります。

仕訳の貸借合計額に差額が生じた場合には、雑収入（貸方）または雑損失（借方）を使って、その合計金額を一致させます。これが解約に伴う経理処理です。

資産計上していた金額（例：保険料積立金280万円、配当金積立金10万円）よりも解約に伴う受取額（例：300万円）が多い場合には、次の仕訳となります。

| 当座預金　3,000,000 | 保険料積立金　2,800,000 |
|---|---|
| | 配当金積立金　　100,000 |
| | 雑収入　　　　　100,000 |

## 56 保険料が給与扱になる契約の解約

死亡保険金受取人を「使用人の遺族」とする終身保険については、保険料払込みの都度、給与扱とされ、源泉徴収が行われています。
この契約を解約する場合、解約返戻金をどのように処理すればよいのでしょうか？ 受け取った法人が、源泉徴収された被保険者に支給するのでしょうか。

### 1 保険料が給与扱になる契約

　保険約款上、解約返戻金の請求権は契約者にあるため、解約返戻金は法人に支払われ、雑収入として益金に算入することとなります。

　このようなタイプの契約による払込保険料は、被保険者である使用人に対する給与として課税されていますが、これが給与として課税されるのは、使用人がその払込保険料に相当する金銭の支給を受け、その金銭をもって保険料を払い込んだ場合と経済的効果が同じであることによるものです。

　ところが、法人が保険期間終了までの間に中途解約することがあります。この場合には、使用人がその後の利益を受けられなくなりますが、そうなったとしても、税務上の取扱いとは別の問題と考えられています。「保険年金の税務Ｑ＆Ａ」（渡辺淑夫監修 ぎょうせい発行）

　保険料が給与扱となる終身保険（養老保険なども同様）契約については、このような問題がありますので、取扱いを慎重に行う必要があります。

### 2 解約処理に関する考え方

　保険契約を解約した場合には、保険料払込みのつど、被保険者の給与として課税されているので、その積み立られた額、すなわち、責任準備金（解約返戻金）は、被保険者に帰属し、そのため、通常法人と被保険者との間に精算が行われるべきであるとする考え方があります。この考え方にたって精算する場合には、2つの方法が考えられます。

　例えば、「解約により払戻された金額を215万円（解約返戻金210万円、配当金5万円）、配当金積立金の帳簿残高5万円」とします

#### 1）雑収入勘定を使って受け入れる方法

　国税庁関係者の説明した前掲図書の記述にもとづくもので、法人が解約返戻金を雑収入として受け入れる方法です。これを被保険者に支給する場合には、給料報酬として支払うことになると思います。

　①　解約したとき

| 当座預金 2,150,000 | 配当金積立金 50,000 |
| --- | --- |
|  | 雑収入 2,100,000 |

② 被保険者に支払ったとき

| | | | |
|---|---|---|---|
| 給料報酬*1 | 2,150,000 | 当座預金 | 1,940,000 |
| | | 預り金*2 | 210,000 |

　　＊1　役員の場合には、役員賞与
　　＊2　源泉所得税

## 2) 預り金勘定を使用する方法

　被保険者が受取るべき払戻金を、手続上、いったん会社が預り（預り金勘定または仮受金勘定）、被保険者へ支払ったとする考え方です。
　この考え方により経理した場合には、次のようになります。

① 解約したとき

| | | | |
|---|---|---|---|
| 当座預金 | 2,150,000 | 預り金 | 2,150,000 |
| 雑損失 | 50,000 | 配当金積立金 | 50,000 |

② 被保険者に支払ったとき

| | | | |
|---|---|---|---|
| 預り金 | 2,150,000 | 当座預金 | 2,150,000 |

　1)、2) いずれの方法で行うかは、所轄の税務署へご確認の上、お取り扱いください。

## 3) 契約者を個人に変更してから解約するという方法

　なお、契約者を個人に変更してから解約するという方法をとれば、変更時点（「契約者変更の取扱い（個人への名義変更）」参照）と解約時点において課税問題が生じますが、すっきりした方法ではあります。

　「雑収入勘定を使って受け入れる方法」では、被保険者へ支払ったときに、賞与にすると、法人側で全額損金不算入（役員の場合）、個人も、賞与に該当するかどうかを問わず、所得税課税となります。しかし、すでに保険料払込時には所得税が課税済みであるため、この方法によれば、二重課税となってくるのではないかと思います。
　従って、2) の預り金（または、仮受金）勘定で処理する方法が適切だと思います。
　ただ、この場合、解約したときには、被保険者である個人が解約返戻金を受け取っているのですから、それを一時所得として、確定申告しなければなりません。その場合、その「収入金額」となる解約返戻金からは、これまで給与課税された金額（保険料）の合計額を「支出した金額」として控除することとなります。

# 生命保険信託

**Q** 最近、生命保険信託の利用が少しずつ増えてきたと聞きましたが、どのような仕組みですか？また、税金関係は有利ですか？

生命保険信託は、この数年で取り扱いが始まった、確実に保険金を受益者に支払う方法のひとつです。

そもそも、信託とは「他人をして、一定の目的に従い財産の管理・処分をさせるため、その者に財産権を移すこと」（広辞苑第六版）をいいます。

信託の具体的活用法としては、例えば、「契約者（＝保険料負担者）：親、被保険者：親、死亡保険金受取人：子」として、生命保険契約を締結します。
同時に、「契約者（＝保険料負担者）・被保険者である親が委託者」、「子が受益者」、「同族会社（以下、法人という。受託者は近親者でも構いません）が受託者」、「死亡保険金請求権が信託財産」とする信託契約を締結します（ここで、「保険金受取人」を法人に変更します）。将来、保険事故が発生した場合、保険金を「受託者である」法人が受取り、信託契約内容に従い、「受益者である子」に分割交付します。

よく利用されるのは、子に障がいがあり財産管理に不安がある場合です。上記の事例で、「委託者である親」が死亡した場合、死亡保険金は「受託者である法人」が受け取ります。「受益者である子」は、死亡保険金を法人から分割して受け取ります。その後、その「受益者である子」が亡くなった場合、その子が生前お世話になった社会福祉法人に残余財産を寄付することも信託契約で定めることが可能です。

また、晩年に再婚した場合、まず後妻が安心して暮らせるように死亡保険金を分割して後妻が受け取ります。この後妻に子がなくて、一方、前妻に子がある場合には、後妻が死亡した後は先妻の子がその残余財産を引き続き受け取るという信託契約も可能です。

このように、現在は遠い将来まで自分の意思を遺言などで伝えるのは困難ですが、生命保険信託を活用することにより、最長30年まで自分の意思を伝えることが可能になります。

ただし、残念ながら、税務上のメリットはありません。課税関係は委託者と受益者間で判断されますが、上記の例ですと、「委託者である親」が死亡した場合、「受益者である子」の受け取った死亡保険金に対する相続税課税が発生します。それ以後、受益者に相続が発生する都度、相続税課税が発生します。特に、受益者が一親等の血族及び配偶者のいずれでもない場合、その者の相続税額は、２割加算の規定の適用を受けます。

しかし、上記の「委託者である親」が支払う保険料は生命保険料控除の対象になりますし、受取人が

「受託者である法人」でも、課税関係はあくまでも「受益者である子」で判断されますから、受け取った死亡保険金は非課税規定の適用対象になります。

　生命保険信託は、自分の思いをどう伝えるかが活用のポイントになります。

## 58 契約者変更の取扱い（法人間の名義変更）

① 被保険者である使用人の転籍に伴って、契約者・保険金受取人をＡ社からＢ社に変更した場合の取扱いは、どのようになるのでしょうか。
② 全額損金タイプの商品で、契約者・受取人をＡ社からＢ社へ変更した場合の経理処理について、教えてください。

### 1 養老・終身保険の場合

　契約者名を変更する、すなわち、生命保険契約の権利を移転するには、有償により行うケースと無償により行うケースがありますが、どちらにするかは、その法人同士の話し合いの結果によります。

#### 1）有償による権利の移転
　a．法人Ａでの経理処理
　　法人間で物を移転する場合には、「時価」により行わないと、税務トラブルになるため、一般的には時価で移すこととします。生命保険の場合には、この「時価」は、解約返戻金相当額（所基通36-37を類推適用して、この解約返戻金には、支払われることとなる前納保険料の金額、剰余金の分配額等を含むこととしています。本書では、保険契約を移転する場合に使う「解約返戻金」とは、断りのない限り、この考えによっています。）です。
　　名義変更日に、保険契約の移転代金を法人Ｂより受け入れ、この契約に係る資産計上額（負債計上額がある場合には、この負債計上額もあわせて。以下同様。）を取り崩します。
　　名義変更日よりも前に移転代金を受け入れた場合には、いったん仮受金勘定で受けて、名義変更日に精算を行います。
　　例えば、次の通り。

| 当座預金*1 | 3,000,000 | 保険料積立金*3 | 2,900,000 |
| 雑損失*2 | 100,000 | 配当金積立金*4 | 200,000 |

＊1　移転価額（解約返戻金相当額＋配当金額）
＊2　資産・負債取崩額と移転価額の差額（移転価額が多い場合には、雑収入）
＊3　＊4　帳簿価額

### b．法人Bでの経理処理

保険契約の移転代金を支払い、変更時の解約返戻金相当額などを資産・負債に計上します。
例えば、次の通り。

| | | | |
|---|---|---|---|
| 保険料積立金*1 | 2,800,000 | 当座預金 | 3,000,000 |
| 配当金積立金 | 200,000 | | |

*1　解約返戻金相当額

### 2）無償による権利の移転

#### a．法人Aでの経理処理

無償の場合には、寄附金として移転することとなります。
例えば、次の通り。

| | | | |
|---|---|---|---|
| 寄附金*1 | 3,000,000 | 保険料積立金*3 | 2,900,000 |
| 雑損失*2 | 100,000 | 配当金積立金*4 | 200,000 |

*1　解約返戻金相当額＋配当金額。「寄附金の損金不算入」取扱いに留意（法法37①）
*2　資産・負債取崩額と移転価額の差額（移転価額が多い場合には、雑収入）
*3　*4　帳簿価額

#### b．法人Bでの経理処理

変更時の解約返戻金相当額などを資産・負債に計上します。
例えば、次の通り。

| | | | |
|---|---|---|---|
| 保険料積立金*1 | 2,800,000 | 雑収入*2 | 3,000,000 |
| 配当金積立金 | 200,000 | | |

*1　解約返戻金相当額
*2　受贈益

## 2　逓増定期保険（全額損金算入タイプ）の場合

### 1）有償による権利の移転

この場合には、法人Aでの経理処理で、次の「2）無償による権利の移転」の寄附金勘定を当座預金勘定とし、一方、法人Bでの経理処理で、雑収入勘定を当座預金勘定とします。
その他は、同様の取扱いです。

## 2）無償による権利の移転

### a．法人Aでの経理処理

　無償による移転であるため、これは「寄附金」となります。すなわち、解約返戻金相当額を寄附金にて処理し、相手勘定は、雑収入となります。

　例えば、次の通り。

　寄附金には、法人税法上、損金算入限度額がありますが、もし限度額以内におさまっていれば、借方の損金額と貸方の益金額が同額であるため、課税問題は生じてきません。限度額を超えていれば、その超えた部分の金額については、損金不算入となります。

（注）一般の寄附金の損金算入限度額

　　普通法人で、資本等を有するものについては、次の金額の合計額の1/4相当額

　　　①所得基準額＝所得の金額×2.5/100

　　　②資本基準額＝資本金等の額×（当期の月数÷12）×2.5/1000

| 寄附金　1,500,000 | 雑収入　1,500,000 |
|---|---|

### b．法人Bでの経理処理

　一方、保険契約の権利の移転を受けた法人Bについては、受贈益となるため、貸方は雑収入とし、借方については、解約返戻金相当額を資産計上します。

　この資産計上額は、保険の種類が定期保険ということであるため、満期保険金がありません。従って、保険期間内に償却していくべきものと考えられ、計上する科目は前払保険料勘定であり、これを残存期間内の決算日に損金（定期保険料勘定）に振り替えていくのが、合理的な経理処理であると思います。

| 前払保険料　1,500,000 | 雑収入　1,500,000 |
|---|---|

《決算日》

| 定期保険料　37,500 | 前払保険料　37,500 |
|---|---|

2-2 法人契約

## 契約者変更の取扱い（法人から個人への名義変更）

① 法人契約の名義を役員に変更する場合、どのような税務取扱いになるのでしょうか。
② 生命保険契約を退職金の一部として交付するとき、それは、退職金の支給決議日、名義変更請求書の提出日、保険会社の書類受付日、保険会社の処分日、名義変更済証券の受取日、いずれの日現在のものを使うのでしょうか。

## 1 名義変更の取扱い

法人契約の名義（契約者・保険金受取人）を役員などの個人に変更する場合には、無償によるか、有償によるかによって、課税取扱いが異なってきます。また、無償による場合にも、それが退職によるものか、そうでないかによっても、異なってきます。

なお、有償、無償、どちらにするかは、関係者間の話し合いの結果によります。

### 1）退職金として役員などに交付するとき

退職金として保険契約を現物支給する場合で、法人と個人の課税は、次のようになります。

① 法人側の経理処理

例えば、次の仕訳により、課税対象となる所得金額に反映されていきます。

| 退職金 *1 | 27,000,000 | 保険料積立金*2 | 13,000,000 |
|---|---|---|---|
| | | 配当金積立金*3 | 3,000,000 |
| | | 当座預金 | 10,000,000 |
| | | 預り金*4 | 150,000 |
| | | 雑収入*5 | 850,000 |

\*1 解約返戻金相当額＋配当金額＋その他の退職金額（役員の場合、損金算入に限度あり）
\*2 払込保険料のうち、資産に計上したものの帳簿残高
\*3 配当金のうち、資産に計上したものの帳簿残高
\*4 退職金の源泉徴収税額（住民税の特別徴収税額を含む。）
\*5 貸借の差額（貸方が多い場合には、借方に雑損失）

② 個人側の課税関係

上記退職金は退職所得となり、所得税・住民税が課税されます。

## 2）退職以外の事由により無償で交付するとき
① 法人側の経理処理
上記仕訳の「退職金」が「賞与」に変わります。その場合、交付先が役員のときには、全額損金不算入になりますので、ご留意ください。
② 個人側の課税関係
給与所得として、所得税・住民税が課税されます。

## 3）有償により移転するとき
個人が法人から有償により保険契約の権利の移転を受けますが、その場合の価格は、時価、すなわち、解約返戻金相当額になります。それでなければ、税務トラブルとなる可能性があるからです。
① 法人側の経理処理
上記仕訳の「退職金」が「当座預金」に変わります。なお、預り金は発生しません。
② 個人側の課税関係
解約返戻金相当額で移転していれば、課税はされません。

> ＊留意事項
> 保険契約者や保険金受取人を法人から取締役本人やその家族に変更することは、会社法上の「利益相反取引」に該当し、取締役会（取締役会の設置されていない会社の場合には株主総会。以下、同様。）の承認がない場合には、後から無効とされる可能性があります。また、会社の財産状況がよくないため破産した場合には、破産管財人から裁判所への訴えにより否認権を行使される可能性があります。
> 従って、名義変更する場合には、必ず取締役会の承認を得ておきましょう。

# 2 評価額の基準日

保険契約を移転する際の価格（評価額）は、通常、解約返戻金相当額ですが、その金額は、退職金の支給決議日、名義変更請求書の提出日、保険会社の書類受付日、保険会社の処分日、名義変更済証券の受取日、それぞれの時点によって異なることがあります。この点に関し、法令通達には何も書かれていませんが、どれが一番適切なのでしょうか。

## 1）退職に伴う名義変更の場合

「退職金の全部（または一部）を生命保険の証券現物で支給したい」という話が会社から本人にあったとした場合、事前に、解約返戻金を保険会社に照会ずみのはずです。
役員であれば、株主総会や取締役会で支給の決議をし、使用人であれば、支払決裁を行っているでしょう。従って、これらの日現在の解約返戻金の額が改めて確認されているものと思われます。これらの日に、次の仕訳を行います。

| 退職金　×××　 | 未払金　××× |
|---|---|
|  | 預り金　××× |

そして、現物である保険証券を手渡したときに、この契約に係る資産勘定などを取り崩して、未払金を精算します。（雑損失発生と仮定）

| | | | |
|---|---|---|---|
| 未払金 | ××× | 保険料積立金 | ××× |
| 雑損失 | ××× | 配当金積立金 | ××× |

### 2）退職以外の事由による名義変更の場合
　有償で移転する場合には、その約定された日の金額、無償で移転する場合には、証券を授受した日の金額が適切であると思われます。

### 3）個人に名義変更後に解約した場合
　この場合、個人の一時所得となりますが、支出金額に該当するのは、変更時に課税または有償譲渡された解約返戻金額と変更時以後に個人の支出した保険料額の合計額となります。法人の支出した保険料額と個人の支出した保険料額の合計ではありませんからご注意下さい（最高裁決定平成29年9月8日）。

**契約者変更の取扱い**（個人から法人への名義変更）

 個人事業を法人化したいのですが、その取扱いはどのようになりますか。生命保険があるのですが、どのように引き継げばよいのでしょうか。

## 1 個人資産の引継ぎ

### 1）2つの引継方法

個人で事業を営んでいた者が、株式会社などの法人に組織を切り換えることを、「法人成り」といいますが、このとき、個人の事業用資産や負債をどのように引き継ぐかが問題となってきます。

法人成りの方法には、現金出資と現物出資がありますが、現金出資の方法によるのが、一般的です。これによる場合には、まず、現金出資により会社を設立しておき、そのあとで、個人の事業用資産を買い取ったり、賃貸を受けたりということになります。

### 2）引継資産

引き継ぐ資産としては、一般的には、現金、預貯金、棚卸資産、機械・備品・車両などの減価償却資産、売掛金・受取手形などの売掛債権、買掛金・支払手形などの支払債務、借入金などがあります。

法人成りの際に、生命保険も、法人に引き継ぐことがあります。

### 3）生命保険の引継ぎ

生命保険を引き継ぐ場合には、次のように、契約者変更を行います。

（例）契約者：事業主、被保険者：使用人、保険金受取人：事業主
　→　契約者：法人、被保険者：使用人、保険金受取人：法人

この場合、法人が保険契約の権利を有償により引き継ぐケースと、無償で譲り受けるケースがあります。養老保険（保険金受取人：事業主）の場合で有償引継ぎのケースを例示すると、次の通りです。

a．事業主は、保険契約の引継代金（通常は、解約返戻金相当額）が事業所得などとなるため、これが所得税の課税対象となります。引継代金を受け取る際には、この契約に係る資産計上額や負債計上額を全額取り崩しますが、その方法は、法人に準じます。

b．保険契約を引き継いだ法人は、次の仕訳を行って、保険契約を法人の資産や負債として受け入れます。

| | | | |
|---|---|---|---|
| 保険料積立金*1 | ××× | 当座預金*3 | ××× |
| 配当金積立金*2 | ××× | 保険借入金*4 | ××× |

\*1　解約返戻金（契約者貸付・自動振替貸付控除前の金額）
\*2　支払配当精算額

\*3 譲渡代金、通常は解約返戻金相当額
\*4 （保険会社よりの保険借入金がある場合）借入精算額

## 2 税務署長への設立届出

法人は、設立の日以後2ヶ月以内に、納税地、事業目的、設立日などを記載した届出書を納税地の所轄税務署長に提出しなければなりません。

法人成りすると、現金出納帳その他の帳簿書類を備え付け、取引を記録し、それに基づいて決算を行い、かつ、その帳簿書類等を保存する必要があります。

## 3 事業の整理に伴う税務取扱い

一方、事業主については、事業を廃止することに伴い、次の取扱いが必要となってきます。
① 通常は、その年の1月1日から法人設立の日（または、引継ぎの日）の前日までの期間を区切って、事業所得の金額の計算を行い、翌年3月15日までに確定申告をします。
② 次に、個人事業の廃業届を、廃止した日から1カ月以内に納税地の所轄税務署長に提出します。
③ 事業主の保有する事業所や店舗などを新設した法人に賃貸する場合は、新たに不動産所得が生じますので、新設した法人からの給与所得（報酬）とあわせて、確定申告することとなります。
④ 個人事業主時代の使用人に対する退職金＊や、売掛債権などに係る貸倒損失は、原則として、法人の損金にはならず、個人の事業所得に係る廃止の年の必要経費として処理します。

＊ 法人設立後しばらくして、使用人が退職した場合に支払われた退職金の中に、個人事業時代に係る分も含まれているときは、その分については、個人事業主負担の肩代わりであると認められるため、法人の損金の額に算入することはできません。しかし、相当期間（おおむね3年以内、5年とする見解もあり）を経過して支払われたものについては、法人在籍期間も長くなったことですし、その分についても、損金の額に算入することができることとなっています。

## 61 保険金額を減額した場合の取扱い

>  私の会社では、役員の退職金準備のため、「契約者を法人、被保険者を役員、保険金受取人を法人」とする終身保険に加入しています。
> このたび、この契約の保険金額を3,000万円から2,000万円に減額することとなりました。経理処理はどのようになるでしょうか。
> なお、この契約の保険料積立金は900万円で、減額による払戻金は200万円です。

### 1 主契約に係る保険金額の減額

　法人契約で、保険金受取人も法人ですから、この契約の保険料は、全額資産に計上されているはずです。
　ところで、保険金の減額は、法人契約においては、その減額された部分が解約されたものとして取り扱われます。従って、今まで資産に計上されていた保険料積立金額のうち、次の減額された保険金額に対応する金額を取り崩し、受け取ることになる払戻金額との差額は雑損失（または雑収入）として損金（または益金）算入することになります。

　　保険料積立金額×（減額部分保険金額÷減額前保険金額）

　ご質問のケースですと、保険料積立金額のうち取り崩す金額は、900万円×（1,000万円÷3,000万円）＝300万円　となりますので、仕訳は次のようになります。

| 当座預金 | 2,000,000 | 保険料積立金 | 3,000,000 |
|---|---|---|---|
| 雑損失 | 1,000,000 | | |

　　（注）配当金積立金の取崩しはしません。

### 2 特約に係る保険金額の減額・解約

　定期保険特約の特約死亡保険金額のみの減額あるいは解約の場合には、払込保険料は損金算入しているため、取り崩すべき金額がありません。従って、払戻金の全額を雑収入として処理することとなります。
　例えば、「終身保険2,000万円＋定期保険特約8,000万円」の「8,000万円」を「2,700万円」に減額した場合には、資産計上額の取崩しがないため、この部分に係る払戻金（例：50万円）は、次の通り、全額益金算入することとなります。

| 当座預金 | 500,000 | 雑収入 | 500,000 |
|---|---|---|---|

なお、主契約保険金額の減額と特約保険金額の減額とがある場合において、主契約保険料が資産計上されていたときには、主契約保険金額の減額部分（保険料積立金額）を取り崩し、払戻金額全額との差額は雑損失（または雑収入）として損金（または益金）算入することになります。

すなわち、特に、払戻金額を主契約部分と特約部分に分けて把握する必要はありません。

## 3 契約者貸付などによる借入金がある場合

契約者貸付などを受けている場合には、借入金を精算しますので、例えば、次の仕訳となります。

| | | | |
|---|---|---|---|
| 当座預金*1 | 995,000 | 保険料積立金*5 | 3,000,000 |
| 保険借入金*2 | 1,000,000 | | |
| 支払利息*3 | 5,000 | | |
| 雑損失*4 | 1,000,000 | | |

＊1　減額に伴う払戻金
＊2　保険借入金（契約者貸付などによる借入金）の帳簿残高
＊3　利息部分（契約者貸付金精算額－保険借入金の帳簿残高）
＊4　貸借の差額（借方が多い場合には、貸方に雑収入）
＊5　減額保険金額に対応する保険料積立金の取崩額

## 4 長期平準定期保険に係る保険金額の減額

長期平準定期保険の減額については、一般のものの減額に準じて考えます。

まず、長期平準定期保険ですから、会社の帳簿に、この契約に係る前払保険料勘定の残高があるはずです。このうち、減額部分に見合う金額だけ取り崩します。そして、借方には、払戻金を当座預金勘定などで受け入れます。貸借の合計金額が一致しないでしょうから、これを雑損失または雑収入勘定を使って、一致させます。

例えば、次のような仕訳となります。

| | | | |
|---|---|---|---|
| 当座預金 | 2,000,000 | 前払保険料 | 1,800,000 |
| | | 雑収入 | 200,000 |

減額後は、長期平準定期保険の通常の保険料仕訳を行っていきます。

## 62 契約転換したときの取扱い

**Q** 私の会社では、役員及び使用人を被保険者とする法人契約に加入していますが、このたび、契約転換を行うことにしました。どのような経理処理を行えばよいでしょうか。

契約転換（又は保障見直し）の制度は、既契約（転換前契約）の転換価格（責任準備金など）を基礎として、新しい契約（転換後契約）の保険料に充当して契約を切り替え、保険種類の変更や保険金額の増額を行おうとするものです。

契約転換に係る税務上の取扱いは、法基通9-3-7に定められています。

それによりますと、損金が生ずる場合に損金算入できるとされ、経理処理を行うことは必ずしも求められていないようにも考えられるのですが、最近の税務の考え方は、損金算入、益金算入いずれの場合も経理処理をする必要があるとされ、経理処理していない場合には、税務調査時に指摘されるケースが多くなってきているようです。

契約転換には、転換前契約の転換価格を転換後契約の主契約部分に充当する「基本転換方式」、主契約部分と定期保険特約部分の両方に充当する「比例転換方式」、及び定期保険特約部分のみに充当する「特約転換方式」などがあります。

また、複数の契約を組み合わせて販売している保険会社もありますが、この場合の契約転換については、転換前契約の転換価格を1つ又は複数の保険商品の保険料の充当することとなります。

ここでは、基本転換方式について説明します。

契約転換した場合、転換前契約において資産計上していた保険料積立金勘定、配当金積立金勘定などを取り崩します。そして、転換価格（転換後契約への充当額で、これは責任準備金に積立配当金及び精算配当金を加え、未払込保険料があれば、これを控除した額）を新しく保険料積立金勘定に計上し、その差額を雑損失（または雑収入）で処理します。

なお、配当金積立金勘定には、保険会社より配当通知を受けた都度、仕訳を行う必要がありますが、その仕訳を行っていなかった場合には、やむを得ませんので、転換時に雑収入勘定に含めます。（雑損失とした金額の方が多ければ、それと相殺し、雑損失として処理）

次のような場合の仕訳は、下記の通りです。
転換前契約の保険料積立金90万円、配当金積立金5万円、転換価格72万円とします。
転換後契約は、終身保険（死亡保険金受取人：法人）

| 保険料積立金 | 720,000 | 保険料積立金 | 900,000 |
| 雑損失 | 230,000 | 配当金積立金 | 50,000 |

（注1）なお、契約転換後の保険料の仕訳は、通常の取扱いによります。
（注2）企業で資産に計上している帳簿残額と保険会社資料により算出した（あるべき）資産計上額とが相違した場合でも、帳簿残高によることとなります。

　上記のような転換方式では、転換制度を利用した場合、転換前契約は完全に消滅します。保険会社によっては、転換前契約の一部を残しながら、部分的に転換価格を利用して新たな保険を契約する「一部転換方式」を採用しています。

---

**【法基通9-3-7】（保険契約の転換をした場合）**
　法人がいわゆる契約転換制度によりその加入している養老保険又は定期付養老保険を他の養老保険、定期保険又は定期付養老保険（「転換後契約」）に転換した場合には、資産に計上している保険料の額（「資産計上額」）のうち、転換後契約の責任準備金に充当される部分の金額（「充当額」）を超える部分の金額をその転換をした日の属する事業年度の損金の額に算入することができるものとする。この場合において、資産計上額のうち充当額に相当する部分の金額については、その転換のあった日に保険料の一時払いをしたものとして、転換後契約の内容に応じて9-3-4から9-3-6までの例による。

## 63 払済保険への変更

**Q** 払済保険に変更した場合の取扱いは、どのようになるのでしょうか。

### 1 払済時点での時価評価

払済保険への変更は、既加入契約について、保険料の払込みが困難となったときなどにおいて、解約返戻金を主契約の一時払保険料に充当することにより契約の継続を図る方法です。解約返戻金を一時払保険料に充当するわけですが、契約転換制度と同様のものということができます。

払済保険に変更した場合には、次の①の処理を行うとともに、②の処理を行うこととされています。
①解約返戻金相当額を収益計上する（資産計上額がある場合には、これの取崩しを行う。）
②一時払保険料として、同額を保険料積立金勘定などに計上する

ただし、養老・終身・年金保険を払済保険に変更した場合には、定期保険特約が付加されていないものに限って、あえて洗替処理を行う必要はない、法人の任意とされています。

 a．原則　洗替処理が必要
 b．例外　・養老保険、終身保険及び年金保険（定期保険特約が付加されていないものに限る。）から同種類の払済保険に変更した場合
　　　　　　洗替処理は任意（しても、しなくてもよい）
　　　　・既に加入している生命保険の保険料の全額（傷害特約等に係る保険料の額を除く。）が役員又は使用人に対する給与となる場合
　　　　　　対象外

---

**法基通9－3－7の2（払済保険へ変更した場合）**

　法人が既に加入している生命保険をいわゆる払済保険に変更した場合には、原則として、その変更時における解約返戻金相当額とその保険契約により資産に計上している保険料の額（以下、9－3－7の2において「資産計上額」という。）との差額を、その変更した日の属する事業年度の益金の額又は損金の額に算入する。

　ただし、既に加入している生命保険の保険料の全額（傷害特約等に係る保険料の額を除く。）が役員又は使用人に対する給与となる場合は、この限りでない。
（注）1　養老保険、終身保険及び年金保険（定期保険特約が付加されていないものに限る。）から同種類の払済保険に変更した場合に、本文の取扱いを適用せずに、既往の資産計上額を保険事故の発生又は解約失効等により契約が終了するまで計上している場合には、これを認める。
　　　2　本文の解約返戻金相当額については、その払済保険へ変更した時点において当該変更後の保険と同一内容の保険に加入して保険期間の全部の保険料を一時払いしたものとして、9－3－4から9－3－6までの例により処理するものとする。

2-2　法人契約

> 3　払済保険が復旧された場合には、払済保険に変更した時点で益金の額又は損金の額に算入した金額を復旧した日の属する事業年度の損金の額又は益金の額に、また、払済保険に変更した後に損金の額に算入した金額は復旧した日の属する事業年度の益金の額に算入する。

## 2 払済保険に変更した場合の経理処理

　払済保険に変更した場合の経理処理については、変更する前後の商品などによって、次のように取扱いが異なっています。いずれも、契約形態は「契約者：法人、被保険者：役員又は使用人、受取人：法人」とします。

### 1）払済前後の商品が異なる場合、または払済変更前が養老保険・終身保険・年金保険（定期保険特約の付加されているもの）であって、払済変更後も同じ商品である場合

　長期平準定期保険が終身保険になった場合には、変更時における解約返戻金相当額を保険料積立金勘定に計上し、それまで資産に計上していた金額（前払保険料残額）を全額取り崩します。そして、貸借の差額を、雑損失または雑収入として、合計金額を一致させます。

　例えば、払済時における解約返戻金相当額が従来の資産計上額より多い場合、次の通りとなります。

| 保険料積立金 ××× | 前払保険料 ××× |
|---|---|
|  | 雑収入　　××× |

### 2）払済変更前が、養老保険・終身保険・年金保険（定期保険特約の付加されていないもの）であって、払済変更後も同種類商品である場合（例．終身保険 → 払済終身保険）

　払済変更時点で経理処理不要とするか、上記と同様の洗替処理を行うかの選択は、法人の任意（処理しても、しなくても、かまわない）とされています。

### 3）借入金の精算がある場合

　その契約に契約者貸付や自動振替貸付による借入金がある場合には、払済変更時点で精算が行われるために、これを反映させる必要があります。払済時における解約返戻金相当額が従来の資産計上額より多いときには、次の通りとなります。（自動振替貸付の場合には、利息前払いのため、支払利息勘定の取扱いが異なります。）

| 保険料積立金　××× | 保険料積立金　××× |
|---|---|
| 保険借入金　　××× | 雑収入　　　　××× |
| 支払利息　　　××× |  |

なお、養老保険、終身保険及び年金保険（定期保険特約が付加されていないもの）から同種類の払済保険に変更した場合において、洗替処理をしなかったとしても、この精算が行われる場合には、次の仕訳が必要となってきます。（本来の洗替処理を行うという考え方もあります。）

| 保険借入金 | ××× | 保険料積立金 | ××× |
|---|---|---|---|
| 支払利息 | ××× | | |

## 64 契約者貸付と自動振替貸付の取扱い

**Q** 契約者貸付を受けたり、元利合計を返済した場合には、どのような経理処理を行うのでしょうか。また、自動振替貸付の場合には、どうなのでしょうか。

　法人契約において、契約者貸付（契約者に対する貸付）・自動振替貸付（保険料の立替えによる貸付）により借入を受けた場合には、次の経理処理を行います。

### 1 契約者貸付の場合

**1）契約者貸付を受けたとき**

　100万円の貸付を受けたときには、次の仕訳となります。

| | | | |
|---|---|---|---|
| 当座預金 | 1,000,000 | 保険借入金 | 1,000,000 |

**2）契約者貸付に係る借入金を返済したとき**

　借入金返済にあたり、利息10万円を加えて支払ったときには、次の仕訳となります。

| | | | |
|---|---|---|---|
| 保険借入金 | 1,000,000 | 当座預金 | 1,100,000 |
| 支払利息 | 100,000 | | |

**3）被保険者死亡、満期または解約があったとき**

　契約が消滅しますので、これまで資産に計上していた金額があれば、それらをすべて取り崩しますが、そのときに保険借入金を精算します。死亡保険金を5,000万円、資産に計上していた保険料積立金が500万円、配当金積立金が50万円としますと、次の仕訳となります。

| | | | |
|---|---|---|---|
| 当座預金 | 48,900,000 | 保険料積立金 | 5,000,000 |
| 保険借入金 | 1,000,000 | 配当金積立金 | 500,000 |
| 支払利息 | 100,000 | 雑収入 | 44,500,000 |

### 2 自動振替貸付の場合

**1）自動振替貸付の通知を受けたとき**

　定期保険特約付終身保険で、主契約部分保険料が5万円、特約保険料が15万円としますと、次の仕訳となります。通常、利息は前払い。

| 保険料積立金　50,000 | 保険借入金　210,000 |
|---|---|
| 定期保険料　150,000 | |
| 支払利息　　 10,000 | |

※　この仕訳が行われていなかった場合には、期間損益の平準化が行われず、返済時にもその仕訳ができません。
　　従って、経理処理もれが判明した場合には、修正仕訳が必要となります。

### 2）自動振替貸付に係る借入金を返済したとき

20万円返済したとすると、前払利息1万円の精算分がありますので、次の仕訳となります。

| 保険借入金　210,000 | 当座預金　200,000 |
|---|---|
| | 雑収入　　 10,000 |

※　前払利息分の返金がある場合には、雑収入勘定で受け入れます。
　　ただし、借入れを受けた事業年度と同一事業年度に返済があった場合には、支払利息勘定で受け入れます。

### 3）被保険者死亡、満期または解約があったとき

これらのときには、保険借入金を精算して支払いを行います。死亡保険金を5,000万円、資産に計上していた保険料積立金が500万円、配当金積立金が50万円としますと、次の仕訳となります。

| 当座預金　　49,790,000 | 保険料積立金　 5,000,000 |
|---|---|
| 保険借入金　　　210,000 | 配当金積立金　　 500,000 |
| | 雑収入　　　　44,500,000 |

## 65 退職者契約を放置していた場合

> **Q** 被保険者である使用人が退職したにもかかわらず、生命保険契約（長期平準定期保険で、保険金受取人が法人）を放置していたときには、どのような問題が生じますか。

被保険者である使用人が退職する場合には、契約者の変更を行うか、契約の解約をしなければなりません。それを放置していたとすれば、次のような問題の生ずることが考えられます。

### 1 税務上の問題

使用人の退職後、今日まで支払ってきた保険料の損金算入は認めない、損金否認される可能性があります。保険料に関するいくつかの通達には、「法人が、自己を契約者とし、役員又は使用人（これらの者の親族を含む。）を被保険者とする保険」という表現があります。「役員又は使用人」という限り、当然、その会社に籍を置いている者のことです。籍を置いていない、すなわち、退職している場合には、その取扱いを認めないと判断される恐れがあります。

福利厚生プラン養老保険について、退職者契約を放置していたため、払込保険料の損金算入が否認された事例や、不服審査で必要経費算入が認められなかった事例がありますので、ご留意ください。

### 2 会社法上の問題

「在籍していない者を被保険者とする保険の保険料を払い込むことによって、企業利益を減らしている、契約を解約してもっと配当に回してほしい」と、この事実を知った株主から、株主総会でクレームの出る恐れがあります。また、関係する金融機関からも、その保険契約の整理について要請があるかもしれません。

### 3 退職した使用人や、その遺族からのクレーム

「自分は退職しているのに、自分を被保険者とする保険の保険料を払い込んで、解約返戻金を得た場合には、それは自分にも帰属すべき収益である、一部を支払ってほしい」と使用人から訴えられる恐れがあります。

死亡保険金についても、遺族から、同様のクレームがつくことがあるでしょう。

いずれにせよ、使用人が退職したり、役員が退任した場合、すみやかに名義変更や解約の手続きをとるとともに会計上の措置もとっておくことが必要です。面倒とか、解約返戻金などの関係で手続きを遅らせると、さまざまな問題が生じることとなるかもしれません。

## 66 給与扱契約のメリット・デメリット

 払込保険料が給与扱となる契約のメリット・デメリットは、何でしょうか。

契約形態「契約者：法人、被保険者：役員又は使用人、満期保険金受取人：被保険者、死亡保険金受取人：被保険者の遺族」の保険に係る保険料は給与扱とされていますが、この契約のメリット・デメリットは、次のように考えます。

### 1 メリット

1）法人の払い込む保険料については、給与扱となり、役員の場合、それが経常的な負担であれば、定期同額給与とされます。これは期途中で契約内容を変更しても同様に定期同額給与とされます。その保険料相当額を含めて過大給与とならない限り、損金の額に算入されることとなります（被保険者には、所得税・住民税が課税）。（下記2の1）も参照）

2）この契約にもとづく保険金は、会社を通さず、直接被保険者本人（満期の場合）、またはその遺族（被保険者死亡の場合）に支払われます。

保険金が会社を通して支払われる場合には、その金額が、税務上「妥当（相当）な金額なのかどうか」という判断が、法人側において必要となってきます。これは、この妥当（相当）な金額を超えるときには、その超える部分の金額は、損金の額に算入されないからです。

一方、保険金を個人が受け取った場合、このような判断が不要となります。

### 2 デメリット

1）前述の通り、払込保険料は、被保険者に対する給与として取り扱われますが、被保険者が役員の場合、経常的な負担でなければ定期同額給与に該当しないため、損金の額に算入されません。

（なお、定期同額給与に該当したとしても、その保険料相当額を含めて過大給与となる場合には、過大部分の額は過大な役員給与として損金の額に算入されません。）

2）途中解約した場合、この解約返戻金はだれに帰属するのでしょうか。

給与扱のため税金を支払ったのは被保険者といえますが、保険料を払い込んだのは法人であるため、解約した場合には、法人に解約返戻金が支払われます。この場合、契約者である法人と被保険者である役員との間で、金銭の精算が必要であるという考え方があります。

必要と考える場合には、入金された解約返戻金を役員に支払うということになりますが、どのような科目で、行うのでしょうか？

雑収入勘定で受け入れた解約返戻金を役員賞与として払い出すのか、それとも、仮受金勘定などを使って受け入れたものを、仮受金の精算として払い出すのでしょうか。判断に迷うところです。

# 67 各種法人とその課税関係

**Q** いろんな法人があるようですが、それぞれ法人税法上の取扱いは、どのようになっているのでしょうか。

## 1 各種法人の設立根拠法

各種法人の設立の根拠となる法律は、次の通りです。

| | 主な法人等 | 設立の根拠法 |
|---|---|---|
| 法人 | 株式会社・合名会社・合資会社・合同会社 | 会社法 |
| | 社団法人・財団法人 | 民法（注1）、一般社団・財団法人法 |
| | 公益社団法人・公益財団法人 | 民法、公益法人認定法 |
| | 医療法人 | 医療法 |
| | 社会福祉法人 | 社会福祉法 |
| | 宗教法人 | 宗教法人法 |
| | 学校法人 | 私立学校法 |
| | 労働組合（法人化されたもの） | 労働組合法 |
| | 特定非営利活動法人（NPO法人） | 特定非営利活動促進法 |
| | 商工組合、事業組合 | 中小企業団体の組織に関する法律 |
| | マンション管理組合（法人化されたもの） | 建物の区分所有法（47条13項「法人税に関する法令の規定の適用については、公益法人等とみなす」） |
| 権利能力なき社団・財団（注2） | マンション管理組合 | |

（注1）民法33条2項には、次のように記載されています。

　「学術、技芸、慈善、祭祀、宗教その他の公益を目的とする法人、営利事業を営むことを目的とする法人その他の法人の設立、組織、運営及び管理については、この法律その他の法律の定めるところによる。」

（注2）権利能力なき社団・財団

　権利能力のない社団とは、その実体が社団法人と異なるところがないが、法人でない非営利団体のことをいいます。

　また、権利能力のない財団というものもあって、これには、破産財団などが該当します。

　この権利能力なき社団・財団のうち、代表者又は管理者の定めがあるものは、法人税法上、「人格のない社団等」として取り扱われています。

# 2 各種法人の税務上の取扱い

~公益法人制度改革に伴う税制上の整備

公益法人制度三法＊の成立により、新公益法人制度が、平成20年12月1日より施行されています。

＊公益法人制度三法
①「一般社団法人及び一般財団法人に関する法律」（「一般社団・財団法人法」）
②「公益社団法人及び公益財団法人の認定等に関する法律」（「公益法人認定法」）
③「一般社団法人及び一般財団法人に関する法律及び公益社団法人及び公益財団法人の認定等に関する法律の施行に伴う関係法律の整備等に関する法律」（「整備法」）

その概要は、次の通りです。

①登記のみで、社団法人及び財団法人が設立できる（一般社団法人及び一般財団法人）。
そのうちの公益目的事業を行うことを主たる目的とする法人については、公益認定等委員会の意見に基づいて公益認定を受けることができる（公益社団法人及び公益財団法人）。
②公益社団法人及び公益財団法人並びに非営利型法人に該当する一般社団法人及び一般財団法人並びに社会医療法人を、法人税法上の「公益法人等」に加える。
③旧民法34条法人は公益法人等とみなし、新制度へ移行する。その期間を5年間（平成25年11月30日まで）とし、その間に移行しなかった法人は、解散したものとみなされる。

それでは、これらの法人は、法人税法上、どのように取り扱われているのでしょうか。
区分、課税所得の範囲、及び税率は、次の通りとなっています。

| 区分 | | | 課税所得の範囲 | 税率 |
|---|---|---|---|---|
| 普通法人 | 中小法人等 | 年800万円以下の部分 | すべての所得 | 15% |
| | | 年800万円超の部分 | | 23.2% |
| | 中小法人等以外の法人 | | | 23.2% |
| 公益法人等 | | 年800万円以下の部分 | 収益事業から生じた所得 | 15% |
| | | 年800万円超の部分 | | 19% |
| 一般社団法人等及び公益法人等とみなされている法人 | | 年800万円以下の部分 | すべての所得 | 15% |
| | | 年800万円超の部分 | | 23.2% |
| 人格のない社団等（中小法人等に該当するもの） | | 年800万円以下の部分 | 収益事業から生じた所得 | 15% |
| | | 年800万円超の部分 | | 23.2% |
| 協同組合等 | | 年800万円以下の部分 | すべての所得 | 15% |
| | | 年800万円超の部分 | | 19% |
| 特定医療法人 | | 年800万円以下の部分 | すべての所得 | 15% |
| | | 年800万円超の部分 | | 19% |

注1）中小法人の軽減税率の特例（19%→15%）等の適用期限を2年延長（2021年3月31日までに開始する事業年度）。

注2）協同組合等又は特定医療法人が連結親法人である場合の税率及び特定の協同組合等の年10億円超の部分の税率は、省略。

## 3 法人税法上の「収益事業」

　「公益法人等」および「人格のない社団等」については、「収益事業」を営んでいる場合にのみ納税義務を負い、その収益事業から生ずる所得に対して法人税が課されることとなります。この「収益事業」については、「販売業、製造業その他の政令で定める事業で、継続して事業場を設けて営まれるものをいう」（法法2十三）と定義され、次の34業種が限定列挙されています（法令5）。

　従って、①特掲事業と②事業継続性、③事業場設置の三つが、「収益事業」の要件となっています。

《34業種》
　物品販売業、不動産販売業、金銭貸付業、物品貸付業、不動産貸付業、製造業、通信業、運送業、倉庫業、請負業、印刷業、出版業、写真業、席貸業、旅館業、料理店業その他の飲食店業、周旋業、代理業、仲立業、問屋業、鉱業、土石採取業、浴場業、理容業、美容業、興行業、遊技所業、遊覧所業、医療保健業、技芸教授業、駐車場業、信用保証業、無体財産権提供業、労働者派遣業

　「人格のない社団等」が「収益事業」を営んでいる例として、マンション管理組合がマンションの屋上や壁面に広告看板を設置し、その広告主から設置料を徴収する場合があります。これが「収益事業」としての「不動産貸付業」になり、法人税の納税義務が出てくるわけです。

# 68 宗教法人と生命保険

> ① 宗教法人とは、どのような法人ですか。法人税法上の取扱いは、どのようになっているのでしょうか。
> ② 宗教法人は、生命保険のアプローチ先になるのでしょうか。

## 1 宗教法人

宗教法人は、法人税法上、学校法人、社会福祉法人、(一般・公益)社団法人などとともに、「公益法人等」に属します。この公益法人等は設立目的が公益(不特定多数の者の利益)ということで、税務上有利な取扱いを受けています。

宗教団体は、宗教法人法により、法人となることができ、この法人を「宗教法人」といいます。宗教法人は公益事業を行いますが、その目的に反しない限り、これ以外の事業(収益事業)も行うことができます。

## 2 宗教法人の役員

宗教法人には、3人以上の責任役員を置き、そのうち一人が代表役員となりますが、この代表役員には、通常、住職とか宮司などがなっています。

代表役員は、規則(普通法人の「定款」にあたる)に別段の定めがなければ、責任役員の互選で定めることとなっています。代表役員は、宗教法人を代表してその事務を総理し、責任役員は、規則で定めるところにより宗教法人の事務を決定します。規則に別段の定めがなければ、宗教法人の事務は、責任役員の定数の過半数で決することとなっています。

## 3 法人税法上の取扱い

### 1) 納税義務

宗教法人とは、前述の通り、公益法人等の一種ですが、収益事業を営む場合には、法人税を納める義務があります。この収益事業とは、販売業、製造業などの事業で、継続して事業場を設けて営まれる特定のものをいいます。

### 2) 区分経理

宗教法人は、収益事業から生ずる所得に関する経理と非収益事業から生ずる所得に関する経理とを区分して行わなければなりません。これは、単に収益・費用だけでなく、資産・負債も同様です。

### 3) 税率と確定申告

宗教法人に対して課する各事業年度の所得に対する法人税の額は、各事業年度の所得の金額に19%

の税率を乗じて計算した金額です。ただし、2019年4月1日から2021年3月31日までの間に終了する各事業年度における年800万円以下の所得金額に適用される税率は、15％です。申告納付は、普通法人と同様。

## 4 生命保険の活用

### 1）退職金の支給

代表役員や責任役員に支給する勇退退職慰労金は、普通法人に準じ、次の算式により算出した金額を目安にすればよいのではないでしょうか。

退任時最終報酬月額×役員在任年数×功績倍率

「功績倍率」については、代表役員は普通法人の社長、責任役員は取締役に読み替えるのも一つの方法で、妥当な数値に設定します。
特別な功労のある人に対しては、特別功労金を加算して支払ってもよいでしょう。
しかし、法人の恣意による支給とみられないために、役員退職慰労金支給規程を整備しておき、これにもとづき支給することとします。

### 2）生命保険での準備

ア．宗教法人にとっての生命保険

退職金支払の準備に対しては、①退職慰労金を支給するための「財源」があること、②退職慰労金という「費用」をカバーする「収益」を確保できることから、生命保険が効果的です。
宗教法人は、公益がその法人の主たる目的となっているため、その行為も、目的の範囲内、あるいは目的を遂行する上で必要な行為に限られます。
従って、生命保険契約の締結についても、あくまで、退職慰労金財源や遺族の生活保障などの目的にとどめるべきで、営利目的（財テク目的）の加入などは避けなければなりません。
なお、生命保険の加入が公益事業部門で行われたのか、収益事業部門で行われたのか、あるいは両部門にまたがるのかをはっきりしておかなければなりません。経理が区分されており、法人税などの税金にも影響してくるからです（学校法人、社会福祉法人などについても、同様のことがいえます。）。

イ．契約の相手方

神社や寺などが宗教法人である場合には、この神社や寺など（宗教法人）を契約者とする生命保険契約を締結しますが、法人の代表者である「代表役員」が契約の相手方となりますので、代表役員を確認の上、その署名・捺印を求める必要があります。
役員の確認については、役員名簿などの所轄庁や所轄税務署長などへの提出書控をみせてもらえばよいでしょう。

系統別宗教法人数　　　　　　　　　　　　　　　　　　　　平成28年12月31日現在

|  | 神社 | 寺院 | 教会 | その他 | 計 |
|---|---|---|---|---|---|
| 神道系 | 80,961 | 9 | 3,524 | 366 | 84,860 |
| 仏教系 | 23 | 75,704 | 960 | 481 | 77,168 |
| キリスト教系 | － | － | 3,980 | 710 | 4,690 |
| その他 | 56 | 33 | 13,930 | 361 | 14,380 |
| 合計 | 81,040 | 75,746 | 22,394 | 1,918 | 181,098 |

平成28年度「宗教統計調査」(文化庁)より

2-2 法人契約

 学校法人と退職金制度

① 学校法人とは、どのような法人ですか。法人税法上の取扱いは、どのようになっているのでしょうか。
② 学校法人における退職金制度を教えてください。生命保険のアプローチ先になるのでしょうか。

## 1 学校法人と収益事業

### 1）学校法人

学校法人とは、私立学校の設置を目的として、私立学校法の定めるところにより設立される法人（私立学校法第3条。以下、私立学校について説明）などをいいます。

設置者別学校数　　　　　　　　　　　　　　　　　　　　　　　平成29年5月1日現在

|  | 国立 | 公立 | 私立 | 計 |
|---|---|---|---|---|
| 幼稚園 | 49 | 3,952 | 6,877 | 10,878 |
| 小学校 | 70 | 19,794 | 231 | 20,095 |
| 中学校 | 71 | 9,479 | 775 | 10,325 |
| 高等学校 | 15 | 3,571 | 1,321 | 4,907 |
| 大学 | 86 | 90 | 604 | 780 |
| 短期大学 | 0 | 17 | 320 | 337 |
| その他 | 111 | 1,902 | 7,308 | 9,321 |
| 計 | 402 | 38,805 | 17,436 | 56,643 |

文部科学省「平成29年度学校基本調査」

学校法人は、その設置する私立学校の教育に支障のない限り、その収益を私立学校の経営に充てるため、収益を目的とする事業（例：教育用品小売業、食料品小売業）を行うことができますが、その場合には、寄附行為（定款にあたるもの）を改正して、これを所轄庁に届け出て、認可を受ける必要があります。

この「私立学校法でいう収益事業」と「法人税法上の収益事業」とは、完全に一致するものではありません。「私立学校法でいう収益事業」は、文部科学省告示（または都道府県知事所轄学校法人については、各都道府県告示）に示されており、一方、法人税法に定めるものは、施行令第5条に34業種（別項参照）が列挙されています。

### 2）収益事業

法人税法上では、所轄庁に届け出た寄附行為に記載されている収益事業にかかわらず、本来の「学校法人会計」、「収益事業会計」などのそれぞれの会計毎に、税法上の「収益事業」があれば、課税することとしています。例えば、本来の「学校法人会計」の範疇である施設設備利用料収入に含まれる売店、食堂などからの家賃収入や席貸料は、税法上の「収益事業」ですし、補助活動収入に含まれる文具などの販売も同様です。

## 2 学校法人の管理

### 1）役員

　学校法人には、役員として、理事5人以上及び監事2人以上を置かなければなりません。理事のうち1人は、寄附行為の定めるところにより、理事長となります。理事長は、私立学校法に定める職務を行い、その他学校法人内部の事務を総括します。理事は、すべて学校法人の業務について、学校法人を代表しますが、寄附行為をもって、その代表権を制限することもできます（登記事項）。学校法人の業務は、寄附行為に別段の定めがないときは、理事の過半数をもって決定します。

### 2）評議員会

　学校法人に評議員会を置くこととなっていますが、この評議員会は、理事の定数の2倍を超える数の評議員をもって組織します。そして、学校法人の業務に関する重要事項（予算、借入金及び重要な資産の処分に関する事項など）については、理事長においてあらかじめ、評議員会の意見を聞くこととしていますが、寄附行為をもって、評議員会の議決を要するものとすることができます。

## 3 法人税法上の取扱い

　上記の通り、収益事業を営む場合、それが法人税法上の「収益事業」に該当する場合があります。その場合には、所轄税務署長に対して、収益事業を開始した日から2ヶ月以内に、「収益事業開始届出書」を提出することとなります。
　この収益事業による所得については、低率の19％課税が行われます。2019年4月1日から2021年3月31日までの間に終了する各事業年度における年800万円以下の所得金額に適用される税率は、15％です。申告納付は、普通法人に準じます。

## 4 理事などの退職金

　学校法人の理事などに対する退職金の調査というのは、なかなか見当たりません。実施していないのか、していても、ごく限定された範囲内のものであったり、入手しにくいものであったりということで、実態はよくわかりません。従って、普通法人のものを勘案して決めざるをえない状況にあります。
　なお、公益法人等の指導監督等に関する基準となっている「公益法人の設立許可及び指導監督基準」（平成8年9月20日閣議決定）において、「常勤の理事の報酬及び退職金等は、当該法人の資産及び収支の状況並びに民間の給与水準と比べて不当に高額に過ぎないものとすること」とされており、普通法人のものとさほどの違いが出ないよう指導されています。

## 5 退職金財源としては

### 1）大学（私立大学等）の教職員

　私立大学等に常時勤務する教職員の退職金の最低を保障し、教職員の待遇の安定と改善に資することを目的として設立されている団体として、「私立大学退職金財団」があります。

学校法人が私立大学退職金財団に加入することで、教職員の退職時に、退職金財団から退職資金が学校法人に支給されることとなっています。

### 2）大学以外（私立の幼、小、中、高校等）の教職員

大学以外の教職員の退職金に関する共済制度として、「私学退職金団体」がありますが、これは都道府県毎に設置されている団体です。

学校法人が私学退職金団体に加入すると、一定の負担金（入会金、登録料、標準報酬月額に対する負担金等）を負担しますが、教職員の退職時に、退職金団体から所定の交付金が学校法人に支給（社会福祉法人における退職金が、直接役職員に支給されるのとは異なる）されることとなっています。

※独自に退職金を支給する制度を持っている学校法人もあります。

## 6　生命保険の活用

上記の通り、各学校法人は、国からの補助金があるだけに有利と思われる「私立大学退職金財団」（大学の教職員が対象）や、都道府県毎に設置されている「私学退職金団体」（大学以外の教職員が対象）に加入することが多いと思います。

そういう点では、保険販売については、若干厳しいのですが、加入していない学校法人もありますし、加入額や加入者の不十分な学校法人もあると思いますので、アプローチしてみる価値はあると思います。

# 70 社会福祉法人と退職金制度

> ① 社会福祉法人とは、どのような法人ですか。法人税法上の取扱いは、どのようになっているのでしょうか。
> ② 社会福祉法人における退職金制度を教えてください。生命保険のアプローチ先になるのでしょうか。

## 1 社会福祉法人と収益事業

### 1）社会福祉法人

社会福祉法人とは、「社会福祉事業を行うことを目的として、社会福祉法の定めるところにより設立された法人」をいいます（社会福祉法22）。

社会福祉法人は、その経営する社会福祉事業に支障がない限り、公益を目的とする事業（公益事業）またはその収益を社会福祉事業の経営に充てることを目的とする事業（収益事業）を行うことができます。（ただ、収益事業を行っている法人は、非常に少ないようです。）

### 2）区分会計

これらの会計は本体事業からは区分して特別の会計として経理しなければならないこととなっているため、次の三つの会計となってきます。

① 社会福祉事業に関する会計
② 公益事業に関する会計
③ 収益事業に関する会計

公益事業とは、医療や公衆衛生など、日常生活に不可欠なサービスを提供する事業です。

例えば、老人訪問看護事業、指定居宅介護支援事業、介護老人保健施設、有料老人ホーム、学童保育、地域福祉センター、調査研究事業などが該当します。

収益事業とは、不動産賃貸、売店、出版事業などです。

## 2 社会福祉法人の管理

### 1）役員

社会福祉法人には、役員として、理事3人以上及び監事1人以上を置かなければなりません。理事は、すべて社会福祉法人の業務について、社会福祉法人を代表しますが、定款をもって、その代表権を制限することもできます（登記事項）。さらに、定款で、理事の中から理事長を選出している法人もあります。社会福祉法人の業務は、定款に別段の定めがないときは、理事の過半数をもって決定します。

### 2）評議員会

社会福祉法人に評議員会を置くことができますが、この評議員会は、理事の定数の2倍を超える数の

評議員をもって組織します。そして、社会福祉法人の業務に関する重要事項（予算、借入金及び重要な資産の処分に関する事項など）を、定款をもって、評議員会の議決を要するものとすることができます。

## 3 法人税法上の取扱い

### 1）法人税の納税義務

社会福祉法人は、宗教法人、学校法人、（一般・公益）社団法人などとともに、法人税法上の公益法人等に属し、収益事業を営む場合には、法人税を納める義務があります。

この収益事業とは、販売業、製造業などの事業で、継続して事業場を設けて営まれる特定のものをいい、社会福祉事業の一環としての飲食店業などが該当します。

### 2）税率と確定申告

社会福祉法人に対して課する各事業年度の所得に対する法人税の額は、各事業年度の所得の金額に19％の税率を乗じて計算した金額です。ただし、2019年4月1日から2021年3月31日までの間に終了する各事業年度における年800万円以下の所得金額に適用される税率は、15％です。

社会福祉法人は設立目的が公益（不特定多数の者の利益）ということで、このような税務上有利な低率課税の取扱いを受けています。申告納付は、普通法人と同様。

## 4 福祉医療機構による共済制度など

社会福祉法人の役職員に対する退職金準備については、独立行政法人福祉医療機構により運営されている「社会福祉施設職員等退職手当共済制度」（国や都道府県の助成あり）があり、管轄である厚生労働省は、社会福祉法人に対して、「社会福祉施設職員等退職手当共済制度への加入に努めること」（平成5年4月14日厚生省告示第116号「社会福祉事業に従事する者の確保を図るための措置に関する基本的な指針」）としていました。この考え方は現在でも変わっていないものと思われます。

社会福祉法人が更に手厚い退職金制度を制定して、この共済制度からの共済金を超えた退職金を支給しても、それは法人の任意であって、一向にかまいません。

その場合、次の二つの方法によることとなります。
① 各都道府県等における退職共済制度への拠出
　社会福祉協議会などで行っている民間退職共済など
② 法人独自の退職給与支給規程にもとづく積立て

社会福祉事業を営む者については、上記共済制度への加入に努めるよう指導されているほか、社会福祉法により設立された福利厚生センターの利用も勧奨されています。

## 5 生命保険の活用

### 1）生命保険の加入

社会福祉法人は、社会福祉がその法人の主たる目的となっているため、その行為も、目的の範囲内、あるいは目的を遂行する上で必要な行為に限られます。

従って、生命保険契約の締結についても、あくまで、遺族の生活保障などの目的にとどめるべきで、営利目的（財テク目的）の加入などは避けなければなりません。
　特に、養老保険などの満期保険金のある保険は、「資金の運用であるから認められない」として監督官庁などから指導されるケースもあるようです（社会福祉法人審査基準第2-3、社会福祉法人定款準則15条）ので、行政指導の有無も確認しておく必要があります。
　一方では、退職金などの準備については、前述の独立行政法人福祉医療機構により運営されている共済制度や、福利厚生センターの弔慰金・見舞金制度があるため、社会福祉法人をアプローチするのは、なかなかむつかしいようです。（「共済に加入」を指導している県もある模様）
　ただ、150名規模の社会福祉法人で生命保険の販売に成功したという例もありますので、なお一層のこの分野の研究が必要と思われます。

### 2）契約の相手方
　社会福祉法人である場合には、この社会福祉法人を契約者とする生命保険契約を締結することができますが、法人を代表している「代表理事」「理事長（代表権を制限していない場合には、理事）」などが契約の相手方となりますので、代表理事などの署名・押印が必要となってきます。

医療法人と生命保険

① 医療法人とは、どのような法人ですか。法人税法上の取扱等は、どのようになっているのでしょうか。
② 医療法人への生命保険のアプローチについての考え方を教えてください。

## 1 医療法人の類型

### 1）医療法人の種類

　医療法人は、医療法第39条により設立される社団または財団です。社団医療法人で特徴的なのは「持分の定め」の有無により、持分の定めのある医療法人と、持分の定めのない医療法人に分かれる点です。2018年3月31日の状況では、医療法人数は、5万3944法人、うち社団医療法人は5万3575法人、持分あり医療法人は3万9716法人、持分なし医療法人は1万3859法人となっています。

　「持分」というのは、医療法人の社員が退社した場合の持分払戻請求権と、医療法人が解散した場合の残余財産分配請求権を指しますが、医療法の改正により、現在では持分あり医療法人の新規設立はできなくなり、現存の持分あり医療法人は「経過措置医療法人」として、持分なし医療法人への移行が可能となっています。

### 2）法人税の適用について

　医療法人は、積極的な公益性は要求されていませんので、「公益法人」ではありません。よって、法人税率の適用においては、一般社団法人としての税率が適用されます（医療法人は、医療法第54条により、剰余金の配当は禁止されており、「営利法人」でありませんが、だからと言って、公益性が認定されるわけではありません。）。

　また、租税特別措置法により、国税庁長官の承認を受けた「特定医療法人」があり、これには特別の軽減税率が適用されます。

　なお、事業税について、医療法人の社会保険診療報酬に係る所得については、課税除外とされていますので、実効税率の算出にあたっては、留意が必要です。

### 3）相続税の適用について

　上記「持分なし医療法人」の制度は、「持分あり医療法人」が、配当禁止問題もあり、利益の蓄積も大きく持分の評価額も相当高額となり、円滑な医業継続の妨げになることから創設されたものです。持分なし医療法人であれば、相続の問題は発生せず、残余財産は国等に帰属することになります（ただし、持分なし医療法人の設立形態の一つとして、「基金拠出型医療法人」があります。これは、出資ではなく「基金」として金銭等を拠出し、拠出者がこの基金の返還を受けることができるというものです。）。

　なお、持分なし医療法人への移行を促進するため、医療法人においても、出資持分に係る相続税・贈与税の納税猶予・免除制度が設けられましたが、医療法人が、持分のない医療法人へ移行した場合、持

分放棄の際、相続税法第66条4項の相続税法の負担の不当減少となる場合原則として医療法人に贈与税が課されるため、移行にあたり隘路となっていました。そこで、平成29年度税制改正により、医療法人に対してこのような刑事的利益への贈与税課税は行わないこととされました。

## 2 医療法人と生命保険

### 1）医療法人における生命保険ニーズ

　医療法人であっても、一般法人と同じく、従業員の退職金準備対策として養老保険を利用した福利厚生プランのような生命保険のニーズは問題なく存在します。また、経営者保険と言われる、役員を対象とした法人契約のニーズも一般法人に増して高いと言えます。

　それ以外の、事業承継対策としての生命保険の活用についても、基本的には、一般法人と異なるところはありませんが、医療法人特有の考慮すべき点として、以下の点が挙げられます。

### 2）医療法人の相続対策

　医療法人の場合、株式会社のような自己株式の取得＝金庫株の取得は認められないと考えられます（自己株式の取得は、会社法に定めるように、配当金の範囲内であるとか、厳格な要件があるので、そもそも配当できない医療法人に、「自己出資」の買取りということはできません。）。

　結局、医療法人の相続対策としては、持分の買取りを目的とした資金準備のための生命保険ではなく、持分払戻を目的とした資金準備のための生命保険ということになります（相続された出資金については、多額の相続税がかかります。その相続税の支払いのために、相続された持分を払い戻すことになります。一方、相続した個人としては、医療法人に持分の払戻請求を行うことになります。その際は、長年の利益の蓄積が「みなし配当」として配当所得課税されることになります。）。

## NPO法人と生命保険

> ① 特定非営利活動法人(以下、NPO法人)とは、どのような法人ですか?法人税法上の取扱いは、どのようになっているのでしょうか。
> ② NPO法人は、生命保険のアプローチ先になるのでしょうか。

### 1 NPO法人とは

NPO法人(Non-Profit Organization)は、特定非営利活動促進法に基づいて特定非営利活動を行うことを主たる目的として設立された法人です。法人税法上の公益法人等に属します。収益事業を営んでいれば、その事業から生じた所得が法人税の課税対象となり、それに対して普通法人と同じ法人税率が適用されます(特定非営利活動促進法第70条第1項、法法第66条)。

### 2 NPO法人の役員

役員として、理事3人以上、監事1人以上を置くことになっています(特定非営利活動促進法第15条)。理事は、対外的には法人を代表しますが、定款で他の理事の代表権を制限し、特定の理事を代表者とすることができます(特定非営利活動促進法第16条)。

その場合、NPO法人の代表者の職名は必ずしも「理事長」である必要はなく、「代表理事」など他の名称を用いることも可能です。いずれの名前を用いる場合でも、その者に団体を代表する権限を与え、他の理事の権限を制限する場合には、定款にその旨を明記することが必要です。また、登記においても、代表者だけを登記することとなります。

### 3 法人税法上の取扱い

法人税法で定義する「収益事業」を行う場合には課税されます。この「収益事業」は、販売業、製造業その他政令で定める34事業で、「継続して事業場を設けて営まれるもの」、というのが、その定義です。そのため、NPO法上では本来事業として定款に特定非営利活動に係る事業とされているものでも、法人税法上は収益事業になるものがあります。これに該当しなければ、どんなに利益のあがる事業であっても収益事業ではありません。

また、「継続して」については、不定期であっても反復して行われるものは継続しているものとみなされます。また、興行業に該当する演劇やコンサート等は、たとえ年に1回の公演でも相当の準備期間を要する場合は、継続して事業を行っているものとされます。

「事業場」については、移動販売や無店舗販売も事業場を設けているものと解釈されますから、政令で定める34業種を継続して営む場合はすべて収益事業と考えられます。

## 4 生命保険の活用

　代表理事や理事に支給する勇退退職慰労金は、普通法人に準じて考えます。また、役員退職慰労金支給規程についても、一般法人のものを参考にして、ＮＰＯ法人特有の用語などにより修正を加えて使用すればよいと思われます。

　また、相当な役員退職慰労金の額は、法人税法上、「法人」「役員」「退職給与」といった用語を使って過大退職給与の規定を作っていますので、ＮＰＯ法人についても、普通法人と同様の考え方で、相当な役員退職慰労金額を検討することとなります。一般的には、功績倍率方式により算出した金額を第一次的に相当な金額とみて、さらに検討を加えるということになっています。

# 第3 個人事業主契約

##  個人事業主契約取扱いのポイント

**Q** 個人事業主契約については、どのような点に注意しなければならないのでしょうか。

### 1 個人事業主契約のポイント

不動産所得、事業所得または山林所得に係る事業を営んでいる者（以下、個人事業主という）は、これらの所得を生ずべき業務に係る帳簿を備え付け、取引をこれに記録し、保存しなければなりません。

この場合、税金は、法人税ではなく、所得税となりますが、経理処理は概ね法人に準じて行います。生命保険（保険料払込み、保険金受取りなど）についても、同様です。

ただし、個人事業の場合には、その支出が家事上のものか、それとも事業上のものかという区分が重要なポイントとなります。そのいずれかによって、次のように取扱いが大きく異なってくるからです。

|  | 保険料を払い込んだ場合 | 保険金などを受け取った場合 |
|---|---|---|
| 保険契約は家事上のもの | その事業に係るものとされない<br>保険料は生命保険料控除の対象 | その事業に係るものとされない。<br>その保険金などは、所得税・住民税、相続税、贈与税の課税対象（契約者・被保険者・保険金受取人の別、満期か被保険者死亡かなどにより、異なる） |
| 保険契約は事業上のもの | 資産計上または必要経費算入 | 受け取った金額の全額または資産取崩額との差額を総収入金額算入 |

個人事業主を契約者とする契約のうち、被保険者を事業主とするものについては、税務当局に「それは家事上のものである」と判断されるため、ご留意ください。（親族も、原則として同様）

《例：保険料を払い込んだ場合》

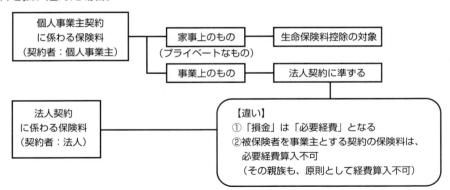

## 2 個人事業主契約に係る払込保険料の取扱い

### 1）被保険者を事業主とする契約の場合

　この場合には、「家事上のもの」として取り扱われます。

　すなわち、事業主を被保険者とする契約に係る保険料は、保険の種類、受取人の違いなどに関係なく、また、加入条件などが使用人と同一であったとしても、すべて個人で加入したこととされ、「家事上のもの」として取り扱われます。その場合には、払込保険料の必要経費算入は認められません（所法45①）。

　「業務を営む者が自己を被保険者として支払う当該保険金に係る保険料は、当該業務に係る所得の金額の計算上必要経費に算入することができないのであるから留意する。」（所基通9-22（注））

> 《参考》
> 　個人事業主が使用人を被保険者として定期保険料あるいは特約保険料を負担する場合には、原則として事業所得の計算上必要経費に算入できることとされています。
> 　これは、定期保険料、傷害特約保険料等が、将来発生が予測される費用負担（退職金、見舞金等）に充てられるために支出するもので、事業の遂行上必要と認められ、またその保険料が掛け捨てであることから、このような取扱いとなっています。
> 　しかしながら、個人事業主を被保険者とする場合には、その担保とするものは、退職金あるいは見舞金等の経費に充てるものではなく、事業主個人の相続財産たる生命保険金あるいは事業主個人の医療費に充てられるものです。従って、事業主個人を被保険者とする場合の支払保険料は、たとえ使用人と同一条件で加入したとしても、事業所得の計算上必要経費とはされません。
> 「保険・年金の税務Q＆A」（渡辺淑夫監修　ぎょうせい発行）

### 2）被保険者を事業主の親族とする契約の場合

　この場合にも、原則として、払込保険料は業務に関連のないものとみなされ、「事業上のもの」としての必要経費算入はできません。

　具体的には、後記参考資料により判断すれば、①被保険者である使用人、または保険金受取人である使用人の家族が個人事業主と生計を一にする配偶者その他の親族であること、かつ、②その親族であるために加入したと認められること、いずれも充たす場合には、その保険料の必要経費算入は認められ

ないということになってきます。

なお、「生計を一にする」とは、親族が同一の家屋に起居している場合には、原則として、生計を一にするものとして取り扱われる。」（所基通2-47）とされています。

従って、使用人の大半がその個人事業主の親族以外の者であって、親族の保険加入にあたっては、他の使用人と同様な条件（普遍的加入）で加入している場合には、「事業上のもの」として取り扱われるものと考えられています。

### 3）被保険者を一般の使用人とする契約の場合

この場合には、保険の種類、保険金受取人によって、払込保険料の必要経費算入が可能となってきます。

例えば、満期保険金受取人を事業主、死亡保険金受取人を被保険者の遺族とした場合の養老保険料の取扱いについては、支払保険料の1/2相当額を資産計上することとし、残りの1/2相当額は福利厚生費（普遍的加入の場合）として必要経費に算入することができます。

---

**（参考資料）「定期保険の保険料にかかる所得税および法人税の取扱いについて」**

個人事業主を契約者、その配偶者を被保険者とする保険に加入した場合の保険料の取扱いについては、郵政省からの照会に対する回答結果が通達となった「国税局長及び沖縄国税事務所長に対する国税庁長官の通達「定期保険の保険料にかかる所得税および法人税の取扱いについて」（直審3-142、直審4-117、昭和48年12月22日）」が参考となります。

その照会した内容は、次の通り。

1. 法人が自己を契約者及び保険金受取人として役員又は従業員を被保険者として、この定期保険に加入した場合の保険料は、その法人の所得の計算上損金に算入できる。
2. 法人又は個人事業主が自己を契約者とし、役員又は従業員を被保険者とし、役員又は従業員の家族を保険金受取人として、この定期保険に加入した場合（被保険者である従業員又は保険金受取人である従業員の家族が契約者である個人事業主と生計を一にする配偶者その他の親族であり、かつ、その親族であるために加入したと認められる場合を除く。）の保険料は、その法人又は個人事業主の所得の計算上損金に算入できる。
3. 上記1及び2において、法人又は個人事業主が負担する保険料は、被保険者である役員又は従業員の給与所得には算入されない。
4. 上記1から3までにおいて、傷害特約を付加した場合も税法上の取扱いは同様である。

これに対して、「法人が役員だけを対象として当該保険料を負担することとしている場合を除き、貴見（照会内容のこと。筆者記載）のとおり取り扱ってさしつかえありません。」と国税庁は回答しています。

個人事業主契約の取扱い（保険金の受取りと退職金支払い）

**Q** 個人事業主契約について、生命保険金などを受け取った場合には、どのように取り扱われるのですか。また、退職金の支払いは、どのようになるのでしょうか。

 生命保険金などの受取り

個人事業主契約における満期保険金・死亡保険金・解約返戻金などの受取りについても、法人契約に準じます。しかし、家事上のものとみられた場合と、事業遂行上のものとみられた場合とで、所得区分の取扱いが異なっています。

例えば、満期保険金の受取りについては、次の通りです。
① 「家事上のもの」として取り扱われた場合
　　個人事業主の受け取った満期保険金は、その者の一時所得に該当します。
② 「事業遂行上のもの」として取り扱われた場合
　　受け取った満期保険金は、業務に関して受けるものですから、その者の事業所得などに該当します（所基通34-1（4））。

## 2 退職金の支払い

個人事業主のもとで、その事業に従事していた一般の使用人に対して支給する退職金は、必要経費に算入することができます（所法37）。

しかし、その個人事業主本人に対して支給する退職金については、必要経費に算入することはできません。その事業に従事する親族に対して支給する退職金についても、原則として、同様に必要経費に算入することはできません。

### 1）個人事業主に対する退職金の支給

個人事業主が退職するということは、その事業を廃止（廃業）するということです。（ただ、「事業主が死亡し、相続人がその事業を承継している場合には、廃業とはいえません。」（昭和62年9月21日 国税不服審判所裁決より））

そこには、事業主が退職して「退職金を受け取る」という概念はありません。廃業した年分の所得金額の合計は、通常の年分と同様、すべて事業主のものだからです。

### 2）親族に対する退職金の支給

事業に従事していた事業主と生計を一にする配偶者などの親族（青色事業専従者または事業専従者）が退職したことにより退職金の支払いを行う場合でも、その退職金の額を必要経費に算入することはできません。

その代わり、受け取った親族には、この退職金は「ないものとみなす」とされていることから、課税されることはありません（所法56）。

> 《参考》所法56「事業から対価を受ける親族がある場合の必要経費の特例」
> 　　　（関係する個所のみ抽出して記載しています。）
> 　「居住者と生計を一にする配偶者その他の親族がその居住者の営む事業に従事したことにより当該事業から対価の支払いを受ける場合には、その対価に相当する金額は、その居住者の当該事業に係る所得の金額の計算上、必要経費に算入しないものとし、（途中略）。この場合において、その親族が支払いを受けた対価の額は、ないものとみなす。」

（情報）

　ところで、最近、「取引等に係る税務上の取扱い等に関する事前照会」制度に基づく照会「認可特定保険業者へ移行した後に会員が支払う会費の取扱い及び会員が給付を受ける保険金の所得区分について」に対する回答（平成27年3月2日）が出され、個人事業主を受取人、事業専従者を被保険者とする傷害保険契約に係る保険料については、個人事業主に係るものと同様、家事上の経費に該当し、必要経費算入は認められないと判断されていますので、留意する必要があります。

　「個人事業主を保険契約者及び保険金受取人とする本件傷害保険について、従業員を被保険者とし、個人事業主が受け取る保険金をその従業員の死亡や傷害等に伴い支払うこととなる退職金や見舞金等の資金として利用することを目的とする場合、事業遂行上必要なものとしてその保険料相当額を必要経費に算入することができます。しかしながら、本件傷害保険について個人事業主又は事業専従者を被保険者とする場合には、これらの者に対して支払われる退職金や見舞金等の金品は、他の従業員と同様の条件で支払われるものであったとしても、もともと必要経費とならない家事上の経費（所得税法45①一）であることから、その資金の確保を目的とする保険料相当額も家事上の経費に該当します。したがって、本件会費のうち個人事業主又は事業専従者を被保険者とする本件傷害保険に係る保険料相当額については、事業所得の必要経費に算入することはできません。」

## 第三部

# 生命保険に関連した相談事例

# 第1 退職金・弔慰金・見舞金

## 75 役員退職慰労金の支給

**Q**
① 役員退職慰労金支給規程が作られていない会社の場合には、退職慰労金を支給しても、その額は損金算入できないのでしょうか。
② 役員退職慰労金の損金算入限度額は、税務上どの程度まで認められるのでしょうか。

### 1 役員退職慰労金の損金算入

規程が制定されていなくとも、役員退職慰労金の支給は可能です。

取締役などの役員に対して退職慰労金を支給するについては、一般的に、それは「報酬」とされていますので、定款に定めがない場合には、株主総会で支給決議を得ることとなります（会社法361など）。従って、株主総会で、具体的な金額・支給時期・支給方法などを決議すればよいわけです。

この場合、損金算入の時期は、原則：株主総会等で支給額が確定した日の属する事業年度、例外：実際に支払った日の属する事業年度となります（法基通9-2-28）。

規程を作成しておく意義は、そのほかに、退任役員間で不公平が生じないようにといったこととか、「規程に記載されている程度の退職慰労金はもらえるだろう。」といった期待とモラールをもって役員が職務に取り組めることなどが考えられます。

### 2 損金算入の限度

法人税法に定められている損金算入限度額は、次の通りです。

役員に支給した退職慰労金の額が、次の点に照らし、相当な金額の範囲内であれば、損金の額に算入することができます（法法34②、法令70二）。

① 業務に従事した期間
② 退職の事情
③ 同種の事業で規模の類似する会社の役員の退職給与の支給の状況等

なお、法人を受取人とする生命保険金額と適正な役員退職慰労金額とは連動するものではありませんから、ご留意ください。

役員退職慰労金の算出方法は、一般的には、次の「平均功績倍率法」によっています（昭和55年5月26日東京地裁判決および法基通9-2-27の2参照）。

　　退任時最終報酬月額×役員在任年数×功績倍率

　この方法の適用にあたっては、最終退任時のものとする方法ばかりではなく、取締役・常務・社長などの各役位毎に算出し、その合計額としている会社もあります。
　ここで、「退任時最終報酬月額」（退職直前に月額を大幅に引き上げるなど特別な場合を除いて、役員の在職期間中における最高水準を示すとともに、役員の在職中における会社に対する功績を最もよく反映しているとされる。）、「役員在任年数」は、個々の役員によって決まっていますので、問題となるのは、「功績倍率」だけになってきます。これは他の法人の支給状況などを勘案して決めることとなりますが、その情報源は限られています（「役員の退職慰労金」（税政研究所）、「中小企業の役員報酬・賞与・退職金支給相場」（日本実業出版）等）。
　ところで、法人成りしている場合の役員在任年数は、法人成り後のものとなりますので、ご留意下さい。（個人事業主から法人成り後も代表を務め、その後退任により役員退職慰労金の支給を受けることとなった者の役員退職慰労金については、その算定基礎となる「在任年数」には、税務上、個人事業主時代の年数を含めることは認められていません（上記の通り、「当該役員のその内国法人の業務に従事した期間」等に照らし、相当と認められる金額を判定（法令70二））します。）

　その役員に支給する退職慰労金の額が会社への貢献度に比し、少なすぎると判断される場合には、税務上の損金算入限度額にかかわらず、会社として適切と思われる金額を支給して、税務調整すればよいのですが、次のようなことも検討してみてはいかがでしょうか。
① 　最終報酬月額が何らかの事情により低く抑えられていた場合や、功績倍率が会社への貢献度に比し、低すぎると認められる場合には、適正な金額としたい旨を所轄税務署に相談する。
② 　平均功績倍率法が適用する算出方法としてふさわしくないと判断される場合には、裁判例・裁決例でも、補完的な方法として活用されている在任1年当たり平均額法（在任1年当たり平均額×在任年数）を検討してみる（昭和58年5月27日札幌地裁判決参照）。

## 3 役員退職年金の損金算入

　法人が退職年金制度を実施している場合、その年金の支給時期において損金算入されます（法基通9-2-29、同9-2-28のただし書）。また、退職慰労金を5年以上の長期分割支給する場合、退職年金とみなされる可能性があります。
　なお、分割支給の退職慰労金は退職所得とされますが、退職年金は雑所得とされます（所法32、所令82の2）。

# 76 分掌変更等による役員退職慰労金の支給

**Q** 役員が退職しない場合でも、退職に準じて退職慰労金を支給できると聞きましたが、どのようなケースが該当するのでしょうか。

役員が退職（退任）していないのに、退職金を支払うことのできる、「分掌変更等による退職慰労金の支給」（以降、「みなし退職」といいます。）制度がよく活用されています。ところが、退職慰労金の支給が、本来の趣旨とは異なり、節税目的だけに利用されていたため、税務当局から、損金不算入とされ大慌てという話が聞かれます。

## 1 みなし退職制度の利用目的

みなし退職制度を利用する目的としては、次のようなものがあります。
① 後継者に代表の座をゆずり、距離をおいたところから経営上のアドバイスしたい。
② 業績次第で、将来自分の期待する退職慰労金がもらえるかどうかわからない、また万が一の場合に、充分な金額が遺族に支給されるか、不安なので、今のうちに、もらっておきたい。
③ 退職金を現金や預金として入手できるため、万一の場合には、相続人の間で遺産分割がしやすい。
④ 本人が退職慰労金を受給できる一方で、法人としても、適正な額であれば、全額を損金に算入することができる。
⑤ 所有している自社株の評価額を引き下げることができる。（引き下げてから、後継者などに譲渡すればよい。）

## 2 みなし退職制度とは

退職給与は、退職した者に支給される臨時の給与をいいますが、役員については、次の要件を充たす場合には、退職していなくとも、支給した金額を退職給与とすることが認められています。これを「みなし退職」といい、他の要件（金額水準など）も充たした場合には、退職金全額の損金算入が認められます。

### 1）税法上の要件

分掌変更または改選による再任等、現実に退職しない場合であっても、例えば、次に掲げるような事実があったことなど、その役員としての地位または職務の内容が激変し、実質的に退職したと同様の事情にあると認められる場合には、現実に支給された退職給与については、法人税法上、「役員退職給与」として取り扱うこととされています。（法基通9－2－32）

a．常勤役員が非常勤役員になったこと

「非常勤役員」とは、非常勤の取締役、監査役などですが、次の者は除外されます。
① 代表権を有する者（例．非常勤の代表取締役）
② 代表権は有しないが、実質的にその法人の経営上主要な地位を占めていると認められる者

ここでいう「経営上主要な地位を占めている」とは、経営へのアドバイス、重要な会議への常時出席などを行っている状態をいうものと考えられます。

b．取締役が監査役になったこと

監査役は、常勤・非常勤を問いませんが、次の者は除外されます。
① 実質的にその法人の経営上主要な地位を占めていると認められる者
② その法人の株主等で法人税法施行令第71条第1項第4号《使用人兼務役員とされない役員》に掲げる要件のすべてを満たしている同族会社の使用人、いわゆる「みなし役員」のうち特定株主

c．分掌変更等の後におけるその役員（その分掌変更等の後においてもその法人の経営上主要な地位を占めていると認められる者を除く。）の給与が激減（おおむね50％以上の減少）したこと

（注）「退職給与として支給した給与」には、原則として、法人が未払金等に計上した場合のその未払金等の額は含まれません。

この注書きは、「原則として」とあるように、未払金経理を認めないというものではありません。ただし、未払金経理をすることにより、資金繰りを楽にすることはできますが、一方で、多額の損金算入額が発生します。

では、分割支給はどうかというと、みなし退職ではなかなか厳しいものだったのですが、平成27年2月26日東京地裁判決（確定）では、みなし退職金を2年に分割して支給した場合でも、それぞれの事業年度において損金算入できることが認められました。

この判決は、上記の分掌変更等に係る退職給与の取扱いについて、次のように考えられています。

> ところで、このように、原則としては未払金等への計上を認めないこととしていることとの関係上、退職金を分割して支払いその都度、損金算入するといったことも認められないのではないかと見る向きがある。この点、役員の分掌変更等が実質的に退職したと同様の事情があることが前提であることは言うまでもないが、分割支払いに至った事情に一定の合理性があり、かつ、分掌変更段階において退職金の総額や支払いの時期（特に終期）が明確に定められている場合には、恣意的に退職金の額の分割計上を行ったと見ることは適当ではないことから、支払いの都度損金算入が認められると考えられる。
> （小原一博編著「法人税基本通達逐条解説」770頁・平成28年7月・税務研究会出版局）

## 2）安易な適用は、税務否認（賞与認定）

### a．分掌変更または改選による再任等

株主総会で再任されたが、病弱のため、常勤取締役から非常勤取締役になったり、取締役が監査役に就任して、取締役の業務執行や会計処理を監査するようになったりしたことに伴い、職務が激変し、実質的に退職したと同様の事情にある場合には、退職とみなして、退職給与の支給を認めることとしています。

ただ、監査役については、その機能が強化されてきた今日、「取締役が監査役になったこと」が「退職したと同様の事情にある」ということになるのかは、疑問であるといえましょう。

b．実質的な退職

　上記1）の3つの事実は例示であって、重要なのは、「その役員としての地位又は職務が激変し、実質的に退職したと同様の事情にあると認められる場合」です。

　形式的に満たしていても、他の事情もあわせて考えれば、実質的に退職したと同様の事情があるといえない場合には、退職給与とは認められません。会社経営の第一線から実質的に退いていなければなりません。

　例えば、その事業年度に、土地を売却したり、生命保険金が入ってきたため、多額の収益（益金）が生じ、税金が多くなる、それを避けるためだけに、この制度を利用したが、従来どおり毎日出勤し、経営に従事しており、取引先との対応も行っている、実質的な経営者としてはほとんど変わりないということであれば、税務トラブルとなることがあります。

　なお、「社長から会長になった」では、「実質的に退職」としては厳しいのではないかと思います。というのは、社長より偉く経営の主導権を持っている会長が多いからです。このような方々は、多くの取締役に対して依然として強い影響力を持ち、しかも、会社の株式をたくさん（50％超）持っていることが多く、株主総会でいつでも後任社長を退任させることができるからです。このような場合には、依然として会社を支配しており、「実質的に退職した」とはいえず、損金算入否認を受けるおそれがありますので、ご留意下さい。

## 3　役員退職慰労金の支給を受けると

　「みなし退職」した役員の受け取った退職慰労金が、「その退職金算出の基礎となった期間を将来の退職金に一切反映させない」という条件のもとで支払われた場合には、それは退職手当等とされ（所基通30-2）、退職所得となります。そうしますと、勤務年数に応じた退職所得控除額を控除でき、しかも残額の1/2相当額が課税対象となるため、税金はかなり安くなります。ただし、平成25年1月1日以降、役員としての勤続年数が5年以下の役員の退職手当（特定役員退職手当等）の部分については1/2とすることができなくなりました（所法30②）。

　第一線を退き、後継者に代表の座を譲りたいといった意思が、代表者に、あるいは会社にある場合には、この「みなし退職制度」を積極的に活用したいものです。

　ただ、要件を充たさない場合には、損金算入が認められませんので、要件充足に確信が持てないときには、事前に所轄税務署に確認された方がよいでしょう。

3-1 退職金・弔慰金・見舞金

 弔慰金の税務取扱い

Q ① 弔慰金の税務上の取扱いは、どのようになっているのでしょうか。また、どの程度のものが支給されているのでしょうか。
② 弔慰金は、退職慰労金とともに、株主総会に付議すべきものでしょうか。

##  弔慰金とは

「弔慰金」は、法律上の厳密な定義がないため、各社、あるいは、各人によって頭で描かれる内容が異なっています。本項では、役員に支給するものをイメージして書いていますが、使用人についても、同様の考え方となります。

法務面では、通常、退任する役員に支払われる「在任中の職務の対価」とされるもののうち、任期満了や辞任に伴う「退職慰労金」と、死亡退任に伴う「弔慰金」を区別して使っているようです。

区別する大きな理由は、慰労金が直接退任役員に支払われるのに対して、弔慰金は遺族などに支払われる点にあるとされています。ただ、弔慰金という言葉を使ったからといって、役員退職慰労金支給規程に定める慰労金とは別の算出基準を使うということはあまりしていないようです。このような意味で使われている弔慰金は、あくまでも「在任中の職務の対価」として支払われるものですので、株主総会への付議が必要となってきます。

しかし、紛らわしいのは、「弔慰金」といっても、このように死亡退任に伴う支払金を弔慰金と称しているケースばかりではなく、霊前に供える弔慰金、花輪代、葬祭料、香典のようなものも弔慰金と称しているケースがあります。税務上は、この意味での使い方をしているのが一般的です。

このような場合には、弔慰金は、役員の職務執行の対価ではないため、慰労金には当たらず、従って、株主総会に付議することは、必ずしも必要ありません。

> 「この弔慰金の実質は、死亡による退職に伴う退職慰労金」(「役員退職慰労金一問一答」北澤正啓他共著、商事法務研究会発行)
> 「役員の退職が死亡の場合には、遺族に対する弔慰として退職慰労金以外に弔慰金が支払われる場合がある。」(「役員給与・交際費・寄付金の税務」大渕博義著、税務研究会発行)
> 「結局、弔慰金とは、慣行でだすことがきまっているもの」「そして、普通の場合には、弔慰金とは別途に功労金すなわち死亡退職金がでるのであるから」(「税理士のための資産税」井口幸英著、有信堂発行)

## 2 弔慰金の税務取扱い

この弔慰金は、税務上、どのように取り扱われているのでしょうか。

### 1) 支払側

法人税法では、「弔慰金」についての取扱いを定めていませんが、「相当な金額」である限り、退職金としては取り扱わず、全額損金として認めるという考えにたっています。そこで、気になるのは、「ど

の程度の金額が相当といえるのか」ということですが、取扱いを定めているのは、後述の相基通3-20だけしかないため、これを税務執行上の1つの目安として利用しているようです。

（「従前の判決・裁決も、このような考え方に立って、相続税の取扱基準によって判断しているところである。」前掲「役員給与・交際費・寄付金の税務」）

しかし、この点については、「このような基準だけで弔慰金を規制することは、あまりにも安易であると批判されても仕方があるまい。」といった意見があります（「役員報酬・賞与・退職金」山本守之著、税務研究会発行）。

適正な金額を超えるような多額の弔慰金を支出しても、それは企業の任意ですが、超えた場合には、その超えた部分の金額は、弔慰金ではなく、退職金とみなされます。

この場合、役員については、これを含めた上で、過大な退職給与かどうかの判定が必要となってきます。一方、使用人については、特に金額制限はありません。ただし、役員親族（役員と特殊な関係にある使用人）に対して、過大な弔慰金を支給した場合には、役員と同様の判定が行われます。

支給金額が多くなるようであれば、所轄税務署に事前確認された方がよいでしょう。

## 2）受取側

弔慰金を受け取る者は、役員・使用人の遺族です。

弔慰金は、退職金とともに、原始的に取得する遺族の固有資産であって、死亡した役員・使用人の相続財産ではありませんが、相続財産とみなして相続税の課税対象としています。

ただし、退職金と明確に区分されている場合には、次の金額までは非課税とされ、それを超えた場合には、その超えた部分の金額については、「退職金等」に該当する（相基通3-20）ものとして取り扱っています。

　　業務上の死亡であるとき…　死亡当時の普通給与の36ケ月分
　　業務外の死亡であるとき……死亡当時の普通給与の　6ケ月分

## 3　弔慰金の支給水準

最後に、弔慰金の額を判断するにあたっての参考となる統計ですが、これは、ほとんどありません。その言葉の意味を規定して調査するにしても、各法人において、役員や使用人が死亡退職するというケースは、ごくまれですし、あったとしても、調査に応ずる法人がどれくらいあるかなど、調査はなかなか難しく、したがって、統計はきわめて少ないということかと思います。

例えば、相続税法ルールによった場合には、次の通りとなります。

平均的な給与384,714円（東京都「中小企業の賃金・退職金事情」H28年7月末調査 平均40.9歳）を使って、上記通達に沿った金額を算出しますと、230万円程度となり、40歳近くで死亡退職した者に対する弔慰金は、この程度までは、香典の性格を帯びたものとして、課税されないのではないかと思われます。

3−1　退職金・弔慰金・見舞金

## 78　見舞金の税務取扱い

**Q** 見舞金の税務上の取扱いは、どのようになっているのでしょうか。また、どの程度のものが支給されているのでしょうか。

### 1　見舞金とは

　「見舞金」とは、一般的には、病気や災難にあった人などを慰め、力づけるために支給する金品と考えられていますが、その支給基準について慶弔見舞金支給規程（第四部　規程例参照）に盛り込んでいる会社と、そうではなく、その都度、慣行にもとづき検討の上、支給している会社があります。

### 2　見舞金の税務取扱い

　見舞金の税務取扱いについては、次のようになっています。

#### 1）支払側

　見舞金をいくら支給するかは、法人の任意ですが、後述の通り、支給する金額が社会通念上「相当」と認められる金額である場合には、福利厚生費として損金算入、超えた場合には、給与としての課税になります。使用人（税務上の「特殊関係使用人」を除く。）については、福利厚生費であろうと、給与であろうと、いずれにしても、損金算入にはなりますが、役員については、定期同額給与・事前確定届出給与及び利益連動給与以外の給与とされる場合には、全額損金不算入（それらの給与についても、不相当に高額な部分の金額については、損金不算入）ということで、法人税の課税対象にもなります。

　では、社会通念上「相当」と認められる見舞金とは、どの程度のものをいうのでしょうか？　税務当局は、法令・通達上では、金額的な目安を明らかにしていませんが、これは「一般に、慶弔、禍福に際し支払われる金品に要する費用の額は、地域性及びその法人の営む業種・規模により影響されると判断される。」（平成14年6月13日裁決「国税不服審判所裁決事例No.63」より）からでしょう。

　従って、法人としては、世間的な水準、役員・使用人間のバランス、勤務年数、入院日数などを総合勘案して、支給基準を設定せざるを得ません。

　常識的な金額の範囲内であって、特定の者のみを対象としていないことが重要です。

#### 2）受取側

　見舞金を受け取る者は、役員・使用人本人です。

　入院などにより法人が支給した見舞金で、「その金額がその受贈者の社会的地位、贈与者との関係等に照らし社会通念上相当と認められるもの」については、葬祭料・香典などとともに、所得税法上、非課税とされています。（所基通9−23）

　しかし、相当な金額を超える場合には、その超える部分の金額が「給与を支給したと同様の経済的効果をもたらすものとして」給与課税になりますので、ご留意ください。

　「その見舞金全額」が給与課税という考え方もありますが、後述3　1）の国税不服審判所の裁決事例

の中では、「超える部分の金額」とされています。

## 3　見舞金の支給水準

最後に、見舞金の額を判断するにあたっての参考となる情報をご紹介します。

ただし、個別のケースにおいて、その事実関係などにより、これと異なる結果の生ずることがあることに、ご注意ください。

1）入院1回あたり5万円

　　入退院を9回繰り返し、受け取った計799万円の入院給付金のうち半額399.5万円を見舞金として支給したところ、類似法人の支給状況を勘案し、福利厚生費としての見舞金の上限は、「入院1回当たり5万円」とし、それを超えて支払った部分の金額は、賞与であると認定しています。（平成14年6月13日裁決事例より）

　　この事例の詳しい説明は、「保険税務のすべて」（新日本保険新聞社発行）に記載されていますので、ご参照ください。

2）受け取った給付金をそのまま見舞金として支払っても、賞与扱

　　「入院特約にもとづき1日2万円、170日分の給付金、計340万円が会社に支払われた。社長のため、個室に入ったが、追加料金は、1日2.5万円であった。340万円を福利費として損金算入できるか。（内容を要約）」という事例について、「費用計上することはできません。もし費用計上した場合には、社長に対する賞与となります。」といった回答例が示されています。（「オーナーの税金事典」渡辺淑夫他編集代表、ぎょうせい発行）

3）入院給付金150,000円（5,000円×30日）は、非課税として差し支えない

　　1日いくら支給するという日額方式については、次のものが参考になります。

　　「会社が支給する見舞金等」として、「生命保険会社から入院給付金150,000円（5,000円×30日）が支払われましたので、当社ではそのまま甲に見舞金として150,000円を支給しました。」という事例で、「非課税として差し支えない」と回答しています。（大蔵財務協会刊・東京国税局法人税課長編の「平成12年版 源泉所得税質疑応答集」）

4）入院給付金80万円全額の見舞金支給の非課税扱いは相当ではない

　　入院給付金80万円全額を見舞金として支給することは、社会通念上高額であると考えられるので、非課税扱いとすることは相当ではないと回答しています。（納税協会連合会刊「平成28年版 源泉所得税の実務」灘野正規編）

# 第2 相続・贈与

##  民法（相続法）の改正

**Q** 民法相続法が改正されたと聞きました。どのように改正されたのですか。また、生命保険販売に影響がありますか。

高齢化の進展等の社会経済情勢の変化に鑑み、相続が開始した場合における配偶者の居住の権利及び遺産分割前における預貯金債権の行使に関する規定の新設、自筆証書遺言の方式の緩和、遺留分の減殺請求権の金銭債権化のため、民法相続法と関連法案が改正されました（成立：2018年7月6日）。

### 1 配偶者の居住権保護　　　　（施行日：2020年4月1日）

配偶者の一方が死亡した場合、残された配偶者はそれまで居住してきた建物に引き続き居住することを希望するのが通常です。そのため、以下の規定ができました。

①配偶者短期居住権（改正民法1037）

配偶者が、被相続人の財産に属した建物に相続開始時に無償で居住していた場合、遺産分割により居住建物の帰属が確定したなど特定の日から6ケ月を経過する日まで、居住建物について無償で使用することができます。

②配偶者居住権（改正民法1028、1030）

配偶者が、被相続人の財産に属した建物に相続時に居住していた場合、
（ⅰ）遺産分割によって配偶者居住権を取得するものとされたとき
（ⅱ）配偶者居住権が遺贈の目的とされたとき
居住建物について無償で終身使用することができます。

### 2 遺産分割の見直し　　　　（施行日：2019年7月1日）

①配偶者保護のための持戻し免除の意思表示の推定規定（改正民法903）

配偶者の生活保障や被相続人の意思である蓋然性が高いことから、「婚姻期間が20年以上の夫婦の一方である被相続人が、他の一方に対し、その居住の用に供する建物またはその敷地について遺贈又は贈与をしたとき」は持戻し免除の意思表示を推定することになりました。

②仮払い制度（改正家事審判手続法200、改正民法909の2）

　最高裁大法廷平成28年12月19日決定で、預貯金が「相続開始と同時に当然に相続分に応じて分割されることはなく、遺産分割の対象となるものと解するのが相当」とされました。しかし、一切遺産分割まで払い戻しができないとすると、相続人の生活費や葬式の費用等の面で不都合です。そこで、家庭裁判所が必要と認める場合は特定の預貯金債権の全部又は一部を、または、家庭裁判所の判断がなくても、「遺産に属する預貯金債権のうち相続開始の時の債権額の3分の1」に、「共同相続人の相続分を乗じた額」について、単独での権利行使を認めました。

## 3　遺言制度の見直し

①**自筆証書遺言の方式緩和**（改正民法968）　　　　　　　　　　（施行日：2019年1月13日）

　相続財産目録について、自署によることを要しないとされました。ただし、相続財産目録の全ページに署名押印が必要となりました。

②**自筆証書遺言の保管制度**（法務局における遺言書の保管等に関する法律）　（施行日：2020年7月10日）

　自筆証書遺言の原本を法務大臣の指定する法務局が保管することになりました。この保管された遺言書については、家庭裁判所による検認手続は不要とされました（改正民法1004）。

③**遺言執行者の権限の明確化**（改正民法1012、1013）　　　　　　（施行日：2019年7月1日）

　遺言の内容の実現のため、遺言執行者の権限を明確化しました。相続人の行った遺言の執行を妨げるべき行為は無効ですが、善意の第三者に対抗できないとされました。

## 4　遺留分制度の見直し　　　　　　　　　　　　　　　　　　　（施行日：2019年7月1日）

①**遺留分減殺請求権から遺留分侵害額請求権へ**（改正民法1046）

　遺留分権利者は、その権利行使により遺贈や贈与の効力を失わせるのではなく、遺留分侵害額に相当する金銭請求権が発生するように変更されました。

②**相続人に対する生前贈与の範囲の見直し**（改正民法1044）

　相続人に対する贈与については、相続開始前10年間の婚姻若しくは養子縁組のため又は生計の資本として受けた贈与の価額（特別受益に該当する贈与）に限定されました。

## 5　相続人以外の者の貢献の考慮方法（改正民法1050）　　（施行日：2019年7月1日）

　相続人以外のものによる、被相続人に対する「無償で療養看護その他労務の提供をしたことにより被相続人の財産の維持又は増加について特別の寄与」に対して、特別寄与者から相続人に対する特別寄与料の請求が認められました。

　なお、これら改正点は、保険販売に直接の影響はないものと思われます。しかし、遺留分侵害請求権が金銭債権になることは、代償として金銭を交付する生命保険の必要性が増すと思われます。

# 80 相続人とは

Q 相続人とは、どのような人達をいうのでしょうか。相続税法の定めでは、民法の定めと若干異なると聞いたのですが。

## 1 民法上の相続人

民法上の相続人とは、被相続人の配偶者、直系血族、兄弟姉妹をいいますが、その相続順位は、次のようになっています。なお、配偶者（婚姻届のされている者に限る。）については、常に、他の相続人と同順位で相続人になります（民法887、889、890）。

①子、②子がいない場合には、直系尊属、③ 直系尊属がいない場合には、兄弟姉妹

①の「子」が相続開始以前に死亡し、または相続権を失っているときは、その代襲相続人である直系卑属（子・孫など）が法定相続人となります。③の「兄弟姉妹」が相続人となるべきときの代襲相続権は、その兄弟姉妹の子に限り認められています。

なお、平成25年9月4日の最高裁判所の決定を受け、嫡出でない子の相続分と嫡出である子の相続分は同等となりました（民法900条四号ただし書前半部分の削除）。

## 2 相続税法上の相続人

相続税法においては、「相続人」と「相続税法第15条第2項に規定する相続人の数」が定められています。

### 1) 相続人

相続税法上、単に「相続人」といった場合には、民法上の相続人のうち、「相続を放棄した者」及び「相続権を失った者」を除いた者をいいます（相法3①）。

「相続を放棄した者」とは、民法938条に定める正式に家庭裁判所に放棄の手続をとって放棄した者をいい、「相続権を失った者」とは、民法891条に定める相続欠格事由に該当するもの（例えば、故意に被相続人または相続について先順位若しくは同順位に在る者を死亡するに至らせ、または至らせようとしたために、刑に処せられた者）並びに同法892条及893条に定める推定相続人の廃除の請求に基づき相続権を失った者をいいます。

「保険金の非課税限度額（相法12①五）*」「退職手当金等の非課税限度額（相法12①六）」の適用が受けられるのは、この「相続人（相法3①）」です。

### 2) 相続税法第15条第2項に規定する相続人の数

相続税法上は、民法上の相続人の数について、税務上の要請にもとづく調整を行い、その数を「相続税法第15条第2項に規定する相続人の数」といっています。そして、これを「保険金の非課税限度額（相法12①五）*」「退職手当金等の非課税限度額（相法12①六）」の計算、及び「遺産に係る基礎控除額

（相法15①）」の計算などにおいて使用しています。
上記調整とは、次の通りです。
①被相続人に養子がいる場合には、相続人の数に算入する養子の数については、1人（実子があるとき又は実子がなく養子が1人のとき）又は2人（実子がなく養子が2人以上のとき）
②相続の放棄があった場合には、その放棄がなかったものとした場合の相続人の数

　＊保険金（相法3①一に掲げるもの）の非課税限度額の説明
　　①保険金の非課税限度額
　　　限度額の計算は、法定相続人の数によって算出します。
　　　　500万円×相続税法第15条第2項に規定する相続人の数
　　②非課税とすることのできる保険金額
　　　相続人の取得した保険金については、上記限度額（保険金の合計額が限度額以下である場合には、その取得した保険金の金額）を相続税の課税価格に算入しない（非課税とする）。

　相続放棄した者でも固有の財産として保険金を受け取ることはできます（大審院昭和11年5月13日判決）。しかし、被保険者が受け取るべきであった給付金は本来の相続財産なので、相続放棄した場合は受け取れません。
　なお、相続放棄した者、あるいは、相続人でない者が受け取った保険金については、たとえ、保険金の非課税限度額があったとしても、それを使えない（控除することができない）ということです。

# 81 相続とみなし相続

**Q** 相続税の課税対象となる財産には、どのようなものがありますか。

　相続税の課税対象となる財産は、「（本来の）相続（遺贈）財産」といわゆる「みなし相続（遺贈）財産」、さらに、「被相続人からの3年以内の贈与財産」「相続時精算課税に係る贈与財産」です。
　なお、財産を取得した者が相続人以外の者であるときは、遺贈財産となります。「（本来の）相続（遺贈）財産」と「みなし相続（遺贈）財産」は、以下の通りです。

## 1 （本来の）相続（遺贈）財産とは

　「（本来の）相続（遺贈）財産」というのは、相続や遺贈（以下「相続等」という）によって取得した財産のことをいいますが、ここでいう「財産」とは、金銭に見積もることができる経済的価値のあるすべてのものをいいます（相基通11の2-1）。
　従って、自分名義の不動産、有価証券、預貯金、債権、営業権などは、財産となりますし、被相続人が購入した不動産で、まだ登記していないものや、家族名義・第三者名義・無記名にしてある預貯金、公社債、割引債なども課税される財産となります。一方、質権や抵当権などは、財産とはなりません。
　一方、相続税法に定める非課税財産（墓地、相続人が受取った生命保険金などのうち一定の金額など）は、財産ではあっても、法の趣旨などから、非課税とされています。

## 2 みなし相続（遺贈）財産とは

　相続税法では、（本来の）相続（遺贈）財産でなくとも、実質的には、相続等により財産を取得したことと同様の経済的効果があると認められる場合には、課税の公平を図るために、その受けた利益を相続等により取得したものとみなして、相続税の課税対象にすることとしています（相法3）。
　これを、通常、「みなし相続（遺贈）財産」と呼んでおり、生命保険関係については、例えば、次のようなものが該当します。
1）被相続人（遺贈者を含む）の死亡により、相続人などが受け取った生命保険金・損害保険金のうち、被相続人が負担した保険料に対応する部分の金額は相続等により取得したものとみなされます。ただし、相続人が受け取った生命保険金などのうち一定の金額は、非課税です。（相法3①一）
2）保険事故が発生していない生命保険契約で、被相続人が保険料負担者、かつ契約者である場合には、被相続人の死亡により、新たに契約者となる者が承継するその契約の権利（「生命保険契約に関する権利」）は、相続財産となりますが、被相続人である保険料負担者と契約者が異なる場合には、現契約者がこの契約の権利を承継するため、それは「みなし相続財産」となります。（相法3①三）
　　これは、生命保険契約における権利義務は、契約上、契約者が有しているのですが、相続税法では、保険料負担者が有しているものとしています。従って、保険料負担者が死亡した場合には、その契約の権利が保険料負担者から契約者に相続等により移転したものとみなす取扱いとなっています。

## 相続税の具体的な計算方法

**Q** ① 相続税の計算は、どのように行うのでしょうか。
② 元妻が死亡保険金1,000万円を受け取りました。相続人は子が2人います。私にかかる相続税を教えてください。（被相続人の元妻）

相続税は、次のような手順を踏んで計算していくこととなります。
わかりやすいように、計算段階を第一段階と第二段階とに分けました。
第一段階は、課税遺産総額の算出であり、第二段階は、各自の納付税額の算出です。
相続税の場合には、このような段階を踏んで、申告納付の必要があるかどうかを判断することとなります。

 **第一段階**

1）相続や遺贈（遺言による財産の贈与）によって各自が取得した財産（みなし相続・遺贈財産を含む。）の価額を、各自別に計算します（相続人が取得した生命保険金がある場合には、保険金の非課税規定の適用があり、所定の金額をその保険金額から控除することができます。相続人の取得した死亡退職金も同様。）。
　次に、相続人が負担した被相続人の債務や葬式費用がある場合には、その額をその相続人の取得した財産の価額から差し引きます（マイナスとなる場合には、相続財産の価額はゼロとなります。）。
2）その相続人に相続開始前3年以内にその被相続人から贈与によって取得した財産がある場合には、その財産の贈与時の価額を上記金額に加算します。相続時精算課税制度を選択した贈与財産も加算します（平成15年1月1日より）。ただし、その贈与財産のうち、配偶者の受けた特定贈与財産については、加算の対象とはなりません。また、直系尊属から贈与を受けた住宅取得等資金のうち、非課税の適用を受けた金額や、直系尊属から一括贈与を受けた教育資金のうち、非課税の適用を受けた金額についても加算の対象とはなりません。
3）この加算後の価額を「課税価格」（1,000円未満の端数切捨て）、各自のこの課税価格を合計したものを、「課税価格の合計額」といいます。この各自毎の課税価格の「割合」は、後の計算で使用します。
4）課税価格の合計額から、「遺産に係る基礎控除額」（3,000万円＋600万円×法定相続人の数*）を差し引きます。この差し引いた後の金額を「課税遺産総額」といいます。
＊平成27年1月1日以後の相続等に係る相続税より適用。

　課税遺産総額がプラスでない場合には、被相続人から相続などにより財産を取得したすべての者について、相続税の申告をする必要がありません（ただし、小規模宅地等の特例や配偶者に対する相続税の軽減、相続財産を公益法人などに寄附したことにより課税価格の合計額が遺産に係る基礎控除額以下となる場合は、相続税の申告をする必要がありますので、ご注意ください。）。

　相続税については、このような計算方法をとっているため、「被保険者（＝被相続人）の死亡により、

受取人が取得した保険金に、いくら相続税がかかるか」は、その保険金だけではわからないということになります。

　従って、元妻がみなし遺贈として受け取る死亡保険金1,000万円については保険金の非課税規定の対象外となりますが、他の取得財産の価額に合算されて相続税の申告の要否・税額などが判断されることとなります。

## 2 第二段階

1）第二段階に入りますが、遺産を実際に相続人の間でどのように分割したかにかかわらず、上記課税遺産総額を法定相続人が法定相続分に応じて取得したものと仮定して、各自毎の取得金額を計算します。
2）この各自毎の取得金額にそれぞれに対応する相続税の税率をかけて相続税額を算出します。その合計した金額を、「相続税の総額」といいます。
3）「相続税の総額」を各自が実際に取得した財産に係る課税価格の「割合」によって按分して算出した金額が、各自の相続税額となります。
4）ここで、相続などによって財産を取得した者が、被相続人の一親等の血族（その者の代襲相続人を含む）及び配偶者以外の者である場合には、その者の相続税額が2割増しとなります。被相続人の直系卑属が養子となっている場合も、同様に2割増しとなります。
5）最後に、このようにして計算した各自毎の相続税額から、贈与税額控除（相続時精算課税制度を選択して、支払った贈与税額も控除）、配偶者の税額軽減、未成年者控除などの税額控除を行って算出された金額が、「各自の納付する相続税額」（100円未満切捨て）となります。

新しい遺産分割制度と生命保険

 遺産分割制度が変わりましたが、生命保険に何か影響がありますか。

大きく分けて、2つの制度改正がありましたが、影響はないと思われます。（施行日：2019年7月1日）

## 1 配偶者保護のための持戻し免除の意思表示の推定規定（改正民法903）

摘出でない子の相続分を摘出子の相続分の2分の1と規定する民法900条4号だだし書前段を違憲とした最高裁平成25年9月4日大法廷決定を契機に、主として配偶者の保護のひとつとして、配偶者相続分の引上げではなく、婚姻期間20年以上の夫婦の居住用不動産の贈与（含む遺贈）に関して、持戻し免除の意思表示の推定があったものとされることになりました。

> 改正民法第903条
>   共同相続人中に、被相続人から、遺贈を受け、又は婚姻若しくは養子縁組のため若しくは生計の資本として贈与を受けた者があるときは、被相続人が相続開始の時において有した財産の価額にその贈与の価額を加えたものを相続財産とみなし、第900条から第902条までの規定により算定した相続分の中からその遺贈又は贈与の価額を控除した残額をもってその者の相続分とする。
>   4　婚姻期間が20年以上の夫婦の一方である被相続人が、他の一方に対し、その居住の用に供する建物又はその敷地について遺贈又は贈与をしたときは、当該被相続人は、その遺贈又は贈与について第一項の規定を適用しない旨の意思を表示したものと推定する。

これは、対象を居住用不動産に限定するなど要件を明確にして、かつ高齢配偶者の生活保障に資するための推定規定です。こうすることが、被相続人の意思である蓋然性が高いためであり、被相続人が異なる意思表示をしている場合には、本規定は適用されません。

## 2 仮払い制度（改正家事審判手続法200、改正民法909の2）

平成28年12月19日最高裁大法廷決定で、預貯金債権は「相続開始と同時に当然に相続分に応じて分割されることはなく、遺産分割の対象となるものと解するのが相当」と変更されました。これは、共同相続人間の実質的公平を図るために「被相続人の財産をできる限り幅広く対象とすることが望ましく」また、「評価についての不確定要素が少なく、具体的な遺産分割の対象とすることに対する要請も広く存在」していました。また、大多数の遺産分割協議において、預貯金債権が遺産分割されているという実務に従ったものと言えます。

しかし、一切遺産分割まで払い戻しができないとすると相続人の生活費や葬式の費用等の面で不都合です。そこで、家庭裁判所が必要と認める場合は特定の預貯金債権の全部又は一部を、または、家庭裁

判所の判断がなくても、「遺産に属する預貯金債権のうち相続開始の時の債権額の3分の1」に「共同相続人の相続分を乗じた額」について、単独での権利行使を認めました。ただし、法務省令で定める額が限度です。

> **改正家事審判手続法200条**
> 　3　前項に規定するもののほか、家庭裁判所は、遺産の分割の審判又は調停の申立てがあった場合において、相続財産に属する債務の弁済、相続人の生活費の支弁その他の事情により遺産に属する預貯金債権（民法第466条の5第1項に規定する預貯金債権をいう。以下この項において同じ。）を当該申立てをした者又は相手方が行使する必要があると認めるときは、その申立てにより、遺産に属する特定の預貯金債権の全部又は一部をその者に仮に取得させることができる。ただし、他の共同相続人の利益を害するときは、この限りでない。
>
> **改正民法第909条の2**
> 　各共同相続人は、遺産に属する預貯金債権のうち相続開始の時の債権額の三分の一に第900条及び第901条の規定により算定した当該共同相続人の相続分を乗じた額（標準的な当面の必要生計費、平均的な葬式の費用の額その他の事情を勘案して預貯金債権の債務者ごとに法務省令で定める額を限度とする。）については、単独でその権利を行使することができる。この場合において、当該権利の行使をした預貯金債権については、当該共同相続人が遺産の一部の分割によりこれを取得したものとみなす。

　なお、預貯金債権以外の可分債権一般については、従来の昭和29年4月8日最高裁判決が維持され、相続同時に当然に分割承継される取扱いが維持されました。
　なお、その他、改正民法第906条の2で遺産分割前に相続財産が処分された場合であっても、相続人全員の同意で、処分された財産も含めた遺産分割をすることができるとする規定が置かれました。これは一般的な解釈の明文化であり、実務でも行われています。処分された遺産を遺産分割の対象とできないとすると、処分した相続人が不公平な利益を得てしまいます。
　また、改正民法907条で遺産の一部の分割もできる規定が置かれました。これも実務で行われていることの明文化です。争いのない遺産については遺産分割をしてしまったほうが相続人が早く遺産を取得できるので、便利な場合があります。

　生命保険の代償交付機能の重要性は変わりません。また、支払の迅速性から生命保険の重要性は仮払い制度ができても変わらないものと思われます。

新しい自筆証書遺言制度と生命保険

**Q** 自筆証書遺言制度が変わりましたが、生命保険に何か影響がありますか。

大きく分けて、2つの制度改正がありましたが、影響はないものと思われます。

##  自筆証書遺言の方式緩和（改正民法968）　　（施行日：2019年1月13日）

改正民法第968条2項で、相続財産の目録については自書が不要となりました。以前は、自筆証書遺言のすべてを自書する必要がありました。公正証書遺言も含め、遺言の利用は徐々に増えていますが、高齢者にとって自筆証書遺言は使いやすいものとは言えませんでした。特に、不動産の表示などを正確に書くのは大変でした。そこで、相続財産の目録については自書を不要とし、ワープロ書きでもよいことにしました。ただし、ページごとに署名・押印が必要となりました。

---

改正民法第968条
　自筆証書によって遺言をするには、遺言者が、その全文、日付及び氏名を自書し、これに印を押さなければならない。
　２　前項の規定にかかわらず、自筆証書にこれと一体のものとして相続財産（第997条第1項に規定する場合における同項に規定する権利を含む。）の全部又は一部の目録を添付する場合には、その目録については、自書することを要しない。この場合において、遺言者は、その目録の毎葉（自書によらない記載がその両面にある場合にあっては、その両面）に署名し、印を押さなければならない。

---

## 2 自筆証書遺言の保管制度
（法務局における遺言書の保管等に関する法律）　　（施行日：2020年7月10日）

法務局における遺言書の保管等に関する法律で、自筆証書遺言を遺言者の住所地もしくは本籍地又は遺言者が所有する不動産を管轄する法務局で保管してもらえる制度ができました。

この手続きにより保管された遺言書は、相続開始後の家庭裁判所による検認は不要とされます（民法第1004条1項）。

なお、生命保険は受取人固有の財産であり、本来的には遺言書の対象にはなりません。また、自筆証書遺言が使いやすくなっても、遺言による保険金受取人変更には影響はあまりないと思われます。

3-2 相続・贈与

# 85 新しい遺留分制度と生命保険

**Q** 遺留分制度が大きく変わりましたが、生命保険に何か影響がありますか。

この変更で、生命保険金の重要性がさらに増したものと思われます。　　（施行日：2019年7月1日）

## 1 遺留分減殺請求権から遺留分侵害額請求権へ（改正民法1046）

　改正民法1046条1項で、遺留分減殺請求権が遺留分侵害額請求権という金銭債権となります。これが、遺留分の改正の中で最も重要です。
　たとえば、不動産の贈与の一部が遺留分を侵害している場合、遺留分権利者が遺留分減殺請求をすると、遺留分権利者と遺留分減殺請求を受けた者が不動産を共有した上で、共有物を分割することになっていました。そこで、被相続人の財産処分の自由と法定相続人の保護について、現実的に解決を図るべく、金銭の支払で解決することにしました。

---

**改正民法第1046条**
　遺留分権利者及びその承継人は、受遺者（特定財産承継遺言により財産を承継し又は相続分の指定を受けた相続人を含む。以下この章において同じ。）又は受贈者に対し、遺留分侵害額に相当する金銭の支払を請求することができる。
　2　遺留分侵害額は、第1412条の規定による遺留分から第一号及び第二号に掲げる額を控除し、これに第三号に掲げる額を加算して算定する。
　一　遺留分権利者が受けた遺贈又は第903条第1項に規定する贈与の価額
　二　第900条から第902条まで、第903条及び第904条の規定により算定した相続分に応じて遺留分権利者が取得すべき遺産の価額
　三　被相続人が相続開始の時において有した債務のうち、第899条の規定により遺留分権利者が承継する債務の額

---

## 2 相続人に対する生前贈与の範囲の見直し（改正民法1044）

　改正民法第1044条第3項で、死亡前にされた相続人への贈与（特別受益）のうち遺留分額の算定の対象となるものを死亡前10年間にされたものに限定しました。従来、相続人への贈与については、限定がなく、相続人への贈与ならば、何十年も前にされた贈与も遺留分額の算定の対象となっていました。
　しかし、いくら相続人への贈与でも、何十年も前にされた贈与も含めるのは無理があり、死亡前10年間に限定されました。

> **改正民法第1044条**
>   贈与は、相続開始前の一年間にしたものに限り、前条の規定によりその価額を算入する。当事者双方が遺留分権利者に損害を加えることを知って贈与をしたときは、一年前の日より前にしたものについても、同様とする。
>   2　第904条の規定は、前項に規定する贈与の価額について準用する。
>   3　相続人に対する贈与についての第一項の規定の適用については、同項中「一年」とあるのは「十年」と、「価額」とあるのは「価額（婚姻若しくは養子縁組のため又は生計の資本として受けた贈与の価額に限る。）」とする。

生命保険にとって、遺留分減殺請求権が遺留分侵害額請求権という金銭債権化した影響は大きいと思われます。従来以上に、代償交付金としての生命保険が重要視されることになると思われます。

なお、死亡保険金は受取人固有の権利とされ、被相続人の財産ではないので遺留分の対象にならないのが原則です。しかし、平成16年10月29日最高裁決定では、「保険金受取人である相続人とその他の共同相続人との間に生ずる不公平が民法903条の趣旨に照らし到底是認することができないほどに著しいものであると評価すべき特段の事情が存する場合には、同条の類推適用により、当該死亡保険金請求権は特別受益に準じて持戻しの対象となると解するのが相当である。」として、特段の事情がある場合には死亡保険金は遺留分の対象になるとしています。この上記特段の事情の有無については、「保険金の額、この額の遺産の総額に対する比率のほか、同居の有無、被相続人の介護等に対する貢献の度合いなどの保険金受取人である相続人及び他の共同相続人と被相続人との関係、各相続人の生活実態等の諸般の事情を総合考慮して判断すべきである。」としています。判断基準は明確に数値では示されてはいませんが、実際にこの特別の事情が認められた判決（注）がありますのでご注意ください。

（注）1．東京高裁決定平成17年10月27日
　　　　　約1億円の遺産総額にほぼ匹敵する死亡保険金の持戻しを肯定
　　　2．名古屋高裁決定平成18年3月27日
　　　　　遺産総額の約61％に相当する後妻の受け取った死亡保険金の持戻しを肯定

## 86 非上場株式評価額算定における生命保険の評価

> 非上場株式の価額を算定するにあたって、加入している生命保険の評価は、どのように取り扱うのでしょうか。

非上場株式の評価額を算定する方法として、代表的なものに、類似業種比準方式と純資産価額方式があります。それぞれにおいて生命保険契約はどのように係わってくるのでしょうか。

### 1 類似業種比準方式の場合

類似業種比準価額を算出する要素には、「1株当たりの配当金額」「1株当たりの年利益金額」「1株当たりの純資産価額（帳簿価額により計算した金額）」などがありますが、年利益金額及び純資産価額、それと生命保険との係わりは、次の通りです。

#### 1）年利益金額
①「1株当たりの年利益金額」

「類似業種比準価額」の算定基礎となる「1株当たりの年利益金額」は、原則として、直前期末以前1年間における法人税の「課税所得金額」（法人税申告書別表四により確認）に、その所得の計算上益金に算入されなかった剰余金の配当等の金額及び損金に算入された繰越欠損金の控除額を加算した金額を、直前期末における発行済株式数で除して計算した金額とすることとされています。

ところで、この「課税所得金額」からは、固定資産売却益、保険差益等の非経常的な利益の金額を除くこととされています（評基通183（2））。

②「非経常的な利益」の除外

前述の通り、「課税所得金額」からは、非経常的な利益の金額を除くこととされていますが、非経常的な利益のみを除外するのでしょうか。そうであれば、利益金額は少なくなり、ひいては、類似業種比準価額も少なくなってきます。

しかし、これについては、上記通達における「取引相場のない株式の評価明細書の記載方法等」に説明があり、「固定資産売却益、保険差益等の非経常的な利益の金額を記載します。この場合、非経常的な利益の金額は、非経常的な損失の金額を控除した金額（負数の場合は0）とします。」とされています。例えば、保険差益と退職慰労金がある場合には、いずれも非経常的なものといえますから、保険差益から退職慰労金を控除した残額（マイナスの場合には0）を課税所得金額から除くこととなります。

なお、他にも非経常的な利益や損失がある場合には、これらを含めた上での合計ベースでの相殺だと思われます。というのは、それによって、類似業種比準価額が安定的な評価額を示すものになるからです。

#### 2）純資産価額

これは、直前期末における「資本金等の金額＋利益積立金額（法人税申告書別表五（一）」となりますので、生命保険の帳簿価額を再評価するということは、特にありません。

## 2 純資産価額方式の場合

　純資産を算出する要素は、「資産の合計額（相続税評価額＊）」「負債の合計額」「資産の合計額（帳簿価額）」など（評基通185）ですが、生命保険で留意するのは、「資産の合計額（相続税評価額）」です。

　＊財産評価基本通達に定めるところにより評価した価額の合計額

　これは、各資産の帳簿価額をベースにして、それぞれ評価通達などの定めにより評価した価額に置きかえる作業が必要となってきます。

　評価額は、基本的には時価ですが、通達に定めがあるものについては、通達の定めにより、相続税法に特別の定めがあるもの（相法23〜26）については、その特別の定めによります。

　生命保険についても、保険事故の発生していない「生命保険契約に関する権利」の価額は、解約返戻金の額（前納保険料の額や剰余金の分配額等がある場合には、加算）により評価することとされている（評基通214）ため、この金額への洗替処理を行うこととなります。

　なお、「1株当たりの純利益価額」を算出する際に使用する法人税率等の割合は、平成28年度税制改正により、課税時期が平成28年4月1日以後の場合は37％（改正前は38％）となりました（評基通186−2）。

3-2 相続・贈与

## 87 贈与税の計算方法（暦年課税方式と相続時精算課税方式）

**Q** 贈与税の計算方法には、2つの課税方式があると聞きましたが、それぞれの制度のポイントについて、教えてください。

贈与税の計算方法には、暦年課税と相続時精算課税の二つの課税方式があります。

 **暦年課税方式**

### 1）課税価格と贈与税額

課税価格＝贈与財産の価額－基礎控除額110万円
贈与税額＝課税価格×「贈与税速算表」の税率

例えば、310万円の贈与を受けた場合には、次の通りです。
　　課税価格：310万円－110万円＝200万円
　　贈与税額：200万円×10％＝20万円

【贈与税（暦年課税）速算表】

| 一般贈与財産用（※1） | | | 特例贈与財産用（※2） | | |
|---|---|---|---|---|---|
| 基礎控除後の課税価格（A） | 一般税率（B） | 控除額（C） | 基礎控除後の課税価格（A） | 特例税率（B） | 控除額（C） |
| 200万円以下 | 10% | － | 200万円以下 | 10% | － |
| 300万円以下 | 15% | 10万円 | 400万円以下 | 15% | 10万円 |
| 400万円以下 | 20% | 25万円 | 600万円以下 | 20% | 30万円 |
| 600万円以下 | 30% | 65万円 | 1,000万円以下 | 30% | 90万円 |
| 1,000万円以下 | 40% | 125万円 | 1,500万円以下 | 40% | 190万円 |
| 1,500万円以下 | 45% | 175万円 | 3,000万円以下 | 45% | 265万円 |
| 3,000万円以下 | 50% | 250万円 | 4,500万円以下 | 50% | 415万円 |
| 3,000万円超 | 55% | 400万円 | 4,500万円超 | 55% | 640万円 |

※1　特例贈与財産以外で、夫婦間や兄弟間へ贈与された財産の場合　　＊計算方法：税額＝（A）×（B）－（C）
※2　直系尊属から20歳以上の子や孫へ贈与された財産の場合

### 2）相続税との関係

　贈与者が亡くなった場合の相続税の計算にあたっては、原則として、相続財産の価額に贈与財産の価額を加算する必要はありません。ただし、相続などにより財産を取得した者が相続開始前3年以内に贈与を受けた財産（特定贈与財産＊を除く。）の価額は、加算する必要があります。基礎控除額110万円以下の贈与財産や死亡した年に贈与されている財産の価額も加算されることになります。これらの加算された贈与財産の価額に対応する贈与税額は、加算された者の相続税の計算上、控除されることになります。

　＊贈与時の配偶者控除の対象となる財産

## 2 相続時精算課税制度

次の適用要件を充たす場合に、選択届出書を提出することにより、相続時精算課税方式を選択することができます。

### 1）適用要件
贈与者の年齢が60歳以上の親又は祖父母であること。
受贈者の年齢が20歳以上の子である推定相続人又は孫。

### 2）適用対象財産など
財産の種類、金額、贈与回数には制限はありません。

### 3）課税価格と贈与税額
課税価格＝贈与財産の価額－特別控除額2,500万円＊
＊特別控除額については、前年までにすでに特別控除額を使用している場合には、その使用した金額を差し引いた金額。
贈与税額＝課税価格×20％（一律）

### 4）適用手続き
贈与税の申告書に、必ず「相続時精算課税選択届出書」を添付することが必要です。

### 5）暦年課税方式との関係
この方式は、受贈者である推定相続人又は孫が各々贈与者である親又は祖父母ごとに選択でき、選択後は、暦年課税方式に変更することはできません。

### 6）相続税との関係
相続時に精算します。
すなわち、上記選択届出書に係る贈与者が亡くなった時の相続税の計算にあたって、相続財産の価額に相続時精算課税を適用した贈与財産の価額を加算して相続税を精算します。その際、既に支払った贈与税相当額がある場合には、それを相続税額から控除し、控除しきれない金額がある場合には、還付が行われます。

贈与とみなし贈与

**Q** 贈与税の課税対象となる財産には、どのようなものがありますか。

贈与税の課税対象となる財産は、「(本来の) 贈与財産」と、いわゆる「みなし贈与財産」です。

## 1 (本来の) 贈与財産とは

贈与は、民法第549条に、次のように規定されています。

「贈与は、当事者の一方が自己の財産を無償で相手方に与える意思を表示し、相手方が受諾をすることによって、その効力を生ずる。」

すなわち、契約当事者の合意だけで成立する諾成契約であり、合意がなければ、贈与とはいえないわけです。贈与は、書面によることも、口頭によることも、可能です。

この贈与によって得た財産を、(本来の) 贈与財産といいます。

相続税法では、贈与により財産を取得した者については、その財産に対して贈与税を課することとしています（相法1の4）。この「贈与」の意義については、相続税法で定めていませんので、上記民法の規定に従って解釈することとなります。

贈与は、親子や夫婦などの間で行われることが多いのですが、この場合、贈与契約を結ぶようなことはあまりなく、取得した財産を妻や子の名義で登記をしたり、売買のかたちをとったりして、贈与税の課税を免れようとすることがあります。そのため、相続税法では、次のような場合も、「贈与として取り扱うもの」とし、贈与税の課税対象に取りこんでいます。

「不動産、株式等の名義の変更があった場合において対価の授受が行われていないとき又は他の者の名義で新たに不動産、株式等を取得した場合においては、これらの行為は、原則として贈与として取り扱うものとする。」(相基通9-9)

## 2 みなし贈与財産とは

相続税法では、上記(本来の)贈与財産でなくとも、実質的には、贈与により財産を取得したことと同様の経済的な効果があると認められる場合には、課税の公平を図るために、その受けた利益を贈与により取得したものとみなして、贈与税の課税対象にすることとしています。

これを、通常、「みなし贈与財産」と呼んでおり、これについても贈与税の課税対象としています。
生命保険関係については、次のようなものが該当します。

「生命保険契約の保険事故が発生した場合において、その契約に係る保険料の全部又は一部が保険金受取人以外の者によって負担されたものであるときは、その保険事故が発生した時において、保険金受取人が、その取得した保険金のうち、所定の金額を当該保険料を負担した者から贈与により取得したものとみなす。この取扱いは、返還金その他これに準ずるものの取得があった場合に準用する。」
(相法5) (条文は適宜修正)

# 89 生命保険料（となる資金）の贈与

> ① 年間110万円の範囲内で子に金銭の贈与をしようと思い、子名義の預金口座にこれまで預入れを行ってきましたが、通帳と印鑑は私が持ったままです。
> この場合でも、その都度の「贈与」と認められるのでしょうか。
> ② 父親が子に毎年300万円ずつ贈与し、子がその中から贈与税相当額を差し引いて残りを保険料に充当することを考えています。所定の贈与に関する手続きを行っても、それぞれの年の贈与とはならず、「保険事故発生時点で、受取額すべてが贈与税の課税対象になる」という説があるやに聞いておりますが、その点、いかがでしょうか。（「契約者は子、被保険者は子、死亡保険金受取人は子の妻」の終身保険）

## 1 保険金など受取時における課税（みなし贈与）

質問②のような契約形態で、契約者が子であっても、実際には父が保険料を負担していた場合には、その保険料を負担した時ではなく、解約返戻金の受取時に、父から子に対して、または死亡保険金受取時に、父から子の妻に対して、その受取額相当額の贈与があったものとみなして、子または子の妻に対して贈与税を課することとしています。（保険料等の負担者以外の者が受けた生命保険金などについては、贈与によって取得されたものとみなされる。相法5）

## 2 現金受取時における課税

一方、父親が保険料相当額の現金を子に渡し、これを保険料として子が保険会社に支払った（子自らが保険料を負担した）場合には、これは、子に渡した時に、その保険料相当額の現金の贈与があったということになってきます。

しかし、例えば、親子、営業担当者が一堂に会したとして、子が契約者となっている保険の保険料を父親が支払った場合には、保険料負担者は父親であり、一方、父親が子に渡し、子が営業担当者に支払った場合には、保険料負担者は子であるということになってきます。

これは、極端な例ですが、贈与の時点は、前者では、保険事故発生時点、後者では、現金手交時点ということになります。

後者の考え方にたった保険料相当額の贈与の話法を、通常、「生前贈与話法」と称しています

ここでは、その現金手交時点あるいは送金時点での贈与ということを明確にするため、子に現金を贈与する旨を告げておくとともに、次のような事実も整えておく必要があります。これは、「国税庁事務連絡」（「生命保険料の負担者の判定について」（国税庁事務連絡昭和58年9月））が示しているものですが、これらが、後日、税務当局より照会があったときに、贈与事実の心証を得るための裏付資料となってきますので、整備しておく必要があります。

①毎年の贈与契約書、②過去の贈与税申告書、③所得税の確定申告等における生命保険料控除の状況、④その他贈与の事実が認定できるものなどから、贈与事実の心証が得られたものは、これを認めることとされています。
「その他贈与の事実が認定できるもの」として、子名義の預金通帳を作り、預金管理は完全に他と区分して行い、毎年支払保険料相当額をこれに振り込み（贈与し）、口座振替で保険料が引き去られるようにすることによって証拠資料を残しておくといった方法が考えられます。

なお、このようにして生前贈与を行ったとしても、3年以内に保険料相当額を贈与した者が死亡した場合には、相続税の計算上は、その者を被相続人とする相続に係る相続税の課税価格に加算（「相続開始前3年以内に贈与があった場合の取扱い（相法19）」）することとなっていますので、ご留意ください。

## 3 定期贈与

次に、例えば、毎年300万円ずつ10年間にわたって贈与をした場合については、それは、毎年300万円の贈与があったのではなく、「定期贈与（注）である」と認定されることがあり、このように認定された場合には、最初の贈与をした時に、3,000万円全額（正確には、相法24評価額）の贈与があったとして、贈与税が課税されるという考えがあります。

すなわち、毎年300万円ずつ10年間贈与した場合、それは、①毎年、毎年、「300万円を贈与する」という贈与者の意思にもとづいてなされたものか、②それとも、最初のときに、「3,000万円贈与する。しかし、それは、10年間にわたって均等に。」（いわゆる「定期贈与」）というものなのか、どちらに該当するかということになります。前者は、毎年300万円の贈与、後者は、「定期贈与」とされ、当初のスタート時点に遡って、相法24評価額が贈与税の課税対象になるとされています。

（注）定期の給付を目的とする贈与は「定期贈与」（民法552）といい、贈与税の課税価格は、「定期金に関する権利」（相法24）の価額が適用される。

【タックスアンサーより】
＊毎年、基礎控除額以下の贈与を受けた場合
　Q　親から毎年100万円ずつ10年間にわたって贈与を受ける場合には、各年の受贈額が110万円の基礎控除額以下ですので、贈与税がかからないことになりますか。
　A　各年の受贈額が110万円の基礎控除額以下である場合には、贈与税がかかりませんので申告は必要ありません。
　ただし、10年間にわたって毎年100万円ずつ贈与を受けることが、贈与者との間で約束されている場合には、1年ごとに贈与を受けると考えるのではなく、約束をした年に、定期金に関する権利（10年間にわたり毎年100万円ずつの給付を受ける権利）の贈与を受けたものとして贈与税がかかりますので申告が必要です。
　なお、その贈与者からの贈与について相続時精算課税を選択している場合には、贈与税がかかるか否かにかかわらず申告が必要です。
（相法21の5、24、措法70の2の3、相基通24-1）

ただし、考え方としては、上記の通りであったとしても、税務の実務上においては、この考え方にも

とづき執行することは非常にむずかしいと思います。というのは、上記事例では、10年間にわたり、300万円贈与したということですが、これは10年経過してみなければわからないことであり、定期贈与の契約をしていたとしても、その契約成立時からみた時効の問題などがあります。

《贈与契約書の見本》

贈与契約書

　贈与者　石原○○（甲）と受贈者　石原○○（乙）との間で、下記の通り、贈与契約を締結した。

第一条　甲は、その所有する下記の財産を乙に贈与するものとし、乙はこれを受諾した。
　　（物件の表示）
　　　1．現金　300万円
第二条　甲は、当該財産を○○○○年○○月○○日までに乙に引き渡すこととする。

　上記契約の証として本書を作成し、甲、乙各一通保有する。

　　　　　○○○○年○○月○○日
　　　　　　甲　（住所）東京都杉並区○○町○○丁目○番○号
　　　　　　　　（氏名）　　　　石原○○　　印
　　　　　　乙　（住所）東京都杉並区○○町○○丁目○番○号
　　　　　　　　（氏名）　　　　石原○○　　印

個人からの贈与・法人からの贈与

> **Q** 法人から贈与を受けた場合も、贈与税が課税されるのでしょうか。贈与する者と贈与を受けた者との関係で、どのような取扱いとなるのでしょうか。

「贈与」と一口に言っても、贈与する側と、贈与される側があり、それぞれに、法人と個人があります。その組み合わせによって、贈与税がかかったり、所得税、法人税の課税、あるいは課税されないこともあり、次のように取扱いが異なってきます。

|  |  | 贈与される側 ||
|---|---|---|---|
|  |  | 個人B | 法人D |
| 贈与する側 | 個人A | ① 個人Aには、課税なし<br>② 個人Bには、贈与税課税 | ⑤ 個人Aには、「みなし譲渡」（所法59）として所得税・住民税課税<br>⑥ 法人Dには、法人税（時価相当額）課税 |
|  | 法人C | ③ 法人Cには、法人税（時価による譲渡）課税<br>④ 個人Bには、所得税・住民税（一時所得・給与所得など）課税 | ⑦ 法人Cには、法人税（時価による譲渡）課税<br>⑧ 法人Dにも、法人税課税 |

##  個人から個人への贈与

「贈与により財産を取得した個人で、当該財産を取得した時においてこの法律の施行地に住所を有するもの」などは、贈与税の納税義務があります（相法1の4）。すなわち、贈与を受けた者に納税義務があって、贈与した者には納税義務がないのです。

これは、相続税が相続などによって財産を取得した者を納税義務者としていることから、相続税を補完する贈与税も贈与を受けた者を納税義務者としているからです。

贈与するものは、個人であれば、だれであってもかまいません。両親などの親族である必要はなく、第三者でも、問題ありません。

<u>贈与税は、このように、個人間の贈与のみを対象としています</u>。法人が関係した場合には、後述の通り、他の税目で課税されることとなります。

この場合の贈与税の課税価格は、相続税評価額となり、例えば、土地（取得価額1億円、相続税評価額2億円、時価（実勢価格）3億円）を贈与した場合には、相続税評価額の2億円が課税対象額となってきます。

## 2 法人から個人への贈与

まず、贈与する法人の課税はどうなるのでしょうか？

法人については、その取引は、時価により行うこととされています。

従って、贈与した法人では、「時価3億円－取得価額1億円」の2億円が譲渡益、3億円が寄附金ということになります。

時価で評価することは、法人税法上、例えば、この「寄附金」を規定した次の条文の中に読み取れます。

「前各項に規定する寄附金の額は、寄附金、拠出金、見舞金その他いずれの名義をもってするかを問わず、内国法人が金銭その他の資産又は経済的な利益の贈与又は無償の供与（～カッコの文は省略～）をした場合における当該金銭の額若しくは金銭以外の資産のその贈与の時における価額又は当該経済的な利益のその供与の時における価額によるものとする。」（法法37⑦）

一方、贈与を受けた個人については、「法人からの贈与により取得する金品」は、一時所得とされています（所基通34-1）。ただし、「業務に関連して取得するもの及び継続的に取得するもの」は給与所得などに該当し、例えば、「法人が契約者となっている保険契約の無償による個人への名義変更」については、給与所得（賞与）となっています。

贈与であるのに、なぜ所得税が課税されるかといいますと、贈与税は相続税の補完税とされていますが、法人からの相続という概念はありませんので、贈与税を課することはできません。そのため、所得税の課税ということになってくるわけです。

この場合の課税価格は、相続税の課税価格は使えず、法人側で課税対象額とした時価の3億円ということになってきます。

## 3 個人から法人への贈与

これには、注意が必要です。法人に対し、好意のつもりで贈与したと思っていても、個人が税金を納めなければならないことになるからです。

贈与とは所有権を移転する行為をいいますので、所得税法上の「譲渡」に該当してきます。すなわち、「法人に対する贈与（無償譲渡）」及び「法人に対する時価の1/2未満の対価の額による低額譲渡」の場合には、時価により譲渡があったものとみなされます（所法59、いわゆる「みなし譲渡」）ので、法人側での課税（時価相当額による法人税課税）とともに、個人についても、譲渡所得として所得税・住民税の課税が出てくるからです。

ただし、金銭の贈与については、「譲渡所得の基因となる資産」に該当しないため、対象外となります。この場合、譲渡所得の金額は、「時価3億円－取得価額1億円」の2億円となります。

一方、法人については、時価の3億円が受贈益として課税されることとなります。

## 4 法人から法人への贈与

最後に、法人間での贈与や低額譲渡については、法人税の中で課税されることとなります。当然、その課税の前提としては、「時価による」財産の移転ということです。

従って、贈与した法人では、「時価3億円－取得価額1億円」の2億円が譲渡益、3億円が寄附金ということになります。一方、贈与を受けた法人は、無償で3億円の土地の贈与を受けたので、全額が受贈益として課税対象ということになってきます。

# 91 事業承継と生命保険

**Q** 円滑な事業承継が重大な経営課題となっています。事業承継について、概要を教えていただくとともに、あわせて生命保険活用の可能性についてアドバイスください。

少子高齢化が進む中、事業承継はオーナー経営者の最大の関心事です。税制面でのサポートも年々充実しており、平成30年度税制改正においては、より利用しやすい特例制度も創設されました。全体像を解説いたしますとともに、生命保険との関りについて考えてみたいと思います。

## 1 経営承継円滑化法と事業承継税制

事業承継に伴う税負担の軽減や民法上の遺留分への対応をはじめとする事業承継円滑化のための総合的支援策を講ずる「中小企業における経営の承継の円滑化に関する法律」が平成20年5月に成立しました。この法律は円滑な事業承継のため以下の支援を措置しています。

(1) 税制支援（贈与税・相続税の納税猶予及び免除制度）の前提となる認定
(2) 金融支援（中小企業信用保険法の特例、日本政策金融公庫法等の特例）の前提となる認定
(3) 遺留分に関する民法の特例

事業承継税制とは、このうち税制支援に関わる「贈与税・相続税の納税猶予及び免除制度」のことを言います。

## 2 相続税・贈与税納税猶予制度の特例について

①贈与税の納税猶予制度
　後継者が贈与により取得した株式等に係る贈与税が猶予される制度です。
②贈与税の納税猶予期間中に贈与者が死亡した場合の対応
　贈与者が死亡した場合、猶予された贈与税は免除されたうえで、贈与を受けた株式等を贈与者から相続または遺贈により取得したものとみなす。
③相続税の納税猶予制度
　後継者が相続または遺贈により取得した株式等に係る相続税が猶予される制度です。
　平成30年度税制改正において、事業承継税制の抜本拡充の趣旨で、新たに特例制度が創設されました。この新しい事業承継税制の適用は、平成30年1月1日から平成39年12月31日までの間に行われた贈与・相続により取得する株式について適用ができます。
　また、平成30年4月1日から平成35年3月31日までの間に「特例承継計画」を都道府県に対して提出し、確認を受けることで、適用が許されます（従来の事業承継税制は、そのまま存続します。）。

一般措置と特例措置の比較

| 内　容 | 一般措置制度 | 特例措置 |
|---|---|---|
| 対象株式 | 発行済議決権株式総数の2/3 | 取得したすべての株式 |
| 相続時の納税猶予税額 | 納税猶予対象株式に係る相続税の80%（実際の猶予割合は53%（対象株式数上限2/3×猶予割合80%））。残りの47%は納税が必要 | 納税猶予対象株式に係る相続税の全額（対象株式数2/3上限の撤廃、相続時の猶予割合80%→100%引上げにより、自社株承継時の納税負担がゼロに） |
| 雇用確保要件 | 5年平均で80%維持（雇用維持できない場合は、利子税付きで全額納付） | 雇用維持要件は実質撤廃（雇用5年平均80%を下回る場合でも猶予税額は納付不要（都道府県に理由記載の書類提出）） |
| 先代経営者の要件 | 代表権を有するまたは有していた先代経営者1人から、株式を承継する場合のみ適用対象 | 複数人（代表者以外の者を含む。）からの特例後継者への承継も適用対象 |
| 後継者の要件 | 代表権を有しているまたは代表権を有する見込みである、後継者1人への承継のみ適用対象（平成30年改正後は右と同じ） | 代表を有する複数人（最大3人）への承継も適用対象 |
| 相続時精算課税制度の適用対象者 | 推定相続人等後継者のみ | 推定相続人等以外にも適用可 |

## 3　事業承継と生命保険

　事業承継は、自社株式（金庫株）の相続問題です。これは、①自社株対策と②相続税の納税資金対策に分かれます。②については、2で述べた、納税猶予制度は、自社株についての相続税問題を回避する制度ですので、生命保険の納税資金確保のための活用という目的とは背反するのですが、一方では、納税猶予制度は簡素化の方向にあるとはいえ、適用条件は厳しく、同制度が適用しにくくし、企業では、依然として、生命保険を活用した納税対策は有効であると考えます。

### 1）自社株対策における生命保険の活用

　これについては、第一に、生命保険により、自社株評価の際、評価額を下げることが期待できます。

① 　類似業種比準価額方式による株価算定

　類似業種比準価額方式による株価算定においては、1株あたりの利益金額が重要な要素となっています。定期保険、養老の2分の1損金プラン、医療保険等、損金算入可能な保険に加入することにより、1株あたりの利益金額を下げることができ、結果的に株価を引き下げることができます。

② 　純資産価額方式で資産価値を下げる

　一般に生命保険は、終身、年金のような資産性の商品であっても、『解約控除』があるので、特に契約年次の早い時期においては、解約返戻金＜払込保険料となります。

　例えば、終身保険料1,000万円を支払ったとしますと、経理処理は以下のとおりです。

| 保険料積立金　1,000 | 普通預金　1,000 |
|---|---|

　資産取引としては、等価の取引ですが、財産評価基本通達により、相続の場面では、生命保険は時価＝解約返戻金で評価することとされています。従って、帳簿上は、1,000万円の資産であっても、自社株評価の際には、解約返戻金（例えば800万円）で評価することとされています。この結果、純資産価

額方式の場合、純資産がその分低くなることになります。

　第二に、生命保険で自社株式（金庫株）を買い取ることが考えられます。経営者が亡くなれば、後継者が会社の株式を相続することになります。これについては、相続人としては多額の相続税を支払う必要がありますが、相続資金を確保するために、自社株を売却すれば、株式が分散され事業承継が不可能になります。また、そもそも非上場株式の場合、市場がないことから売却自体が困難であり、結局、事業用資産に手を付けざるを得ないことになります。この場合、会社が契約者、経営者が被保険者となり、受取人は会社とし、会社は受取った保険金で、後継者が相続した自社株を買い取ることになります。後継者は、相続した株式の売却代金により、相続税を支払うことになります。

　さらに、自社株を会社が購入するにあたって、生命保険の活用が有効である理由は、自社株取得に当たっての「財源規制」の問題もあるからです。
　会社が自社の株式を買い取るということは、実質的に『資本の払い戻し』と見られます。そこで、会社法では、会社が計上した利益の範囲内でしか自社株の買取を認めていません。要するに、自社株の取得＝配当という取扱いになっており、自社株を売り渡す個人としては、株式売却益ではなく、配当金とみなされることになります。自社株を買い取る会社としても、単に資金があっても買い取ることはできず、裏付けとなる『剰余金分配可能額』が必要です（他に純資産額制限もあり、配当を行う際、純資産額が300万円未満の場合には、剰余金があっても株主に配当をすることはできません。）。
　生命保険による資金準備であれば、保険種類によっては、多額の利益の計上が可能になります（保険種類が資産計上額が多額になる終身保険のような場合よりも、資産計上額がないか、保険金額に比して少ない定期保険の方が、この効果は大きいと言えます。）。
　結局、生命保険を利用することにより、以下の「経理処理」の仕訳でも明らかなように、利益計上による財源規制への対応と、生命保険金受取りによる買取資金の確保の一石二鳥の効果があることになります。

### 2）相続税納税資金準備としての生命保険活用

　自社株取得に限らず、事業承継において最も重要なポイントは相続税対策です。
　上記、『自社株買取』の説明では、相続人が会社に自社株を売り渡した代金で相続税を納税するというものでした。もちろん全ての場合にこのスキームが当てはまるものではなく、株式の分散状況、評価額、後継者への集中度合い、その他会社の資本政策により、自社株買取が有効でない場合も多いと思われます。
　そこで、一般的には、契約者・被保険者を契約者とし、死亡保険金受取人を後継者として、生命保険に加入することになります。後継者は受取った保険金を財源として、相続税を納付することになります。また、契約者を会社とし、死亡保険金受取人も会社とする場合、死亡退職金の支払を通して、相続人に資金を移転することになります。

# 第3 外貨建

## 92 外貨建生命保険の税務について

**Q** グローバル化の進展、金融商品の多様化の中で、外貨建の生命保険が注目されています。個人および法人の税務処理を教えてください。

外貨建生命保険について、総合的に解説したいと思います。大きく分けて、法人と個人、保険料の支払と保険金等の受取りに分けて解説します。また、法人税、所得税、相続・贈与税の取扱いの相違についても考慮が必要です。

なお、外貨建生命保険とは、外貨で、保険料の払込または保険金等の支払が行われるものを言い、円で支払う特約が付されている場合、または円で受取る特約が付されている場合は、含みません。

## 1 保険料の支払い

### 1）個人の場合

個人の場合は、法人と異なり、帳簿に記帳するという経理処理の問題は生じませんが、生命保険料控除の関係で、外貨の換算が問題になります。

生命保険料控除の対象となる、外貨建ての生命保険料については、保険会社として、外貨から円に交換することを予定していませんので、外貨で当該保険に係る金銭の授受が行われた場合の払込保険料については、対顧客直物電信売相場（TTS）と対顧客直物電信買相場（TTB）の仲値（TTM）によることになります（所基通57の3-2）。

### 2）法人の場合

法人が外貨で生命保険料を支払った場合、支払日における対顧客直物電信売相場（TTS）と対顧客直物電信買相場（TTB）の仲値（TTM）によります。ただし、継続適用を条件として、支払日の電信買相場によることができます（法基通13の2-1-2）。

ドル建終身保険　月払保険料1,000ドル、支払日のTTM　110円

| 保険料積立金　110,000 | 外貨預金　110,000※ |
|---|---|

※貸方の勘定科目、金額は、邦貨→外貨への換算手数料等は考慮していません。

3-3 外貨建

## 2 保険金等の受取り

### 1）個人の場合

満期保険金、年金、生存給付金および死亡保険金を、外貨で受け取る場合、一時所得ないし雑所得として所得税の課税対象となる場合と、相続税・贈与税の課税対象となる場合とでは、換算レートが異なります。

　所得税（住民税）の課税対象となる場合………支払事由発生日のTTM
　相続税・贈与税の課税対象となる場合　………支払事由発生日のTTB

ここで言う、「支払事由発生日」は、所得税の場合は、満期日、年金開始日、給付金支払日ないし解約日、相続の場合は被相続人の死亡の日、贈与の場合は贈与により財産を取得した日ということになります（評基通4-3、所基通57の3-2）。

なお、源泉分離課税の対象となる場合、（一時払養老等の一時払性の保険で、解約するまでの期間が5年以内等の要件を満たす場合）この場合は、解約日のTTBで換算することとされています。

### 2）法人の場合

法人が外貨で保険金を受け取った場合、受取日における対顧客直物電信売相場（TTS）と対顧客直物電信買相場（TTB）の仲値（TTM）によります。ただし、継続適用を条件として、受取日の電信買相場（TTB）によることができます（法基通13の2-1-2）。

　　　　　ドル建終身保険　保険金100,000ドル、受取日のTTM　115円

| 外貨預金　11,500,000 | 保険料積立金　9,900,000 |
|---|---|
|  | 雑収入　　　　1,600,000 |

※借方の勘定科目、金額は、邦貨→外貨への換算手数料等は考慮していません。

# 第四部

# 生命保険に必要な規程、議事録の作成

# 第1 退職金・慶弔見舞金支給規程の作成

## 93 役員退職慰労金支給規程（例）

第1条（総則）

　当法人の取締役または監査役（以下、役員という）が退職したとき、または役掌が大きく変更し、日常実務に関与しなくなったときには、株主総会の決議を経て、退職慰労金を支給することができる。

第2条（基準額）

　退職した役員に支給すべき退職慰労金は、次の各号のうちいずれかの額（以下、基準額という）の範囲内とする。

① この規程に基づき取締役会が決定した金額にして、株主総会において承認された確定額
② この規程に基づき計算すべき旨の株主総会の決議に従い、取締役会が決定した額

第3条（基準額の計算）

　退職慰労金の基準額は、第5条乃至第7条により増減する場合を除いて、次の各項目をそれぞれ乗じた額とする。

① 退任時最終報酬月額
② 役員在任年数
③ 退任時役位別倍率

　ただし、算出額に万円未満の端数がある場合は、万円単位に切り上げる。

| 退任時役位 | 倍率 | 退任時役位 | 倍率 |
|---|---|---|---|
| 1. 代表取締役会長 | ○.○ | 6. 取締役 | ○.○ |
| 2. 代表取締役社長 | ○.○ | 7. 使用人兼務の取締役 | ○.○ |
| 3. 代表取締役副社長 | ○.○ | 8. 非常勤取締役 | ○.○ |
| 4. 専務取締役 | ○.○ | 9. 常勤監査役 | ○.○ |
| 5. 常務取締役 | ○.○ | 10. 非常勤監査役 | ○.○ |

第4条（在任年数）

1. 役員在任年数は1ヶ年を単位とし、端数は月額とする。
　　ただし、1ヶ月未満は、1ヶ月に切り上げる。
2. 役員がその任期中に死亡し、またはやむを得ない理由により退職したときは、任期中の残存期間を加算することができる。

第5条（功績加算）

　特に功績が顕著と認められる役員に対しては、第3条により計算したその金額に、その30％を超えない額を限度として加算することができる。

第6条（弔慰金）
　　任期中に死亡したときは、退職慰労金とは別に、次の金額を弔慰金として支給する。
　　　業務上の死亡の場合　死亡時の報酬月額×36ヶ月分
　　　その他の死亡の場合　死亡時の報酬月額× 6ヶ月分
第7条（特別減額）
　　退職役員のうち、在任中、特に重大な損害を会社に与えた者に対しては、第3条により計算した金額を減額、または支給しないことができる。
第8条（支給時期）
　　退職慰労金の支給は、原則として、株主総会の決議または承認後○ヶ月以内とする。
第9条（死亡役員に対する退職慰労金）
　1．在任中死亡した役員または退任後に死亡した役員に対する退職慰労金及び弔慰金は、遺族に支給する。
　2．遺族とは、配偶者を第1順位とし、配偶者のない場合には、子、父母、孫、祖父母、兄弟姉妹の順位とする。なお、該当者が複数いるときには、代表者に対して支給するものとする。
第10条（相談役・顧問）
　　この規程は、退職した役員を相談役または顧問等の名義をもって任用し、相当額の報酬を支給することを妨げるものではない。
第11条（生命保険契約の締結）
　1．会社は、死亡・勇退退職慰労金の支払いに際し、一時的な資金負担を軽減するため、○○生命保険○○会社と、役員を被保険者とする生命保険契約を締結する。
　2．役員が勇退退職したときは、退職慰労金の全部または一部として、この保険契約上の名義を退職役員に変更の上、保険証券を交付することがある。この場合、保険契約の評価額は、退職時解約返戻金相当額とする。
　3．新任の役員については、就任後、速やかに加入手続きをとるものとする。
第12条（使用人兼務役員の取扱い）
　　この規程により支給する退職慰労金のなかには、使用人兼務役員に対し、使用人として支給すべき退職給与金を含まない。
第13条（規程の改正）
　1．この規程は、取締役会の決議をもって随時改正することができる。
　2．前項にかかわらず、すでに株主総会において決議を得た特定の役員に対して支給する退職慰労金は、決議の時に効力を有する規程による。
第14条（施行日）
　　この規程は、○○○○年○○月○○日から施行し、施行後に退職する役員に対して適用する。

## 94 退職金支給規程（例）

第1条（適用範囲）
　1．この規程は、就業規則第○条に基づき、従業員の退職金について定めたものである。
　2．この規程による退職金制度は、会社に雇用され勤務するすべての従業員に適用する。
　　　ただし、勤続年数3年未満の者またはパートタイム労働者その他の臨時職員については、本規程を適用しない。

第2条（支給額　その1）
　　　従業員が次の事由により退職する場合は、退職時における基本給の月額に、勤続年数に応じて別表の会社都合退職欄に定める支給基準率を乗じて算出した退職金を支給する。
　①　死亡
　②　業務上の事由による傷病
　③　やむを得ない業務上の都合による解雇
　④　定年

第3条（支給額　その2）
　　　従業員が次の事由により退職する場合は、退職時における基本給の月額に、勤続年数に応じて別表の自己都合退職欄に定める支給基準率を乗じて算出した退職金を支給する。
　①　自己都合
　②　業務外の事由による傷病
　③　就業規則第○条第○～○号までの事由による解雇

第4条（退職金の不支給・減額）
　　　次の各号に該当する者については、退職金を支給しない。
　①　就業規則第○条に定める懲戒規程に基づき懲戒解雇された者
　②　退職日から支給日までの間において、在職中の行為につき懲戒解雇に相当する事由が発見された者

第5条（勤続年数の算出）
　1．勤続年数は、入社日から起算し、退職の日までとする。
　2．勤続年数の1年未満の端数は月単位とし、1カ月未満の端数は1カ月に切り上げて計算する。
　　＊月単位の端数に応じた支給基準率は、次の算式により計算する。
　　　｛（勤続年数＋1年）の支給基準率－勤続年数の支給基準率｝×月数／12
　3．就業規則第○条第○号の出向による休職期間は勤続年数に算入し、その他の休職期間は勤続年数に算入しない。

第6条（金額の端数計算）
　　　退職金の最終計算において、円未満の端数があるときにはこれを切り上げる。

第7条（支給の時期および方法）
　　　退職金の支給は、退職の日または解雇の日から○日以内に、その金額を通貨で支払う。
　　　ただし、従業員の同意があるときは、口座振込みまたは金融機関振出しの小切手などにより支払うことがある。

第8条（功労加算金）
　　在職中に勤務成績が優秀であった者および特に功労があった者に対しては、退職金に上乗せして功労加算金を支給することがある。なおその金額については、その都度決定する。
第9条（死亡退職金等）
　１．従業員が死亡した場合の死亡退職金及び功労加算金は、遺族に支給する。
　２．遺族とは、配偶者を第一順位とし、配偶者がいない場合には子、父母、孫、祖父母、兄弟姉妹の順位とする。なお、該当者が複数いるときは、その代表者に対して支給するものとする。
第10条（生命保険契約の締結）
　　退職金の支払原資を確保するために、○○生命保険○○会社との間で契約を締結する。
　　なお、その際支払われる保険金は、第2条または第3条に定める退職金の額の一部もしくは全部とする。
第11条（退職金共済契約の適用）
　　「賃金の支払いの確保等に関する法律」により退職手当の保全措置を要しない者とされる中小企業退職金共済契約に基づいて退職金の支払いを受ける場合には、この金額を第2条または第3条に定める退職金の額より控除するものとする。
第12条（規程の改正）
　　この規程を改廃する場合には、従業員代表者の意見を聞いて行う。
第13条（施行日）
　　この規程は、○○○○年○○月○○日より施行する。

（別表）　退職金支給基準率表

| 勤続年数 | 支給基準率 | | 勤続年数 | 支給基準率 | |
|---|---|---|---|---|---|
| | 会社都合退職 | 自己都合退職 | | 会社都合退職 | 自己都合退職 |
| 1 | － | － | 21 | 13.8 | 11.6 |
| 2 | － | － | 22 | 14.6 | 12.4 |
| 3 | 1.8 | 1.3 | 23 | 15.4 | 13.1 |
| 4 | 2.4 | 1.7 | 24 | 16.2 | 13.9 |
| 5 | 3.0 | 2.1 | 25 | 17.0 | 14.6 |
| 6 | 3.6 | 2.5 | 26 | 17.8 | 15.5 |
| 7 | 4.2 | 2.9 | 27 | 18.6 | 16.2 |
| 8 | 4.8 | 3.4 | 28 | 19.4 | 17.1 |
| 9 | 5.4 | 3.8 | 29 | 20.2 | 17.8 |
| 10 | 6.0 | 4.5 | 30 | 21.0 | 18.9 |
| 11 | 6.7 | 5.1 | 31 | 21.8 | 19.6 |
| 12 | 7.4 | 5.7 | 32 | 22.6 | 20.3 |
| 13 | 8.1 | 6.3 | 33 | 23.4 | 21.1 |
| 14 | 8.8 | 6.9 | 34 | 24.2 | 21.8 |
| 15 | 9.5 | 7.6 | 35 | 25.0 | 22.6 |
| 16 | 10.2 | 8.2 | 36 | 25.8 | 23.4 |
| 17 | 10.9 | 8.8 | 37 | 26.6 | 24.2 |
| 18 | 11.6 | 9.5 | 38 | 27.4 | 25.0 |
| 19 | 12.3 | 10.1 | 39 | 28.2 | 25.8 |
| 20 | 13.0 | 10.8 | 40 | 29.0 | 26.6 |

## 95 慶弔見舞金支給規程（例）

第1条（目的）
　　この規程は、従業員及びその家族の慶弔、災害・傷病時の見舞金に関して定めたものである。

第2条（手続）
　　従業員が、本規程の定めるところにより、慶弔金・見舞金を受けようとするときは、書面にて届け出なければならない。

第3条（結婚祝金）
　　従業員が結婚した場合、勤続年数に応じて、次の祝金を支給する。
　①　勤続3年未満　2万円
　②　勤続3年以上　3万円
　③　勤続5年以上　5万円
　　但し、上記の祝金を支給されたもので、再び支給該当者となるものは、上記祝金の半額とする。

第4条（出産祝金）
　　従業員またはその配偶者が出産した場合は、次の通り、出産祝金を支給する。
　　　1産児につき　1万円

第5条（死亡弔慰金）
　　従業員またはその家族が死亡した場合は、次の通り、弔慰金・花輪を支給する。
　①　本人の死亡
　　《業務上の災害・傷病によるとき》　20万円　花輪1対
　　《業務外の災害・傷病によるとき》　10万円　花輪1対
　②　本人の父・母・配偶者・子の死亡　3万円　花輪1基
　③　本人の兄弟姉妹、配偶者の父母の死亡　2万円

第6条（傷病見舞金）
　　従業員が、傷病により入院または手術を行った場合には、入院見舞金または手術見舞金として、加入している保険により支払われた給付金の1/2に相当する金額を、業務上、業務外にかかわらず、支給する。ただし、医師の診断書を提出のこと。

第7条（生命保険契約の締結）
　　第5条及び第6条の死亡弔慰金及び傷病見舞金の一部にあてるため、会社は従業員を被保険者として、会社を受取人とする生命保険契約を〇〇生命保険〇〇会社と締結する。

第8条（見舞金の不支給）
　　本人の責に帰すべき事由等により、第7条の生命保険契約にもとづく給付金が給付されなかった場合には、第6条の見舞金は支給しない。

第9条（災害見舞金）
　　従業員が、災害により本人の居住している住居に損害を受けた場合は、その程度に応じ、次の通り、見舞金を支給する。
　①　全壊・全焼　　　10万円
　②　半壊・半焼　　　 5万円

③ 一部損壊・一部焼失　　　　3万円

附則
1．この規程は、○○○○年○○月○○日より施行する。

> （注）本規程は、生命保険契約に基づき支払われる給付金を財源として見舞金を支給するケースをとり入れたものです。具体的には、第6～8条。
> 　しかし、「見舞金」は、通常「15日以内の入院　2万円」「15日を超える入院　3万円」というように、定額かつ少額で定められているケースが多い状況にあります。従って、本規程に基づく給付が「福利厚生費」ではなく、「給与」とみなされることがあり得ますので、実際の運用にあたっては、所轄税務署に確認されるよう、お願いします。

# 第2 議事録の作成（株式会社の場合）

##  株主総会議事録（例）（勇退退職慰労金支給の件）

第○回定時株主総会議事録

1. 日　　時：○○○○年○月○日　午前10時00分から午前11時00分
2. 場　　所：当社本社会議室
3. 出 席 者：発行済株式総数　　　　　　　　　　　150株
　　　　　　　この議決権を有する総株主数　　　　　3名
　　　　　　　　この議決権の個数　　　　　　　　　150個
　　　　　　　本日出席株主数（委任状による者を含む）　3名
　　　　　　　　この議決権の個数　　　　　　　　　150個
4. 議　　長：代表取締役　　ＡＡＡ
5. 出席役員：取　締　役　　ＡＡＡ
　　　　　　　取　締　役　　ＢＢＢ
　　　　　　　取　締　役　　ＣＣＣ
　　　　　　　監　査　役　　ＥＥＥ
6. 会議の目的事項並びに議事の経過の要領及び結果

　　議長は開会を宣し、上記のとおり定足数に足る株主の出席があったので、本総会は適法に成立した旨を述べ、議案の審議に入った。

第1号議案　計算書類承認及び事業報告の件

　　議長は、当期（○○○年○月○日から○○○年○月○日まで）における事業の状況を事業報告書により詳細に説明し、次の書類及びこれらの附属明細書を提出してその承認を求めた。
　　(1)　貸借対照表
　　(2)　損益計算書
　　(3)　株主資本等変動計算書
　　(4)　個別注記表

　　ついで、監査役ＥＥＥは、上記書類を綿密に調査したところ、いずれも正確かつ適正であることを認めた旨を報告した。総会は別段の異議なく、これを承認した。

第2号議案　取締役3名選任の件

　　議長は、本株主総会終結の時をもって取締役全員任期満了により退任となるので、新たに3名の選

任を願いたく、その候補者はＡＡＡ、ＢＢＢ、ＣＣＣである旨を説明、本議案の賛否を議場に諮ったところ、過半数の賛成（委任状による原案賛成も含む）で、原案どおり承認可決された。なお、被選任者はいずれも就任を承諾した。

第3号議案　退任取締役に対する退職慰労金贈呈の件
　　議長は、本議案を上程し、本総会終結の時をもって任期満了により取締役を退任するＤＤＤ氏に対し、その在任中の労に報いるため、当社の定める一定の基準に従い、相当の範囲内で退職慰労金を贈呈することとし、その具体的金額、贈呈の時期、方法等は、取締役会に一任願いたい旨の説明があった。
　　ついで、議長は本議案の賛否を議場に諮ったところ、出席株主の議決権の過半数の賛成を得たので、原案どおり承認可決された。

第4号議案　取締役報酬の決定の件
　　議長は、総取締役の報酬総額を金3,000万円とし、その個別の分配方法を取締役会に一任したい旨を述べ、その理由を説明した。
　　議長がその賛否を諮ったところ、満場一致をもってこれに賛成した。
　　よって、議長は、原案のとおり承認可決された旨を宣した。

第5号議案　監査役報酬の決定の件
　　議長は、監査役の報酬額を金600万円としたい旨を述べ、その理由を説明した。
　　議長がその賛否を諮ったところ、満場一致をもってこれに賛成した。
　　よって、議長は、原案のとおり承認可決された旨を宣した。

第6号議案　取締役賞与の決定の件
　　議長は、取締役の賞与総額を金600万円とし、その個別の分配方法を取締役会に一任したい旨を述べ、その理由を説明した。
　　議長がその賛否を諮ったところ、満場一致をもってこれに賛成した。
　　よって、議長は、原案のとおり承認可決された旨を宣した。

第7号議案　監査役賞与の決定の件
　　議長は、監査役の賞与額を金100万円としたい旨を述べ、その理由を説明した。
　　議長がその賛否を諮ったところ、満場一致をもってこれに賛成した。
　　よって、議長は、原案のとおり承認可決された旨を宣した。

　　以上をもって本日の議事が終了したので、議長は閉会を宣した。
　　上記決議を明確にするため、本議事録を作成し、議事録作成者及び出席取締役が、次に記名押印する。

○○○年○月○日

株式会社ＸＹＺ　定時株主総会

議長・議事録作成者　代表取締役　ＡＡＡ　㊞

出席取締役　ＢＢＢ　㊞

出席取締役　ＣＣＣ　㊞

出席監査役　ＥＥＥ　㊞

---

【参考】

会社法318①

　株主総会の議事については、法務省令で定めるところにより、議事録を作成しなければならない。

会社法施行規則72③（法定記載事項）

1. 株主総会が開催された日時及び場所
2. 株主総会の議事の経過の要領及びその結果
3. 次に掲げる規定により株主総会において述べられた意見又は発言があるときは、その意見又は発言の内容の概要

（省略）

4. 株主総会に出席した取締役、執行役、会計参与、監査役又は会計監査人の氏名又は名称
5. 株主総会の議長が存するときは、議長の氏名
6. 議事録の作成に係る職務を行った取締役の氏名

（注）株主総会議事録について、法令では、出席取締役・監査役の署名、又は記名押印を求めていませんが、この例では、従来通りとしています。

4-2 議事録の作成（株式会社の場合）

 **株主総会議事録**（例）（死亡退職金支給の件）

臨時株主総会議事録

1. 日　　時：○○○年○月○日
　　　　　　午前10時00分から午前11時00分
2. 場　　所：当社本社会議室
3. 出 席 者：発行済株式総数　　　　　　　　　150株
　　　　　　この議決権を有する総株主数　　　　3名
　　　　　　この議決権の個数　　　　　　　　150個
　　　　　　本日出席株主数（委任状出席を含む）　3名
　　　　　　この議決権の個数　　　　　　　　150個
4. 議　　長：代表取締役　　ＡＡＡ
5. 出席役員：取　締　役　　ＡＡＡ
　　　　　　取　締　役　　ＢＢＢ
　　　　　　取　締　役　　ＣＣＣ
　　　　　　監　査　役　　ＥＥＥ
6. 会議の目的事項並びに議事の経過の要領及び結果：
　　議長は開会を宣し、上記のとおり定足数に足る株主の出席があったので、本総会は適法に成立した旨を述べ、議案の審議に入った。

第1号議案　取締役 ＤＤＤ氏死亡に伴う、死亡退職金支給の件

　　議長は、○○○年4月1日に代表取締役 ＤＤＤ氏が死亡したことにつき、創業者としての長年の功労を報いるためにも、同氏に対して死亡退職金を支給したい旨を説明し、また、その支給金額等についてはこれを取締役会に一任することにつき、議場に諮ったところ、満場一致をもってこれを承認可決した。

　　以上をもって本日の議事が終了したので、議長は閉会を宣した。
　　上記決議を明確にするため、本議事録を作成し、議事録作成者及び出席取締役が次に記名押印する。

　　　　　　　　　　　　　○○○年○月○日
　　　　　　　　　　　　　株式会社ＸＹＺ　臨時株主総会
　　　　　　　　　　　　　　議長・議事録作成者　代表取締役　ＡＡＡ　㊞
　　　　　　　　　　　　　　　　　　　　　　　　出席取締役　ＢＢＢ　㊞
　　　　　　　　　　　　　　　　　　　　　　　　出席取締役　ＣＣＣ　㊞
　　　　　　　　　　　　　　　　　　　　　　　　出席監査役　ＥＥＥ　㊞

## 98 取締役会議事録（例）（株主総会招集の件）

（○年○月度）取締役会議事録（例）

　○○○○年○月○日午前10時00分、当社本社会議室において、取締役会を開催した。

　定刻に、取締役ＡＡＡは選ばれて議長席につき、開会を宣し、次のとおり定定数に足る取締役の出席があったので、本取締役会は適法に成立した旨を告げた。

　　　取　締　役　総　数　　　　3名
　　　出　席　取　締　役　数　　3名
　　　監　査　役　総　数　　　　1名
　　　出　席　監　査　役　数　　1名

【議題】
1．決議事項
　第1号議案　第○回定時株主総会開催日時、会場及び会議の目的事項の件
　　議長は本議案を付議し、ついで、取締役ＡＡＡ氏から、第○回定時株主総会を下記のとおり開催したいので、承認願いたい旨説明があった。
　　議長が議場に諮ったところ、全員異議なく、これを承認可決した。

記

1）開催日時　　　　○○○○年○○月○○日　午前11時
2）開催場所　　　　当社本社会議室
3）会議の目的事項
　【報告事項】第○期（○○○○年4月1日から○○○○年3月31日まで）事業報告書及び附属明
　　　　　　　細書報告の件
　【決議事項】
　　　第1号議案　○○○○年○○月○○日現在貸借対照表、第○期損益計算書、株主資本等変動
　　　　　　　　計算書及び個別注記表承認の件
　　　第2号議案　取締役報酬決定の件
　　　第3号議案　監査役報酬決定の件
　　　第4号議案　取締役○名選任の件
　　　第5号議案　退任取締役に対する退職慰労金贈呈の件

　第2号議案　第○回定時株主総会決議事項の各議案の件
　　議長は本議案を付議し、ついで、取締役ＡＡＡ氏から、第○回定時株主総会決議事項の各議案について、別紙のとおりとしたいので、承認願いたい旨説明があった。
　　議長が議場に諮ったところ、全員異議なく、これを承認可決した。

議長は、以上をもって全議案の審議並びに報告を終了した旨を述べ、午前11時30分閉会を宣した。
上記議事の経過及び結果を明確にするため、この議事録を作成し、出席取締役は、次に記名押印する。

〇〇〇〇年〇月〇日<br>
株式会社ＸＹＺ取締役会<br>
議長　代表取締役　ＡＡＡ　会社代表印<br>
出席取締役　ＢＢＢ　㊞<br>
出席取締役　ＣＣＣ　㊞<br>
出席監査役　ＥＥＥ　㊞

添付資料：　招集通知（事業報告書、計算書類及び附属明細書添付）　　　省略

---

【参考】

会社法369③

　取締役会の議事については、法務省令で定めるところにより、議事録を作成し、議事録が書面をもって作成されているときは、出席した取締役及び監査役は、これに署名し、又は記名押印しなければならない。

会社法施行規則101③（法定記載事項）

1. 取締役会が開催された日時及び場所
2. 取締役会が法373②（特別取締役による取締役会の決議）の取締役会である場合には、その旨
3. 取締役会が次に掲げるいずれかのものに該当するときは、その旨
　　法第366②（招集権者）の規定による取締役の請求を受けて招集されたものなど
4. 取締役会の議事の経過の要領及びその結果
5. 決議を要する事項について特別の利害関係を有する取締役があるときは、当該取締役の氏名
6. 次に掲げる規定により取締役会において述べられた意見又は発言があるときは、その意見又は発言の内容の概要
　　法第365②（競業及び取締役会設置会社との取引等の制限）など
7. 取締役会に出席した執行役、会計参与、会計監査人又は株主の氏名又は名称
8. 取締役会の議長が存するときは、議長の氏名

**取締役会議事録**（例）（勇退退職慰労金支給の件）

（○年○月度）取締役会議事録

　○○○○年○月○日午前10時00分、当社本社会議室において、取締役会を開催した。
　定刻に、取締役ＡＡＡは選ばれて議長席につき、開会を宣し、次のとおり定定数に足る取締役の出席があったので、本取締役会は適法に成立した旨を告げた。

　　　取　締　役　総　数　　　　3名
　　　出　席　取　締　役　数　　　3名
　　　監　査　役　総　数　　　　1名
　　　出　席　監　査　役　数　　　1名

【議題】
1．報告事項
　　○月度月次決算報告の件
　　専務取締役ＢＢＢから、別添資料に基づき、○月度の月次決算に関する報告があった。

2．決議事項
　第1号議案　退任取締役に対する退職慰労金贈呈の件
　　議長より、本日開催の第○回定時株主総会において取締役会に一任された退任取締役ＤＤＤ氏に贈呈する退職慰労金について、当社の定める役員退職慰労金支給規程により、金額、時期、方法について説明があり、次の通り贈呈することで出席取締役全員異議なく、これを承認可決した。

　　　支払金額　　　　　　　　　　　　　　円
　　　支払時期　　　○○○○年○○月○○日
　　　支払方法　　ＤＤＤ氏の指定する預金口座に振込み

　議長は、以上をもって全議案の審議並びに報告を終了した旨を述べ、午前11時30分閉会を宣した。
　上記議事の経過及び結果を明確にするため、この議事録を作成し、出席取締役は、次に記名押印する。

○○○○年○月○日
株式会社ＸＹＺ取締役会
議長　代表取締役　ＡＡＡ　会社代表印
出席取締役　ＢＢＢ　㊞
出席取締役　ＣＣＣ　㊞
出席監査役　ＥＥＥ　㊞

添付資料：　○月度月次決算報告（省略）

## 取締役会議事録(例)(死亡退職金支給の件)

(○年○月度)取締役会議事録

○○○年○月○日午前10時00分、当社本社会議室において、取締役会を開催した。
定刻に、取締役ＡＡＡは選ばれて議長席につき、開会を宣し、次のとおり定足数に足る取締役の出席があったので、本取締役会は適法に成立した旨を告げた。

| 取締役総数 | 3名 |
| 出席取締役数 | 3名 |
| 監査役総数 | 1名 |
| 出席監査役数 | 1名 |

[議案]
死亡退任したDDD殿死亡に伴う死亡退職慰労金及び弔慰金の支給に関する件

○○○○年○○月○○日死亡により退任したDDD殿の遺族に対して支給する死亡退職慰労金及び弔慰金の決定については、○○○○年○○月○○日株主総会決議でもって「金額の決定およびその支給手続きについては、取締役会決議に一任」されたので、当社内規にもとづき、下記の通り原案を提示して議場に賛否を問うたところ、全員異議なく原案通り決定した。

記

1. 金額の確定
   死亡退職慰労金　○○○○万円　　　　功労加算金　○○○○万円
   弔慰金　　　　　○○○○万円
   社内留保金　　　○○○○万円(受取生命保険金より上記支出の残余の金額)
2. 支払期日　　　○○○○年○○月○○日
3. 支払方法　　　遺族代表者へ、現金または小切手にて支払う。

以上の決議を明確にするため、この議事録を作り、出席取締役全員がこれに記名押印する。

○○○○年○月○日
株式会社ＸＹＺ取締役会
議長　代表取締役　ＡＡＡ　会社代表印
　　　出席取締役　ＢＢＢ　㊞
　　　出席取締役　ＣＣＣ　㊞
　　　出席監査役　ＥＥＥ　㊞

## 取締役会議事録（例）（役員退職慰労金支給規程制定の件）

(○年○月度) 取締役会議事録

○○○○年○月○日午前10時00分、当社本社会議室において、取締役会を開催した。
　定刻に、取締役ＡＡＡは選ばれて議長席につき、開会を宣し、次のとおり定足数に足る取締役の出席があったので、本取締役会は適法に成立した旨を告げた。

　　取 締 役 総 数　　　3名
　　出 席 取 締 役 数　　3名
　　監 査 役 総 数　　　1名
　　出 席 監 査 役 数　　1名

第1号議案　○月度月次決算報告の件
　専務取締役 ＢＢＢから、別添資料に基づき、○月度の月次決算に関する報告があった。

第2号議案　役員退職慰労金支給規程制定の件
　議長より、別添資料の通り、役員退職慰労金支給規程を制定したい旨の提案があり、議場に諮ったところ、出席取締役全員一致をもって、これを承認可決した。

　以上をもって本日の議事が終了したので、議長は午前10時10分閉会を宣した。
　上記決議を明確にするため、本議事録を作成し、出席取締役及び出席監査役全員が、次に記名押印する。

　　　　　　　　　　　　　　　　　　○○○○年○月○日
　　　　　　　　　　　　　　　　　　株式会社ＸＹＺ取締役会
　　　　　　　　　　　　　　　　　　　議長　代表取締役　ＡＡＡ　会社代表印
　　　　　　　　　　　　　　　　　　　　　　出席取締役　ＢＢＢ　㊞
　　　　　　　　　　　　　　　　　　　　　　出席取締役　ＣＣＣ　㊞
　　　　　　　　　　　　　　　　　　　　　　出席監査役　ＥＥＥ　㊞

添付資料：○月度月次決算報告、役員退職慰労金支給規程（省略）

## 102 取締役会議事録（例）（生命保険契約締結の件）

（○年○月度）取締役会議事録（例）

○○○○年○月○日午前10時00分、当社本社会議室において、取締役会を開催した。
　定刻に、取締役ＡＡＡは選ばれて議長席につき、開会を宣し、次のとおり定足数に足る取締役の出席があったので、本取締役会は適法に成立した旨を告げた。

| 取 締 役 総 数 | 3名 |
| 出 席 取 締 役 数 | 3名 |
| 監 査 役 総 数 | 1名 |
| 出 席 監 査 役 数 | 1名 |

第1号議案　○月度月次決算報告の件
　専務取締役 ＢＢＢから、別添資料に基づき、○月度の月次決算に関する報告があった。

第2号議案　○○生命保険○○会社との生命保険契約締結の件
　議長より、慶弔見舞金支給規程に定める弔慰金の支払財源を確保するために、○○生命保険○○会社との間で、別添申込書の通り、生命保険契約を締結したい旨の提案があり、議場に諮ったところ、全員一致をもって、これを承認可決した。

　以上をもって本日の議事が終了したので、議長は午前10時10分閉会を宣した。
　上記決議を明確にするため、本議事録を作成し、出席取締役及び出席監査役全員が、次に記名押印する。

　　　　　　　　　　　　　　　　　　　○○○○年○月○日
　　　　　　　　　　　　　　　　　　　　株式会社ＸＹＺ取締役会
　　　　　　　　　　　　　　　　　　　　　議長　代表取締役　ＡＡＡ　会社代表印
　　　　　　　　　　　　　　　　　　　　　　　　出席取締役　ＢＢＢ　㊞
　　　　　　　　　　　　　　　　　　　　　　　　出席取締役　ＣＣＣ　㊞
　　　　　　　　　　　　　　　　　　　　　　　　出席監査役　ＥＥＥ　㊞

添付資料：　○月度月次決算報告、生命保険契約申込書（省略）

# （付）生命保険関係の税務否認事例 裁判例・国税不服審判所裁決事例

# （付）生命保険関係の税務否認事例

　裁判や国税不服審判所での判決・審査事例以外に、税務調査で指導を受けた、あるいは損金否認された事例は、残念ながら、文書化されたものがありません。
　ここでは、実際に指導・損金否認された事例をまとめてみました。
　なお、これらは、それぞれ個別のケースにおいて指導・否認されたものであり、一般的な取扱いになっているとは限りませんので、その点、ご留意ください。

## 1 個人契約転換時の課税
**【「契約転換時に精算された契約者貸付金等相当額は、一時所得」とされた事例】**

① 個人契約で、契約転換時に精算された契約者貸付金とその利息に対し、「所得があったものとみなし、税金がかかります」と、税務署から契約者に連絡があり、それを受けた税理士から相談がありました。

② 先日税務署より「契約転換時の精算金は一時所得にあたるので、修正申告をしてほしい」と契約者に連絡があり、困って私に電話があり、税務署に行くこととなりましたが、修正申告の必要があるのでしょうか。税務署に、どのように説明すればよいのでしょうか。

《コメント》

　個人契約における契約転換については、「契約内容の変更」ということで、原則として、所得税及び贈与税の課税問題は生じません。
　しかし、被転換契約に契約者貸付・自動振替貸付の元利金があれば、契約転換時に、これをその契約の責任準備金から控除して精算することとしています。
　税務上は、この精算した金額は、転換前契約の一部解約があったものと考え、保険料負担者が契約者である場合には、「一時所得」として取り扱っています。そして、そのときまでに支払われた保険料の合計額から配当金を控除した残額（上記精算額の方が少ない場合には、精算額相当額）を「支出金額」として総収入金額から控除することとしています。その結果は、通常ゼロとなることが多く、この場合、課税所得が発生しないため、課税されることはありません。
　税務署宛の支払調書の発行は、保険金などと同様、100万円を超えるものについて行われます。

## 2 保険金の収入計上時期
**【一時所得タイプの『死亡保険金の『収入すべき時期』については、受取日ではなく、死亡日」とされた事例】**

　「契約者：A、被保険者：B、死亡保険金受取人：A」の契約において、被保険者が亡くなった。死亡日：○○○○年12月△△日、保険金受取日：翌年1月××日であった。受取日の属する年の所得として申告を行ったが、所轄税務署より、「死亡日の属する年の所得として申告すべきである。」と通知があった。どうなのか。

《コメント》

　満期保険金と異なり、死亡保険金については、死亡事故が発生しても、支払われるかどうか、受け

取れるとしても、全額受け取れるかが、必ずしも、確定しているわけではありません。従って、いつ所得が発生したと認識すべきかという問題があります。

これには、次の4つの考え方があります。
① 被保険者の死亡日（または、その事実を知った日）、②保険会社に請求した日、
③ 保険会社から支払通知を受けた日、④保険金受取日

このうち、保険事故の発生した日①が原則とは思われますが、受取金額が確定していないケースがあります。そのため、保険金を受け取ることが明らかとなる③の支払通知受取日（保険金受取日の方が早い場合には、保険金受取日）において収入計上することも考えられます。（「法人税質疑応答集」（大蔵財務協会発行）、「保険・年金の税務Q＆A」（ぎょうせい発行）の中の法人契約について記載された部分による類推解釈として）

しかし、「契約者がA、被保険者B、死亡保険金受取人A」のケースでは、死亡保険金は一時所得となります。その場合には、死亡保険金は、満期保険金などと同様、その支払を受ける事実が生じた日、すなわち死亡日の属する年の所得となりますので、ご留意ください。

その根拠としては、「一時所得の総収入金額の収入時期」を規定した所基通36－13であって、そこでは、原則として「収入すべき時期は、その支払を受けた日によるものとする。」が、生命契約等に基づく一時金のようなものについては、「その支払を受ける事実が生じた日による。」とされています。

## 3 高度障がい保険金関係

【「高度障がい保険金を、受け取った被保険者（受取人）の妻を契約者・被保険者とする契約の保険料に充当したのは、贈与にあたる」とされた事例】

被保険者が高度障がい状態に該当したため、被保険者の妻が保険金を受け取った。同月に妻を契約者・被保険者とする保険契約に加入し、この保険金のほとんどを、その保険料に充当した。

このたび、税務署より「高度障がい保険金は被保険者である夫が受取人で、その後の新契約の契約者・被保険者が妻であるため、新契約時点で贈与税がかかる」との指摘を受けている。そうなるのでしょうか。

《コメント》

　これは、やはり贈与ということになってくるでしょう。その根拠は、次の通りです。
① 高度障がい保険金の受取人は、通常、被保険者です。ただし、多くの会社の約款では、被保険者が「請求できない特別の事情があるときは」、指定代理請求人または生計を一にしている配偶者などが、「代理人として」請求することができるようになっています。

　　この場合には、被保険者の妻が受取った保険金は、あくまでも、「代理人として」受け取ったことになります。
② もし、被保険者がその後亡くなられた場合には、その保険金額のうち、亡くなられた時点で残っていた金額は相続財産となり、相続税の課税対象となってきます。

　　従って、被保険者の財産となっている保険金を妻の加入する契約の保険料に充当した場合には、「贈与」という考え方が出てくると思います。

なお、贈与税のかかる時点は、夫が妻に贈与した金銭を、妻が保険料として保険会社に支払ったのであれば、その贈与したときであり、夫が直接保険料を支払ったのであれば、保険事故などの発生したときとなってきますが、この判断は税務上の事実認定になろうかと思います。

## 4 初回保険料の損金算入時期

**【「保険料の損金算入時期は、翌事業年度」とされた事例】**

① 法人契約に加入。4月27日に保険料を支払い、5月17日に診査ということで、契約日が5月17日になっている。会社の決算日は、4月30日。

4月27日に保険料(年払)を払い込んだときに、その1/2相当額を損金に算入している。

税務調査があったときに、「4月27日に払い込んだ保険料は、契約が成立していないため、前払金に過ぎない。よって、その事業年度決算での損金算入は、不可である。」と指摘を受けた。税務署への有効な対応策を教えてほしい。

② ある税務相談室で、「責任開始日が支払月の翌月であれば、支払日の属する年度の決算では処理できない。」と言われました。明確な通達などあれば、教えてください。

③ 保険料を決算日の3月31日に支払ったが、診査日が4月にずれ込んだ。「旧年度の損金としては認められない」と税務調査で指摘されたが、仕方ないのか。

《コメント》

これらのケースについては、「保険料を払い込んだ日には、契約は成立していない。」という税務当局の考え方に合理性があるため、やむをえないものと判断します。

初回保険料の振替日については、上記考え方が税務の執行の場面では一般的ですが、法令や通達などに明確な定めがなく、かつ参考書などにも解説しているものがありません。諸方面で取り上げていただく必要があります。

## 5 福利厚生プラン養老保険

**【医療法人で、理事長・常務理事5,000万円、従業員500万円の全員加入の福利厚生プランを損金否認された事例(平成27年6月19日国税不服審判所裁決(名古屋))】**

(平成27年6月19日国税不服審判所裁決(名裁(諸)平26第44号)

| | |
|---|---|
| 平成15年 | 勤続1年以上の従業員を被保険者とする一律500万円の養老保険に加入 |
| 平成16年4月 | 理事長、常務理事(理事長の妻)を被保険者とする各5,000万円の養老保険に加入 |
| 平成22年4月 | 従業員の養老保険を解約 勤続3年以上の従業員を被保険者とする死亡保険金600万円、入院日額6,000円のがん保険に加入 |
| 平成26年3月 | 平成21年4月、平成22年4月、平成23年4月分の源泉所得税の納税告知処分及び不納付加算税の賦課決定処分 |
| 平成26年8月 | 審査請求 |
| 平成27年6月 | 請求人が主張する諸事情(病院経営に生涯責任を持ち、借入金の保証人になっており、他の職員と質的に異なる重い責任を負っている。)は、「給与等に大きな格差を設けることの根拠にはなり得るとしても」「他に特別の事情のない限り、福利厚生を目的として、死亡保険金に大きな格差を設けることの合理的な根拠にはならない」(中略)「理事会で審議したり福利厚生規定に定めたりすることなく、2人だけの判断で本件各保険契約を締結していることは、自らが各保険契約による経済的利益を受ける目的で、本保険契約を締結したものと評価せざるを得ない。」として福利厚生目的を否定。審査請求を棄却。 |

《コメント》
　福利厚生プランについては、すべての従業員が平等に福利厚生のメリットを享受できるよう、通常保険金額も同額とされています。しかし、合理的な基準により保険金や保険料に格差が設けられている場合には、それは認めるという考え方を税務サイドはとっています。
　しかし、今回の場合のように、手続きが不十分で規程もなく加入したケースについては、福祉厚生目的を否認される危険性が高いといえます。

【「加入者のメンテナンスをしていなかったため、損金否認」と指摘された事例】
　養老保険に長年加入していたが、メンテナンスが十分にされておらず、税務調査時には、従業員100名の会社で、たった30名の加入になっていた。これまでの損金分を否認され、逆に資産計上することになった。その結果、「急に帳簿上利益が出るようになったが、損金で落とすものはないか」との相談があった。

《コメント》
　福利厚生プラン養老保険は、従業員の福利厚生のための保険であるため、全員加入が必要であり、しかも、加入・脱退のメンテナンスをきっちりしておく必要があります。
　従って、上記指摘は、やむをえないものでしょう。

【参考】福利厚生プラン養老保険
　～個人事業主契約の保険料について、経費算入を否認された事例
　国税不服審判所の裁決において、眼科・矯正歯科の診療所の従業員等を被保険者とする養老保険の保険料は、「所得計算上、必要経費に算入されない。」とされました。
　これは保険金を実際の退職金に充当することもなく、かつ、満期保険金額を各従業員の基本給及び勤続年数から予想される退職金の額を超える保険金額（1.9倍）としたことは福利厚生目的がないとし、審判所でも、経費算入はできないと裁決された。（平成23年3月23日裁決 棄却、広島国税不服審判所）

《コメント》
　ここでは、次の点が指摘され、この保険の加入が「福利厚生目的とは認められない」とされていましたので、本プラン提案にあたっては留意する必要があります。
　① 従業員の退職金財源としては、規模などからみて、過大であると思われる。
　② 契約締結後に入社した従業員の加入や退社した従業員の脱退について、メンテナンスを行っていなかった。
　③ 被保険者である従業員のほとんどが、この保険の加入について知らなかった。

## 6 未払いの年払保険料
【「年払保険料を未払経理することについては、疑問がある」とされた事例】
　これまで毎年3月27日に年払保険料の口座振替が行われてきました。今年は、資金繰りが苦しく、残高不足となったため振替えができませんでしたが、翌月支払う予定でしたので、未払経理して全額損金算入しました。ところが、このたび、税務調査があり、そこで担当者から「この取扱いは、おかしい」

と言われましたが、どうなのでしょうか。
　なお、決算日は、3月末日です。

《コメント》
　　まず、年払保険料については、法人税基本通達2-2-14に定める「短期の前払費用」を保険料に適用したものであると、一般的には理解されているものと思われます。
　　この通達では、1年以内の短期前払費用について、期間対応による繰延経理をせずに、その支払日に損金算入することを認めています。即ち、支払うことが要件の1つとなっています。今回の場合には、支払いを行っていません。
　　支払っていない場合の経理処理、即ち、保険料の未払経理ですが、月払保険料については、認めている税務署もあるようですが、年払保険料については、疑問のあるところです。
　　というのは、年払保険料のほとんどは前払保険料が占めているため、資産（前払保険料）の計上と負債（未払保険料）の計上により、かなりの部分の金額が相殺されてしまいます。未払経理できるとしても、原則通り、期間対応による繰延経理が必要となり、今回のような場合には、1ケ月分しか損金算入できないと思われます。

## 7 見舞金関係
### 【「450万円は見舞金としては多額すぎる」とされた事例】
　法人契約に2件加入（いずれも、被保険者：社長、保険金受取人：法人）していたところ、昨年社長が癌で4ヶ月入院した。A生命より450万円、B生命より約150万円が支払われたので、今回450万円を見舞金として社長に支払った。
　そうしたところ、税務署より「見舞金としては、多すぎる」との指摘があった。
　病気の内容や入院期間により、見舞金はどの程度までの支給であれば、損金算入が認められるか？

《コメント》
　　これは、世間水準からして「相当な」金額を超えるものと判断されたものですが、450万円となると、指摘もやむをえないものと思います。ただ、「相当な」金額についての基準を税務当局が法令通達などで明確にしていないだけに、納税者側としては、その判断はむずかしいといえます。
　　今回のケースで「否認」となりますと、恐らく「賞与」とされたことでしょう。そうなると、法人税は、全額損金不算入として課税、所得税も課税ということで、二重に課税されることになり、影響は大きくなります。
　　税務サイドから、ある程度の目安が示されることを望んでいます。

## 8 「役員のみなし退職」関係
### 【「相談役のみなし退職は、オーナーには認められない。」とされた事例】
　2年ほど前に、会長が「みなし退職」した。代表権をはずし、相談役に就任し、報酬も半額以下にした。実質的な支配形態もないと判断している。
　この前の税務調査で、「オーナーには、みなし退職は認められない。」として、退職金を否認された。みなし退職の要件を教えてほしい。

《コメント》

　法基通9-2-32に定める「みなし退職」は、形式的な退職（退任）のみならず、実質的な退職（退任）についても、税務上認めるというものです。

　ただし、その要件は、退職に準ずるものですから、かなり厳しくなっています。

　今回の場合には、株式を多数保有していること、その他の事情より勘案して、「実質的にその法人の経営上主要な地位を占めていると認められる者」と判断されたのではないかと思います。

　株式を多数保有していれば、株主総会で経営陣の退陣を要求することができますし、そこまでいかなくとも、意見を経営に反映させることはかなり容易でしょう。そうなりますと、「会社を依然として支配している」とみられる可能性が高くなってくるように思われます。

　「法人税基本通達逐条解説」（奥田芳彦編著、税務研究会発行）の「解説」には、取締役から監査役になった場合の「監査役」の説明について、「ただし、同族会社等における悪用が考えられるので、実質経営者やオーナー株主については適用しないこととし、課税上の弊害を防ぐこととしている。」としていますが、これは、監査役でなくても、適用されるのではないかと思います。

## 9 契約者変更関係

**【法人から個人に契約者変更後に解約した場合の必要経費】**
（平成27年4月21日国税不服審判所裁決）

　一時所得に係る支出が所得税法34条2項にいう「その収入を得るために支出した金額」に該当するためには、それが当該収入を得た個人において自ら支出したものといえる場合でなければならないと解するのが相当（…中略…）所得税法施行令183条2項2号についても（…中略…）同号が一時所得の金額の計算において支出した金額に算入すると定める「保険料の総額」とは、保険金の支払を受けた者が自ら負担して支出したものといえる金額をいうと解すべき（…中略…）したがって、当該解約払戻金に係る一時所得の金額の計算上、当該法人がその名義により支払った保険料は、これを控除することはできない。（…中略…）本件譲受対価（＝解約返戻金額）及び本件請求人支払保険料の額の合計額を所得税法34条2項に規定する「その収入を得るために支出した金額」として控除すべきものと認められる。（同趣旨の平成29年4月13日札幌高裁判決があり最高裁へ上告提起と上告受理申立てをしたが、平成29年9月8日棄却された。）

《コメント》

　法人から個人に契約者変更後に解約した場合の必要経費については、従来、法人が支払った保険料と個人が支払った保険料の合計額とされていましたが、現在は、個人が法人に支払った解約返戻金の額と個人の支払った保険料の合計額とされるようになっています。

# （付）裁判例・国税不服審判所裁決事例

（注）ここでは、「原処分庁」をすべて「所轄税務署」と読み替えていますが、国税庁が所轄のものもあります。

## A．個人契約
### 1．一時所得かみなし相続財産か（保険料負担者は、だれか）

| 裁決<br>年月日 | 裁決趣旨 |
| --- | --- |
| 平成9年<br>7月3日 | 　請求人（夫）は、契約者及び保険料の負担者は、いずれも死亡者である妻であるため、死亡保険金は相続財産となり、一時所得には該当しない旨主張する。<br>　しかし、<br>①契約書では契約者及び保険金受取人は夫となっており、保険料負担者は特別の理由がない限り契約者と考えられること<br>②夫は、妻には所得がないとして、扶養親族として配偶者控除及び配偶者特別控除を控除限度額まで受けており、妻に保険料の支払能力があるとは認められないこと<br>③夫には経常的に相当額の給与収入があること<br>④保険料は夫の名前で払い込まれていること<br>　から、保険料負担者が妻であるとは認められない。<br>　従って、死亡保険金は相続財産に該当せず、夫の一時所得に該当すると認めるのが相当である。 |
| 平成11年<br>3月18日 | 　請求人（夫）は、毎月の保険料は、妻が夫から受け取る毎月の小遣いの中から支払っていたものであり、妻の死亡により夫が受領した保険金はみなし相続財産に該当するから、保険金を夫の一時所得に係る収入であるとした更正処分は違法である旨主張する。<br>　しかし、生命保険金の課税関係は、保険料の実質負担者が誰であるかによって決定されるのであり、一般的には契約者と保険料負担者が同一であり、特に反証のない限り、契約者が保険料を負担するのが通例であることから、契約者ではない者が保険料の実質負担者であるという場合には、契約者ではない者が保険料を負担していたことに係る特別の事情を証明する必要があるところ、夫はこれについての立証を尽くしているとは認め難く、また、保険料を妻が負担していたことについての特別な事情を確認できる何らの根拠も見当たらないことから、保険料の実質負担者は契約者である夫であると認めるのが相当である。<br>　従って、保険金を夫の一時所得の総収入金額に算入することとした更正処分は適法である。 |
| 平成16年<br>12月15日 | 　請求人（妻）は、契約形態「契約者：妻、被保険者：夫、死亡保険金受取人：妻」とする特別養老保険契約に基づき、夫の死亡により受領した死亡保険金について、名義上契約者は妻となっているが、保険料は妻の収入では支払えなかったため、妻が管理を任されていた夫名義預金から現金を引き出し、妻名義の保険料支払口座へ入金して支払っており、保険料の実質的な負担者は夫であるので、原処分庁が一時所得として所得税を賦課したのは違法であり、死亡保険金は相続税の対象となる保険金とみなされると主張する。<br>　しかし、商法第647及び683①の規定によれば、特別な反証がない限り、契約者が保険料負担者とされるが、妻の主張の根拠となる資料や妻の申述・答述が得られず、反証はないので、死亡保険金に係る保険料負担者は妻と認めるのが相当である。なお、補足として、当審判所で把握した妻が管理していた夫名義預金、妻名義の保険料支払口座に基づいて検討した結果をみても、保険料の実質的な負担者は夫であると断定するに十分な事実が認められず、妻が保険料負担者と認めるのを不相当とする事情は見当たらないので、妻の主張には理由がないものといわなければならない。 |

## 2．収入時期

| 裁決年月日 | 裁決趣旨 |
|---|---|
| 平成8年12月6日 | 　請求人（本人）は、被保険者の死亡日は平成5年12月12日であるが、<br>①死亡保険金の支払請求日が、平成6年1月12日であること<br>②死亡保険金のうち甲保険金が支払われたのが、平成6年2月14日、乙保険金が支払われたのが、同年1月14日であること<br>③生命保険会社が、本人に対して保険事故に関する事情聴取をしたのが平成6年1月21日であり、その調査の結果により、生命保険会社が死亡保険金の支払を決定したものであること<br>から、死亡保険金に係る一時所得の帰属年分は平成6年分である旨主張する。<br>　しかし、所得税法上の収入すべき時期は、収入すべき権利の確定した日であると解されていることから、保険金支払請求の日及び保険金を実際に受領した日によって判定するものではなく、また、生命保険会社の調査は、同社の約款に定める「保険金を支払わない場合」に当たる事実が存在したか否かの判断のために行われるものであり、生命保険会社の支払手続の一環であると認められる。本件の場合、調査の結果、「保険金を支払わない場合」に当たる事実が存在せず、死亡保険金が支払われており、本人と生命保険会社の間にこの点に関する争いはないことから、本人は、被保険者の死亡の日である平成5年12月12日に法律上の死亡保険金の受取請求権を取得したと判断するのが相当である。 |
| 平成14年10月31日 | 　請求人（本人）は、保険金を請求しただけでは権利は確定せず、請求内容を厳正に査定して、支払額がいくらになるかが決定され、いつどのような方法で支払うかの通知が受取人になされ、受取額が確定した時点を権利確定の時期と考えるのが相当である旨主張する。<br>　しかし、一時所得に係る総収入金額の収入すべき時期は、一般的には、その支払を受けた日によるものと解すべきであるが、当事者が、現実に支払を受ける前にその支払を認識しているような場合には、その支払があることを知った日又は支払を受けるべき権利が確定した日をもって収入すべき時期と解するのが相当であり、生命保険契約等の場合、支払を受けるべき権利が確定した日とは、具体的には、被保険者が死亡した日とか、契約により定められた特定の日に生存している場合のその日等をいうから、この点に関する本人の主張には理由がない。 |

## 3．一時所得の「支出金額」「損益通算」

| 裁決年月日 | 裁決趣旨 |
|---|---|
| 平成10年11月17日 | 　請求人（本人）は、A社に加入していた経営者年金制度を脱退し、既払込保険料の金額を上回る脱退一時金を受領した。また、B社と契約していた生命保険契約について保険金額を一部減額し、これにより既払込保険料に満たない解約払戻金を受領した。<br>　原処分庁は、本人がB社から受領した解約払戻金は、保険金支払事由の発生又は契約のすべてが解約された時のいずれにも当たらないことから、契約変更までに支払った保険料の一部について払戻しを受けたにすぎず、一時所得の対象となる総収入金額には該当しないため、一時所得の金額の計算に当たり、各社から受領した金額及び既払込保険料は通算できない旨主張する。<br>　しかし、本人が、保険金額の一部減額によりB社から受け取った解約払戻金は、B社の約款の定めに基づき受領したものであり、所令183②に規定する「生命保険契約等に基づく一時金」に当たることから、所法34に規定する一時所得の総収入金額に該当する。<br>　従って、各社から受領した金額及び既払込保険料をそれぞれ合計して一時所得の金額を計算するのが相当である。 |
| 平成22年1月19日 | 　請求人（契約者）は、所法34②、所令183②二及び所基通34-4の各規定の文言から、一時所得の計算における「収入を得るために支出した金額」とは、負担者が誰であるかに |

| | | |
|---|---|---|
| | | かかわらず、あくまでも支払保険料の総額となるので、法人が契約した生命保険契約の契約上の地位を請求人が譲り受け、その後受領した解約返戻金に係る一時所得の金額の計算については、同法人が支払った支払保険料の全額を控除すべきである旨主張する。<br>　しかし、所法34②に規定する「収入を得るために支出した金額」とは、一時所得に係る収入に関連して、あるいは収入があったことに起因して所得者自らが負担した金額（実質的に負担した金額を含む。）に限られるところ、その支払保険料については、法人が全額負担して総勘定元帳に保険積立金として計上し、そのうち譲渡金額相当額を請求人に対する貸付金に、残余金額を雑損失に、それぞれ保険積立金から振替処理をしており、同残余金額は請求人に対する給与に該当しないことから、その支払保険料のうち残余金額に相当する金額は、請求人が自ら負担した金額と認めることはできない。<br>　そうすると、請求人が解約返戻金を得るために支出した金額は請求人が自ら負担した譲渡金額相当額であり、これに基づいて行われた原処分は適法である。」 |
| 平成24年<br>1月13日<br>最高裁<br>判決 | | 1　一時所得に係る支出が所得税法34条2項にいう「その収入を得るために支出した金額」に該当するためには、それが当該収入を得た個人において自ら負担して支出したものといえることを要する。<br>2　死亡保険金の受取人を会社とし、満期保険金の受取人を当該会社の代表者らとする養老保険契約の保険料を当該会社が支払い、満期保険金を当該代表者らが受け取った場合において、上記保険料のうち当該代表者らに対する貸付金として経理処理がされた部分がその2分の1である一方、その余の部分が当該会社における保険料として損金経理がされたものであるなど判示の事情の下では、上記満期保険金に係る当該代表者らの一時所得の金額の計算上、後者の部分は所得税法34条2項にいう「その収入を得るために支出した金額」に当たらない。 |
| 平成26年<br>1月22日 | | 請求人（契約者）は、所法34②、所令183②二及び所基通34-4の各規定の文言によれば、一時所得の金額の計算における「その収入を得るために支出した金額」には、一時金又は満期返戻金等の支払を受ける者以外の者が負担した保険料も含まれるとされ、契約者の名義変更により法人から契約上の地位を譲り受けた場合には、保険契約の一切の権利義務が引き継がれているのであるから、その後に契約者が受領した解約返戻金に係る一時所得の金額の計算においては、契約者の名義変更前に法人が支払った保険料（本件保険料）についても、「その収入を得るために支出した金額」として控除すべきである旨主張する。<br>　しかし、同法34②に規定する「その収入を得るために支出した金額」に該当するためには、当該収入を得た個人において自ら負担して支出したものといえる必要があると解されるところ、<br>　　本件保険料は、<br>　　・全額が法人において損金算入されていること<br>　　・契約者から法人への対価の受渡しがないこと<br>　　・給与所得の申告をしていないこと<br>　から、契約者が自ら負担して支出したものとは認められず、一時所得の金額の計算上控除することはできない。 |
| 平成27年<br>4月21日 | | 法人の代表取締役である請求人は、同人が当該法人から契約上の地位を譲り受けた生命保険契約を解約したことにより受領した解約払戻金に係る一時所得の金額の計算上、当該法人が支払った保険料を含む当該生命保険契約に係る保険料の総額を控除すべきである旨主張する。<br>　しかしながら、一時所得に係る支出が所得税法第34条《一時所得》第2項にいう「その収入を得るために支出した金額」に該当するためには、それが当該収入を得た個人において自ら負担して支出したものといえる場合でなければならないと解するのが相当である。なお、所得税法施行令（平成23年6月改正前のもの）第183条《生命保険契約等に基づく年金に係る雑所得の金額の計算上控除する保険料等》第2項第2号についても、以上の理解と整合的に解釈されるべきものであり、同号が一時所得の金額の計算において支出した金 |

| | |
|---|---|
| 同趣旨<br>平成29年<br>9月8日<br>最高裁<br>決定 | 額に算入すると定める「保険料…の総額」とは、保険金の支払を受けた者が自ら負担して支出したものといえる金額をいうと解すべきであって、同号が、このようにいえない保険料まで上記金額に算入し得る旨を定めたものということはできない。したがって、当該解約払戻金に係る一時所得の金額の計算上、当該法人がその名義により支払った保険料は、これを控除することはできない。（平27.4.21東裁（所）平26－96） |
| 平成29年<br>7月20日<br>東京高裁<br>判決 | 1　本件は、控訴人が、A社が契約していた新逓増定期保険契約の契約者の地位を承継した後、同契約を解約して解約払戻金を受領したが、確定申告をしなかったところ、島田税務署長が、上記解約払戻金は一時所得に該当し、所得税の納税義務が生じるとして、平成22年分所得税の決定処分等を行ったところ、控訴人が、本件各処分には、所得税法34条2項所定の「その収入を得るために支出した金額」の解釈を誤った違法があるなどとして、その取消しを求めた事案である。<br>2　当裁判所も、控訴人の請求は理由がないので棄却すべきものと判断する。その理由は、次項のとおり補正するほかは、原判決の「事実及び理由」欄の「第3　当裁判所の判断」の1ないし5に説示するとおりであるから、これを引用する。<br>3　控訴人は、所得税法34条2項には、「その収入を得るために支出した金額」を当該一時所得に係る収入を得た個人が負担した金額に限るというような限定は一切付されていないと主張する。しかしながら、同項が、「支出された」という文言ではなく、「支出した」という文言を用いているのは、その収入を得る主体が支出した金額のみ控除の対象とすることを表したものと解するのが自然であり、同項の文言を根拠として、「その収入を得るために支出した金額」が当該一時所得に係る収入を得た個人が負担した金額に限らないとはいえない。（原審判決引用）<br>4　控訴人は、「支出した」という片言隻句に特異な含意を発見することは、不自然・不合理な解釈態度であるとも主張する。しかしながら、前記解釈は条文の文言に特異な含意を付け加えるものではなく、所得税法34条2項の趣旨、目的を踏まえたものであり、その内容は所得税法の課税方針に沿う適切なものであるから、不自然・不合理な解釈ということはできず、控訴人の主張は採用できない。<br>5　控訴人は、法の下の平等は、機会の平等を保障するものであるが、課税処分がされていない場合が余りにも多いのであれば、法の適用が平等に行われたとはいえないと主張する。しかしその提出にかかる証拠は、平成24年判決（最高裁平成24年1月13日判決）以前においても、同判決と同旨の見解に立つと見られる国税庁監修に係る財団法人大蔵財務協会発行の「昭和62年改正税法のすべて」や同協会発行の「平成21年版所得税基本通達逐条解説」等の公的解釈が採られていたことに照らしても、上記主張の前提事実を裏付けるに足りない。そして、所得税法34条2項に対する前記の解釈に依拠して課税処分を行うことは、法が適用されるべき者に対して法を正しく適用することにほかならず、課税の平等に資するものというべきである。 |

## 4．確定申告もれ

| 裁決<br>年月日 | 裁決趣旨 |
|---|---|
| 平成13年<br>8月10日 | 　請求人（本人）は、受け取った生命保険金が申告漏れとなったのは、一時所得として申告義務があることを知らなかったことによるものであり、通則法65④に規定する過少申告加算税を賦課しない場合の正当な理由がある場合に該当する旨主張する。<br>　しかし、正当な理由がある場合とは、申告当時に公表されていた税法解釈の公的見解がその後改変された場合や納税者の責めに帰せられない外的事情が生じた場合等、申告した |

税額に不足が生じたことについて、納税者の責めに帰することができない真にやむを得ない事由等をいうものであって、単に過少申告が納税者の法令の不知や誤解に基づく場合はこれに当たらないものと解するのが相当である。

そうすると、本人が主張する事由は、正当な理由がある場合に該当するとは認められない。また、確定申告書に添えて本人あてに送付された確定申告に係る説明資料には、生命保険契約等に基づく一時金等の所得が一時所得になる旨明示されている上、記載例においてもその旨例示されている以上、本人が知らなかったというのは単に本人の不注意に基づくものであると認められることからしても、今回の過少申告について正当な理由があるとは認められない。

## 5．保険金の据置き

| 裁決<br>年月日 | 裁決趣旨 |
|---|---|
| 平成12年<br>11月8日 | 請求人（本人）は、無申告加算税の賦課決定処分の基となった一時所得に係る期限後申告は、生命保険の満期保険金を引き続き据置契約したものであって所得は発生しておらず無効なものであるから、賦課決定処分は取り消すべきである旨主張する。<br>しかし、生命保険契約と据置契約は別個の契約であり、満期保険金は、（保険期間の満了日に）支払を受けるべき権利が確定していることが認められ、保険期間の満了後新たに締結した別個の契約に引き継がれたにすぎないと認められるから、一時所得に該当することとなる。また、期限内申告書の提出がなかったことについて、通則法66①③に該当する事由は認められないから、本件賦課決定処分は適法である。 |

## 6．医療費控除

| 裁決<br>年月日 | 裁決趣旨 |
|---|---|
| 平成17年<br>3月2日 | 請求人（子）は、本件入院給付金は、請求人の母が療養のため労務に服することができないことなどに起因して支払われたもので、医療費を補てんするために支払われた保険金等に該当しない旨主張する。<br>しかし、各共済契約の入院保障特約の各約款には、被共済者が傷害又は疾病により入院したときに、その入院及び手術の費用を保障するためのものである旨定められているところ、入院給付金については、各共済契約の約款に基づき、請求人の母が疾病により入院したことによる入院及び手術の費用を補てんするために支払われたものであると認められることから、所法73①かっこ書に規定する医療費を補てんする保険金等に該当する。<br>従って、請求人の主張には理由がない。 |

## 7．契約者貸付

| 裁決<br>年月日 | 裁決趣旨 |
|---|---|
| 平成24年<br>5月17日 | 請求人（死亡保険金受取人A）は、死亡した契約者が生前に借り受けた契約者貸付金は、債務控除の対象となるものである旨主張する。<br>しかし、契約者貸付金は、<br>①保険約款上の生命保険会社の義務の履行として貸付けがされたものであり<br>②その金額が解約返戻金から生命保険会社が定める金額を控除した後の金額の範囲内に限定され<br>③保険約款に規定するとおり、死亡保険金の支払の際に差し引かれたものである<br>から、その経済的実質において、死亡保険金の前払がされたものと同視することができるものというべきである。また、死亡保険金は、被相続人の死亡の日をもって契約者貸付 |

金が差し引かれるものであるから、保険金受取人が生命保険会社に支払を請求できるのは、その差引後の金額に限られるのであって、死亡保険金の全額について支払を請求できるものではない。
　これらのことからすると、死亡保険金受取人は、契約者貸付金を差し引いた後の死亡保険金支払請求権を取得したというべきであり、死亡保険金全額の支払請求権を取得した上で、別途、契約者貸付金が相続によって承継されるというものではない。
　したがって、当該契約者貸付金は債務控除の対象とならない。

## 8．相続財産の認定

| 裁決<br>年月日 | 裁決趣旨 |
| --- | --- |
| 平成28年<br>5月13日 | 原処分庁は、請求人が、生命保険金及び生命保険契約上の権利が相続税の計算の基礎となる財産であることを十分に認識しながら、生命保険契約の一部のみを申告した一方、関与税理士に対して5口の保険契約（本件各保険）に関する書類を提出せず、これらを申告しなかったことは、当初から課税標準等を過少に申告することを意図して、その意図を外部からもうかがい得る特段の行動をし、その意図に基づく過少申告をしたものと認められる旨主張する。しかしながら、請求人は、①本件各保険の契約締結に関与していないこと、②相続開始の約4か月後に保険会社から教示を受けるまでは、本件各保険の2口について、相続に起因する保険金の支払請求手続ないし契約者等の変更手続の必要性を認識しておらず、保険会社から促されて受動的にこれらの手続を行ったものとみられること、③当初申告後に保険会社から連絡を受けるまでは、本件各保険の3口の存在を認識していなかったことがうかがわれることに加え、④当初申告書の作成過程で関与税理士に対し相続財産の計上漏れを指摘して訂正を求めるなど、正確な申告を行う姿勢を示していたこと、⑤原処分庁の調査担当職員から本件各保険の申告漏れを指摘された後、遅滞なく修正申告に応じていることに照らせば、請求人が、本件各保険を故意に当初申告の対象から除外したものとは認め難い。したがって、請求人が、相続税を当初から過少に申告することを意図し、その意図を外部からもうかがい得る特段の行動をした上、その意図に基づく過少申告をしたものとは認めることができない。 |
| 平成28年<br>5月20日 | 原処分庁は、請求人は、11口の死亡保険金を自ら受領しそのうち4口は当初申告しており、これらの死亡保険金全てを相続税額の計算の基礎とすべきことを認識していたと認められるから、その余の7口の死亡保険金（本件各無申告保険金）を受領した事実を隠ぺいする意図があったと推認されることや、調査担当職員に対し、本件各無申告保険金についても申告したと認識していた旨の虚偽の申述をしたことなどを総合考慮すると、本件各無申告保険金を当初申告から除外したことは、課税要件事実を隠ぺいしたところに基づくものである旨主張する。しかしながら、請求人は、本件各無申告保険金をいずれも請求人名義の預金口座への振込送金により受領した上、調査の際には、調査担当職員からの求めに応じて、当該預金口座に係る預金通帳等を逡巡なく提示しているのであって、本件各無申告保険金の発見を困難ならしめるような意図や行動はうかがわれない。また、請求人が、調査担当職員から本件各無申告保険金の申告漏れを指摘されると、特段の抗弁をすることなく当該事実を認めており、修正申告の勧奨に応じて遅滞なく修正申告をしていることにも照らせば、本件各無申告保険金を故意に当初申告の対象から除外したものとまでは認め難い。これらによれば、請求人が、相続税を当初から過少に申告することを意図し、その意図を外部からもうかがい得る特段の行動をした上、その意図に基づく過少申告をしたものと認めることはできないから、本件各無申告保険金を当初申告の対象に含めなかったことが、課税要件事実の隠ぺい、仮装に基づく過少申告であるとは認められない。 |
| 平成28年<br>11月8日 | 請求人らは、相続税の各更正処分等に係る通知書に付記された処分の理由（本件各付記理由）について、各更正処分等の対象となった事実関係についての個別具体的な理由説明 |

がなく、包括的な理由しか記載されていないなどとして、行政手続法第14条《不利益処分の理由の提示》第1項本文に規定する理由提示の要件を欠く旨主張する。しかしながら、本件各付記理由には、原処分庁が相続財産と認定した各預貯金（本件各預貯金）及び原処分庁が相続財産とみなされる旨認定した各生命保険契約等（本件各生命保険契約等）に関する権利が相続財産又は相続財産とみなされる財産に該当すると認められる旨記載するとともに、これを前提に相続税の課税価格及び納付すべき税額の算出過程が記載されており、本件各預貯金及び本件各生命保険契約等に関する権利が相続財産又は相続財産とみなされる財産に該当するとの認定に至った過程として、重要な間接事実を記載しているものと認められる。これらの記載内容に照らせば、各更正処分等の理由となった事実等を具体的に示しているというべきであり、原処分庁としては、前記のような内容の理由を記載することによって、各更正処分等における自己の判断過程を逐一検証することができるのであるから、その判断の慎重、合理性を確保するという点について欠けるところはなく、恣意抑制という趣旨目的を損なうことはないというべきである。また、不服申立ての便宜という面からの要請に対しても、必要な材料を提供するものということができることから、行政手続法第14条第1項本文の趣旨に照らし、同項本文の要求する理由提示としても十分であるといえる。

## B．法人契約

### 1．生命保険料の損金算入

| 裁決<br>年月日 | 裁決趣旨 |
| --- | --- |
| 平成8年<br>7月4日 | 所轄税務署は、「契約者：法人、被保険者：従業員等、死亡保険金受取人：従業員等の遺族、満期保険金受取人：法人」とする生命保険契約に係る支払保険料は、契約締結に当たり、<br>①従業員等の事前の同意がないこと<br>②中途解約を意図したものであること<br>③福利厚生目的はなく、課税の繰延べ等を目的としたものであること<br>　から、その全額を資産に計上すべきである旨主張する。<br>　しかし、養老保険の保険料について定めた法基通9-3-4の取扱いは、特段の事情がない限り相当であると認められるところ、本件においては、<br>①従業員等の事前の同意がなかったと断定できないこと<br>②中途解約を意図していたと断定できないこと<br>③投資のみを目的としたものであると断定できないこと<br>　から、法人が課税の繰延べをも意図して加入したことはうかがえるものの、従業員等に対する福利厚生に資するために加入したものではないと断定するには無理があり、原処分庁の主張には合理的理由が認められず、契約の効力発生に何らの問題がない以上、危険保険料部分として支払保険料の1/2相当額を損金の額に算入することは相当である。 |
| 平成13年<br>3月9日 | 「契約者：法人、被保険者：役員及び使用人、死亡保険金受取人：被保険者の遺族等」とする定期保険契約に加入した法人は、当該契約に基づき支払った保険料相当額については、福利厚生費の性格を有し、所轄税務署が給与等に当たるとした告知処分は取り消されるべきである旨主張する。<br>　しかし、本件契約は、特定の者のみを被保険者としていること及び被保険者ごとの受取保険金額に格差があることについて、「合理的な基準による格差」とは認められず、福利厚生費が役員及び使用人の全体の福利厚生のために使用されることを前提としていることからすると、本件契約に基づく支払保険料相当額は、福利厚生費とは認められず、被保険者である役員又は使用人に対する経済的利益の供与に当たり、同人に対する給与等に該当する。 |
| 平成17年<br>4月26日 | 請求人（事業主）は、従業員を被保険者とした養老保険及びガン保険については、将来の退職金のためである旨従業員に周知し、契約しており、所法37①に規定する業務の遂行上生じた費用であることは明らかであるから、必要経費に算入されるべきであると主張する。 |

|  |  |
|---|---|
|  | しかし、貯蓄性の高い保険契約の保険料が、事業の遂行上必要なものと認められるためには、契約締結の目的、被保険者、事業主が負担する金額、支払われる保険の金額、保険金の使用目的等を総合的に考慮し、客観的に事業の遂行上必要であると認められることを要するというべきである。<br>これを本件についてみると、<br>①退職金受給資格のない者についても契約に加入させていること<br>②退職金は、各自の勤続年数及び基本給によって異なるべきものであるところ、勤続年数、基本給及び年齢にかかわらず一律になっていること<br>③契約金額は、各従業員の基本給及び勤続年数から予測される退職金の額をはるかに超える金額であること<br>④事業主に給付される保険金あるいは解約返戻金から従業員への退職金を支払った残額は、事業主に帰属し、これを従業員のために使用するという取決めも存しないこと<br>⑤福利厚生目的で加入した契約であれば当然に従業員に周知されるべき契約内容がほとんど周知されていないこと<br>を総合勘案すれば、保険料が福利厚生費として必要経費に該当すると認めることはできない。 |
| 平成18年<br>10月17日 | 請求人（法人）は、契約形態「契約者：法人、被保険者：役員及び使用人、生存保険金受取人：法人、死亡保険金受取人：被保険者の遺族」とする養老保険契約について、役員及び使用人の福利厚生の一環として加入したものであり、特定の者に恩恵を与えるような恣意的なものとはいえないから、役員又は使用人の全部が同族関係者であるとしても、当該契約の保険料のうち死亡保険金に係る部分は福利厚生費であるとして、本件納税告知処分が違法である旨主張する。<br>ところで、所基通36-31(注)2の(2)は、役員又は使用人の全部又は大部分が同族関係者である法人が養老保険に加入した場合について、たとえその役員又は使用人の全部を対象として保険に加入する場合であっても、その同族関係者である役員及び使用人については、その支払った保険料の1/2相当額（死亡保険金部分）は役員及び使用人に対する給与等とする旨定めているが、その趣旨は、当該法人においては、同族関係者によって経営の支配権が確立され同族関係者自らが養老保険の加入の要否及び保険金額等を決定する権限、すなわち養老保険契約の加入に伴う経済的利益の供与を決定する権限を有していることから、法人が支払う養老保険の保険料にはもはや従業員の受動的利益であるはずの福利厚生費の性格が欠如し、福利厚生を目的とした使用者側の業務上の要請による支出とは認められず、同族関係者が、専ら経済的利益を自ら受益するために養老保険に加入していると認められることから、支払った保険料は同族関係者に対する給与として課税するというものであり、このような取扱いは当審判所においても相当なものとして是認できる。<br>そうすると、法人が加入した養老保険の保険料のうち死亡保険金に係る部分は役員及び使用人に対する給与と認められるから、納税告知処分は適法である。 |
| 平成23年<br>6月14日 | 請求人（法人）は、支出した支払保険料（本件支払保険料）の損金算入額の計算においては、通達「法人が支払う長期平準定期保険等の保険料の取扱いについて」が国税庁内部の取扱いであって法的拘束力がないから、法人に対しては適用すべきでない旨主張する。<br>しかし、長期平準定期保険は、保険事故発生率と支払う保険料との関係から見ると、保険期間が長期で全保険期間を通して支払う保険料の額が一定であることから被保険者の年齢が比較的低い期間では前払保険料に相当する額が生じ、保険期間の中途で解約した場合には多額の解約返戻金が生ずることとなるところ、同通達は、長期平準定期保険の特徴に応じて支払保険料の損金算入に係る適正を図るとともに、課税の公平性・統一性や納税者における簡便性などを総合的に判断したものと評価でき、法法22④に規定する一般に公正妥当な会計処理の基準に沿うものであり、当審判所においても相当であると認められる。<br>よって、法人が支払った本件支払保険料は、長期平準定期保険に該当することから、同通達の定める前払期間内にある本件各事業年度においては、その1/2相当額は損金の額に算入できないとする所轄税務署の処分は適法である。 |

| 裁決年月日 | 裁決趣旨 |
|---|---|
| 平成29年12月12日 | 原処分庁は、請求人の退職者を被保険者とする終身がん保険契約等（本件各保険契約）に係る支払保険料（本件退職者支払保険料）について、退職者に関する費用は、事業活動と直接の関連性を有する業務遂行上必要な費用であるとはいえず、業務との関連性が認められないから、損金の額に算入することはできない旨主張する。しかしながら、本件各保険契約は、請求人の従業員の福利厚生を目的とした社内制度に基づく見舞金等の原資とするために締結したものであり、請求人は、社内規程や入退社する従業員に対し周知する書面等により、従業員が退職した後5年間は、受取保険金を原資として退職者に見舞金等を支払うことを約しているのであるから、本件退職者支払保険料は、請求人の業務との関連性を有し、業務の遂行上必要と認められるから、損金の額に算入することができる。 |

## 2．益金算入時期

| 裁決年月日 | 裁決趣旨 |
|---|---|
| 平成10年3月31日 | 請求人（法人）は、保険契約に基づく満期支払金を、満期支払金を受領した各事業年度の帳簿には計上していないが、後の事業年度において雑収入として会計帳簿に計上していることから、いわゆる期間損益に係る事項であり、法人の計上方法を認めるべきである旨主張する。<br>しかし、益金の額に算入すべき時期は、収入すべき債権の確定した日をもって判断すべきであるから、満期支払金については、各定期保険契約の満期日の属する事業年度の益金の額に算入すべきである。 |

## 3．退職金・弔慰金・見舞金

| 裁決年月日 | 裁決趣旨 |
|---|---|
| 昭和51年4月26日 | 業務上死亡の場合においては、①相続税法関係通達によれば、普通給与の3年分に相当する金額は弔慰金として取り扱うこととしており、②また、労基法79によれば、使用者は、遺族に対して、平均賃金の1,000日分の遺族補償を行うよう規定している。<br>これらのことから、業務上死亡の場合における弔慰金の計算に「36カ月分」を用いることは、一般的に妥当なものと認められるところである。 |
| 昭和55年5月26日東京地裁判決 | そこで、右退職給与金額の相当性について検討する。<br>まず、被告は原告と同業種、類似規模の法人について得られた功績倍率を基準として退職給与金額の相当性を判断すべき旨主張するのに対し、原告は右方法は適切でない旨主張するので、この点について検討する。<br>法人税法第36条は、法人がその退職した役員に対して支給する退職給与の額のうち損金経理をした金額で不相当に高額な部分の金額として政令で定める金額は所得の金額の計算上損金の額に算入しない旨規定し、これをうけて同法施行令第72条は、右損金の額に算入しない金額は、法人がその退職した役員に対して支給した退職給与の額が、当該役員のその法人の業務に従事した期間、その退職の事情、その法人と同種の事業を営む法人でその事業規模が類似するものの役員に対する退職給与の支給の状況等に照らし、その退職した役員に対する退職給与として相当であると認められる金額を超える場合におけるその超える部分の金額とする旨規定しているが、右各規定の趣旨は、役員に対する退職給与が利益処分たる性格をもつことが多いため、一定の基準以下の部分は必要経費としてその損金算入を認めるが、一定の基準を超える部分は利益処分としてその損金算入を認めないというところにあると解されるところ、成立に争いのない乙第一号証によれば、株式会社政経研究所が昭和47年6月20日現在で全上場会社1603社及び非上場会社101社を調査したところ、何らかの形で役員退職給与金額の計算の基準を有しているものが682社、そのうち右基準を明示したものが265社あつたが、左265社のうち167社が退任時の最終報酬月 |

| | |
|---|---|
| | 額を基礎として退職金を算出する方式をとっており、さらに、そのうち154社が最終報酬月額と在任期間の積に一定の数値を乗じて退職給与金額を算出する方式をとっていることが認められるのであるから、退職給与金額の損金算入の可否、すなわちその相当性の判断にあたつて原告と同業種、類似規模の法人を抽出し、その功績倍率を基準とすることは、前記法令の規定の趣旨に合致し合理的であるというべきである。 |
| 昭和56年<br>6月23日 | 代表取締役から取締役への分掌変更に伴い支給した役員退職給与について、<br>①臨時株主総会議事録及び取締役会議事録等は、いずれも真正に作成されたものと認められないことから、代表取締役辞任及び本件役員退職給与の支給についての証拠資料とは認められないこと<br>②議事録の内容について所定の商業登記がされていないこと<br>③その当時当該代表取締役は高齢であったが、著しく健康を害していたとは認められず、かつ、他に定時株主総会まで従来どおり代表取締役としての執務ができない特段の事情があったと認めるに足りる証拠資料がないこと<br>④取締役への分掌変更後における報酬の支給状況<br>　等からみて、当該取締役が臨時株主総会時において、実質的に退職と同様の事情にあったとは認められないから、当該役員退職金は損金の額に算入することはできない。 |
| 昭和58年<br>5月27日<br>札幌地裁<br>判決 | 1　相当な役員の退職給与の額の判断をする場合において、比較の対象となるべき法人を選定するための調査に当たり、1）資本金を5000万円未満の法人としていること（原告の資本金は3080万円）、2）調査対象地域を経済事情の比較的類似する地域としたこと、3）調査対象法人を「日本標準産業分類（行政管理庁編集）」の大分類に従い原告と同種の事業を営む法人に限定したこと、4）事業規模の類似性を判断する要素として資本金の額のほか、売上金額、総資産価額、及び所得金額を考慮していること、5）退職の事情を健康上の理由（原告役員の退職事由）によるものしか考慮せず、死亡によるものを除外していることはいずれも合理的である。<br>2　1年当たり平均額法は、当該法人の比較の対象となるべき法人における退職した役員の勤続年数1年当たりの平均退職給与の額に当該役員の勤続年数を乗じて相当な退職給与の額を算出する方法であるが平均功績倍率法とともに、法人税法36条（過大な役員退職給与の損金不算入）及び同法施行令72条の（過大な役員退職給与の額）趣旨に合致する合理的な算式である。 |
| 平成4年<br>10月19日<br>福島地裁<br>判決 | 2　個人事業主が法人を設立し、いわゆる「法人成り」とした場合、当該役員の個人経営時に業務に従事した期間は、原則として法人税法施行令72条（過大な役員退職給与の額）に規定する「法人の業務に従事した期間」には含まれないとされた事例<br>3　「法人成り」の場合に、個人経営時から引き続き在職する使用人に対する退職給与を、法人が個人経営時の在職期間に対応する分もまとめて支給した場合には、理論上、1）個人経営時の在職期間に対応する退職給与は、個人事業主の事業所得の必要経費に、2）法人経営時の在職期間に対応する退職給与は法人の損金とすべきであるとされた事例 |
| 平成14年<br>6月13日 | 請求人（法人）は、取締役会長に支払った見舞金は合理的な会社規定に基づき支払われたもので、その額は不相当に高額なものではない旨主張する。<br>しかし、見舞金等の福利厚生費の規定が存する法人についてその役員に対する見舞金等の支給状況を検討したところ、法人の役員に対して支払われる福利厚生費としての見舞金の額は、入院一回当たり50,000円が社会通念上相当である金額の上限と認められることから、当該金額を超えて請求人の取締役会長に支払われた見舞金は、同人に対する賞与に該当する。 |
| 平成15年<br>10月9日 | 請求人（法人）は、退職役員の退職事由は業務上死亡によるものであり、本件役員退職金には弔慰金及び慰謝料を含んでおり、不相当に高額な部分の金額はない旨主張する。<br>しかし、<br>①退職役員の死亡が業務上であることは、法人が提出した資料によっても、当審判所の調査によっても認められないことから、法人が慰謝料といった性格の金員を支給しなければならない理由は見当たらないこと<br>②役員退職金の会計処理は帳簿上及び損益計算書上とも弔慰金及び慰謝料に区分して経理さ |

| | |
|---|---|
| | れておらず、ほかに法人の主張を確認できる証拠書類の提出もないこと<br>③退職役員の相続人である法人の現代表者は役員退職金を相続により取得した財産の中に含めて相続税の申告をしていること<br>　からすると、役員退職金に弔慰金及び慰謝料が含まれているとは認められず、この点に関する法人の主張には理由がない |
| 平成16年<br>1月21日 | 請求人（法人）は、代表者に対して支給した金員は代表取締役の地位、貢献度、発病と職務との関連性及び入院費等を総合勘案して支払ったものであり、所基通9-23に定める社会通念上相当と認められる見舞金であり非課税所得に該当する旨主張する。<br>　しかし、<br>①本件見舞金は、おおよそ入院費程度の金額であること<br>②本件見舞金の算定には、個室の必要性及び一日の入院費が根拠として含まれていること<br>③本件見舞金の支払と金額の決定権は代表者が有していたこと<br>④法人には役員及び従業員に対する見舞金等の支給規定が存在しないこと<br>　などを総合勘案すると、前記通達の見舞金には当たらず、非課税所得には該当しない。 |
| 平成19年<br>1月10日 | 請求人（法人）は、損金の額に算入されるべき弔慰金について、死亡退職した役員の最終報酬月額は80万円と評価されるから、同評価額の3年間分にあたる2,880万円が損金の額に算入されるべきである旨主張する。<br>　しかし、労基法79《遺族補償》及び相基通3－20《弔慰金等の取扱い》からすると、死亡時直前の報酬月額の3年分に相当する金員が弔慰金として相当な金額であると認められるところ、最終報酬月額は50万円であり、80万円と評価すべき理由はないから、最終報酬月額50万円の3年分に相当する1,800万円を弔慰金として損金の額に算入した原処分は相当である。 |
| 平成21年<br>12月1日 | 2　役員退職給与の適正額の具体的な判定基準については「平均功績倍率法」と「1年当たり平均額法」が税法の趣旨に沿ったものであるとされており、一般的には「平均功績倍率法」が多く採用されているが、退職役員の最終報酬月額が適正でない場合、又は適正額に修正することができない場合、例えば、長年代表取締役として会社の中枢にあった者が退職時には非常勤役員となっており、その最終報酬月額がその役員の在職期間中の職務内容から見て、著しく低額であるような場合にまで平均功績倍率を適用すると、役員退職給与の適正額が著しく低額となることから、このような場合には、1年当たり平均額法を採用することも合理的でないとはいえない。<br>　3　原処分庁が採用すべきと主張する最終報酬月額の130万円が役員在職中における法人に対する功績を最もよく反映しているものであるとまでは言えず、当該最終報酬月額を採用しない特段の事情があるものと認められるから、適正な役員退職給与額を平均功績倍率法により算定するに当たり、130万円を算定の基礎とすることが相当であるとは言えない。<br>　4　次に請求人が採用すべきと主張する223万円について検討するに、臨時株主総会議事録において150万円を死亡時月給として退職金の計算をする方法を承認可決していることからみると、適正な役員退職給与を平均功績倍率法により計算するに当たり、223万円を算定の基礎とすることも相当であるとはいえない。<br>　5　そうすると、本件においては、適正な役員退職給与を算定するに当たり、報酬月額を基礎として算定する平均功績倍率法よりも、むしろ、1年当たり平均額法を採用することが相当であり、合理性が認められる。 |
| 平成22年<br>4月6日 | 4　請求人の代表取締役乙は甲が従業員の採用、資金繰りの決定、従業員賞与の査定など重要な意思決定に参画し、設立時から夫婦二人で、請求人の経営に当たってきた旨答述する。また、甲が審判所に提出した陳述書には、設立時から甲は、従業員の労務管理、監督官庁等の折衝、官工事等の指名願い、取引先との交渉等のほか、代表者に代わっての対外折衝、事務所及び工場の移転や組織変更など請求人の重要事項の決定に大きく関与していた旨の具体的かつ詳細な内容の記載があり、その内容は主要な部分で乙の答述と一致する。加えて有限会社時代には登記上の役員のうち常勤役員が乙だけであったことからすると、その間、甲は代表者を補佐し、実質的に経営上主要な地位を占めていたことが十分推察できるものであ |

| | |
|---|---|
| | る。<br>5　そうすると、有限会社時代も実質的に請求人の経営に従事していたと認められる甲の退職に当たり、取締役会において、取締役と使用人とに区分して算定することなく、使用人としての勤務期間を含め甲の全勤務期間に本件規程を適用する旨決定したことについては、甲に対する評価が、退職金の算定期間に適正に反映しているとみるべきであり、合理性が認められる。 |
| 平成23年1月24日 | 5　最終報酬月額が著しく低いなど退職役員の在職期間を通じての当該法人に対する功績を適正に反映したものでない場合には、検討対象となる役員退職給与の功績倍率は同業類似法人における功績倍率の平均値に比べ著しく高率となるから、比較そのものが不合理なものとならざるを得ない。よって、このような特段の事情がある場合には、最終報酬月額を基礎とする功績倍率を用いて算出する「平均功績倍率法」は妥当ではなく、最終報酬月額を計算の基礎としない「1年当たり平均額法」がより合理的な方法と認められる。<br>6　退職役員は、死亡退職時に取締役であり、その報酬月額は平成16年3月までは515,000円で、その後は死亡退職するまで無報酬であった。そうすると、退職給与相当額を算出するに当たっては、「平均功績倍率法」を用いると、算出要素となる退任時の最終報酬月額が零円である以上、退職給与相当額も零円となってしまい、在職期間中の職務内容等からみて著しく不合理であり、同人の功績を反映した退職給与相当額を算出することはできないから、このような特段の事情がある場合に「平均功績倍率法」を用いることは相当でない。<br>よって、本件の場合には、1年当たりの役員退職給与の額を用いて算出する「1年当たり平均額法」によることが、より合理的と認められる。 |
| 平成24年3月27日<br><br>（その後、平成27年2月26日東京地裁判決で否定 P193参照） | 請求人（法人）は、役員の分掌変更に伴い退職慰労金を支給することを決定し、資金繰り等の都合から、その一部を当該分掌変更のあった事業年度及びその翌事業年度にそれぞれ支給したものであり、いずれも法基通9－2－32（本件通達）及び同通達9－2－28が適用されるというべきであり、所轄税務署が役員賞与と認定した分掌変更の翌事業年度に支給された金員が退職給与として取り扱われるべきである旨主張する。<br>しかし、退職によらない役員退職給与の損金算入を例外的に認める本件通達は、恣意的な損金算入などの弊害を防止する必要性に鑑み、原則として、法人が実際に支払ったものに限り適用されるべきであって、当該分掌変更等の時に当該支給がされなかったことが真に合理的な理由によるものである場合に限り、例外的に適用されるというべきである。本件における退職慰労金については、株主総会議事録や取締役会議事録が存在せず、法人が主張する資金需要を認めるに足りる具体的な資料もない上、一部支払われた後の退職慰労金の残額については支払時期やその支払額を具体的に定めず漠然と3年以内とされており、法人の決算の状況を踏まえて支払がされていることがうかがえることからすると、本件退職金をその支払日の属する事業年度において損金算入を認めた場合には、法人による恣意的な損金算入を認める結果となり、課税上の弊害があるといわざるを得ない。<br>以上によれば、本件分掌変更の時に本件退職金が支払われなかったことが合理的な理由によるものであると認めるに足りる証拠はなく、本件退職金を退職給与として取り扱うことはできないというべきである。 |
| 平成25年7月18日東京高裁<br><br>（同趣旨：平成26年5月19日最高裁） | 役員退職給与の適正額を判断するに当たり、最高功績倍率法を採ると、比較法人中に極めて多額で不相当な退職給与を支給した法人があった場合に不合理な結論となり、これを避けるために異常に多額なものは除外するとすると、その対象や範囲が不明確となり、恣意の入り込む余地が生じる。したがって、平均功績倍率法を採ることが旧施行令72条、施行令70条2号の趣旨に合致するというべきであり、退職直前に無報酬の期間がある等、平均功績倍率法を採ると適正を欠く結果となる場合には、1年当たり平均額法を採るのが相当と考えられる。そして、処分行政庁が亡乙について原則的な平均功績倍率法を採用し、14年間にわたり代表取締役を務めたが退職前の2年間余は無報酬であった丙について1年当たり平均額法を採用したことに不合理な点は見当たらない。 |

| 平成26年12月1日 | 所轄税務署は、学校法人が設置、運営する幼稚園（本件幼稚園）の園長兼学校法人の理事長である者（園長）に対し退職金として支払われた金員（本件金員）について、園長は、引き続き他の職員と同様に出勤し学校法人から給与を受領していることから、勤務関係が終了したとは認められないこと、また、園長が学校法人の理事長としての業務を引き続き行っており、園長の勤務時間及び給与等の減少割合からしても、園長の勤務関係の性質、内容及び労働条件に重大な変動があったものと認めることはできないことから、本件金員に係る所得は給与所得に該当する旨主張する。<br>しかし、園長並びに幼稚園の副園長及び事務長の答述その他関係資料等によれば、園長の行う職務全体に占める理事長としての職務の割合は、幼稚園の園長としての職務に比べてごく僅かであったと認められること、また、実質的な園長としての職務のほとんどを副園長に引き継ぐことにより、その職務内容は量的にも質的にも大幅に軽減され、その実態に即するように基本給の額を減額するなど労働条件も大きく変動したものと認められ、園長の勤務関係は、その性質、内容及び労働条件等において重大な変動があって、形式的には継続している勤務関係が実質的には単なる従前の勤務関係の延長とみることができない特別の事実関係があるというべきであるから、本件金員は、退職所得に該当する。 |
|---|---|
| 平成27年6月23日<br><br>同趣旨<br>（平成29年10月13日東京地裁判決） | 請求人は、請求人が元代表者に対して支給した役員退職給与（本件役員退職給与）は、役員退職慰労金規定に基づいて支給されたものであり、役員退職金を恣意的に大きくして租税回避を行ったものではないから、本件役員退職給与は全額損金の額に算入されるべきであり、仮に不相当に高額な部分があったとしても、①同業類似法人の選定に当たり業種及び地域等の事情が適切に反映されておらず平均功績倍率法の適用の前提を欠いていることから、本件役員退職給与相当額は最高功績倍率法により算定すべきであり、②会社法は、役員賞与を役員報酬の一つとして位置付けているのであるから、本件役員退職給与相当額を平均功績倍率法により算定する際の最終報酬月額（本件最終報酬月額）は賞与を加味して算定する旨主張する。しかしながら、役員退職慰労金規定に基づいて支払われたか否かにかかわらず、役員退職給与の額に不相当に高額な部分がある場合には、法人税法第34条《役員給与の損金不算入》第2項の適用があることから相当に高額な部分の金額は損金の額に算入されない。また、①平均功績倍率法は、その同業類似法人の抽出が合理的に行われる限り、法人税法第34条第2項及び法人税法施行令第70条《過大な役員給与の額》第2号の趣旨に最も合致する合理的な方法であって、同業類似法人の抽出基準が必ずしも十分でない場合、又は、その抽出件数が僅少であり、かつ、当該法人と最高功績倍率を示す同業類似法人が極めて類似していると認められる場合など、平均功績倍率法によるのが不相当である特段の事情がある場合に限って最高功績倍率法を適用すべきであるところ、業種、事業規模、地域及び退職事由等による同業類似法人の選定基準はいずれも合理的であり、②本件役員退職給与支給事業年度において、役員に対する事前確定届出給与（賞与）の支払はないことから、請求人の主張には理由がない。 |
| 平成27年8月3日 | 宗教法人である請求人は、請求人が運営する寺院（本件寺院）の住職兼請求人の代表役員であった者（本件住職）に対し退職金として支払われた金員（本件金員）について、①平成24年12月末（本件退任日）をもって本件住職が退任することを責任役員会において承認されており、本件退任日に請求人との勤務関係は終了していること、②本件住職が本件退任日以降も葬儀等に従事していたのは寺院の慣行によるもので後任の住職（新住職）の代理として行ったものであること、③法要等の従事量も減少し、給与も約50％減額されているなど、本件住職の勤務条件等に重大な変動があることから退職手当等に当たるとして、本件金員に係る所得は所得税法第30条《退職所得》第1項に規定する退職所得に該当する旨主張する。しかしながら、請求人の宗派の規則によれば住職が代表役員を兼ねるところ、新住職が請求人の包括団体から本件寺院の住職に任命された時期は本件退任日以後の平成26年4月1日であり、本件住職は新住職任命までは本件寺院の住職兼請求人の代表役員であったと認められ、本件住職と請求人との勤務関係が本件退任日に終了したとは認められないことから、本件金員は所得税法第30条第1項前段に規定する「退職手当、一時恩給その他の退職により一次に受ける給与」には該当しない。また、本件住職は、本件退任日以後も代表役員並びに住職の職務に従事しており、それらの職務内容に変更があった |

| | |
|---|---|
| | とは認められず、本件退任日の前後において形式的には継続している勤務関係が実質的には単なる従前の勤務関係の延長とはみられない特別な事実関係があったとは認められないことから、本件金員は所得税法第30条第1項後段に規定する「これらの性質を有する給与」にも該当せず、同法第28条《給与所得》第1項に規定する賞与に該当する。 |
| 平成27年10月2日 | 請求人は、勤務先法人の適格退職年金制度が廃止され、同制度に係る年金保険契約（本件保険契約）が解約されたことに伴い、本件保険契約の受託者から受領した一時金（本件一時金）について、本件一時金が退職金の支払を目的とする本件保険契約の保険料積立金を原資とし、かつ、退職年金規程に基づく給付であることなどを理由として、本件一時金は、「退職により支払われたもの」とみるべきであり、所得税法第31条《退職手当等とみなす一時金》に規定する退職手当等とみなす一時金に該当する旨主張する。しかしながら、所得税法第31条第3号は、退職手当等とみなす一時金を「加入者の退職により支払われるものその他これに類する一時金として政令に定めるもの」に限定しており、これを受けた所得税法施行令（平成26年政令第73号による改正前のもの）第72条《退職手当等とみなす一時金》第2項第4号は、適格退職年金契約に基づいて支給を受ける一時金で、「その一時金が支給される基因となった勤務をした者の退職により支払われるもの」に限定していることからすれば、退職の事実があり、かつ、これにより支給されるもののみが、退職手当等とみなす一時金とされているのである。本件一時金は、勤務先法人を退職しておらず退職一時金の受給権を取得していなかった請求人が、適格退職年金制度の廃止により保険料積立金の一部の支払を受けた返戻金であって、「退職の事実があり、かつ、これにより支給されるもの」には当たらないから、退職手当等とみなす一時金には該当しない。 |
| 平成27年12月9日 | 請求人は、請求人の代表取締役会長が代表権のない取締役会長（本件役員）となったこと（本件分掌変更）、勤務形態が常勤から非常勤になったこと、及び本件役員の報酬が半額以下となったことなどから、その役員としての地位又は職務の内容が激変し、実質的に退職したと同様の事情にあると認められるため、本件役員に支給した退職金は、退職給与に該当し損金の額に算入できる旨主張する。しかしながら、本件役員は本件分掌変更後においても、重要な取引先である金融機関との交渉、重要な事業用資産の売却取引に対する最終意思決定及び同業者団体の行事に請求人の代表者として継続的に参加している。また、これらの社内外での働きぶりに対して本件分掌変更1年経過後に本件役員の報酬が約3倍以上に増加されたことは、本件役員が請求人にとって貢献度の高い必要不可欠なものであると評価されたことを示すものといえる。さらに、これらの事情に合わせて、本件役員が本件分掌変更後においても、引き続き会長という名称を有し、過半数の株式を保有する筆頭株主であることなどを考慮すれば、本件役員は、本件分掌変更後においても請求人の経営上主要な地位を占めていると認められるため、本件役員は本件分掌変更により、その役員としての地位又は職務の内容が激変し、実質的に退職したと同様の事情にあるとは認められない。 |
| 平成29年3月24日 | 請求人らは、役員退職慰労金（本件退職金）の支給を決定した臨時株主総会の召集手続に瑕疵があり、当該決議は不存在であるから、当該決議を根拠に当該役員に支給された本件退職金の支出は違法であって、所得税法上の退職所得には当たらず、滞納法人において本件退職金についての所得税の源泉徴収義務及び納税義務も不存在であるから、第二次納税義務が生ずる余地はない旨主張する。しかしながら、仮にある金員の移動が不法、違法な利得であったとしても、また、その原因となった法律行為が無効であったとしても、当該金員が所得を構成するという判断を左右するものではなく、たとえ、本件退職金の支給を決定した臨時株主総会の決議が不存在で、当該支出が会社法の規定に反するものであったとしても、当該役員に対し、役員退任を基因とした退職所得に該当する経済的利益が生じている事実がある以上、その退職所得に該当する支出をした滞納法人には、本件退職金についての所得税の源泉徴収義務及び納税義務がある。 |

| | |
|---|---|
| 平成30年<br>1月25日<br>最高裁<br>決定<br>(残波事件) | 役員給与及び役員退職給与についてそれぞれ不相当に高額な部分の有無及びその金額が争われ、役員給与については各類似法人の役員給与等の最高額の平均ではなく最高額、退職給与については類似法人中の役員給与最高額を基準にした判断が示された事例<br>※法人(上告人)は、地裁で認められなかった役員給与の「不相当に高額な部分」に関する主張について、高裁が棄却したため、最高裁に上告及び上告受理申立てを行いました。上告は棄却、上告受理申立ては不受理決定で確定しています。 |
| 平成30年<br>4月25日<br>東京高裁<br>判決<br><br>平成29年<br>10月13日<br>東京地裁<br>の功績倍<br>率50%加<br>算を認め<br>た判決を<br>否定 | 1　被控訴人は、死亡退職した元代表取締役Aへの退職慰労金(本件役員退職給与)の支給額4億2,000万円を損金の額に算入して法人税の確定申告をした。これに対し、三条税務署長は、本件役員退職給与の額のうち不相当に高額の部分である2億0,875万2,000円については損金の額に算入されないことを理由として更正処分等をした。本件は、被控訴人が、控訴人に対して、本件更正処分等の取消しを求める事案である。<br>　原審は、処分行政庁の調査に基づく本件平均功績倍率の3.26にその半数を加えた4.89に最終月額報酬額240万円及び勤続年数27年をそれぞれ乗じて計算される金額に相当する3億1,687万2,000円までの部分はAに対する退職給与として相当であると認められる金額を超えるものではなく、本件役員退職給与の額のうち「不相当に高額な部分の金額」は同額を4億2,000万円から控除した残額の1億0,312万8,000円であることを前提として計算すべきと判断して、本件更正処分等の一部を取り消した。控訴人は、原審の本件各処分について一部取消しを認めた判断を不服として控訴し、被控訴人は、請求が一部認められなかった部分を不服として附帯控訴した。<br>2　本件平均功績倍率は、被控訴人の同業類似法人の抽出を合理的に行った上で、法人税法34条2項及び法人税法施行令70条2号の趣旨に最も合致する合理的な方法で算定されたものであるから、Aの最終月額報酬額に同人の勤続年数及び本件平均功績倍率(3.26)を乗じた金額である2億1,124万8,000円はAに対する退職給与として相当であると認められる金額であるというべきである。<br>3　法人税法施行令70条2号が、役員退職給与の相当額の算定要素として、業務に従事した期間、退職の事情及び同業類似法人の役員に対する退職給与の支給状況等を列挙している趣旨は、当該退職役員又は当該法人に存する個別事情のうち、業務に従事した期間及び退職の事情については、退職役員の個別事情として顕著であり、かつ、役員退職給与の適正額の算定に当たって考慮することが合理的であると認められることから、これらを考慮すべき個別事情として例示する一方、その他の必ずしも個別事情としては顕著といい難い種々の事情については、原則として同業類似法人の役員に対する退職給与の支給状況として把握するものとし、これを考慮することによって、役員退職給与の相当額に反映されるべきものとしたことにあると解される。<br>4　そうすると、当該退職役員及び当該法人に存する個別事情であっても、法人税法施行令70条2号に例示されている業務に従事した期間及び退職の事情以外の種々の事情については、原則として、同業類似法人の役員に対する退職給与の支給の状況として把握されるべきものであり、同業類似法人の抽出が合理的に行われる限り、役員退職給与の適正額を算定するに当たり、これを別途考慮して功労加算する必要はないというべきであって、同業類似法人の抽出が合理的に行われてもなお、同業類似法人の役員に対する退職給与の支給の状況として把握されたとはいい難いほどの極めて特殊な事情があると認められる場合に限り、これを別途考慮すれば足りるというべきである。<br>5　そこで、Aの役員在任中の功績について検討すると、Aは、被控訴人の経理及び労務管理を担当して約8億円の債務完済に何らかの貢献をしたことが認められるが、これに関するAの具体的貢献の態様及び程度は必ずしも明らかではなく、同業類似法人の合理的な抽出結果に基づく本件平均功績倍率〔公刊資料によって認められる数値に照らしても、有意なものと十分推認することができる。〕によってもなお、同業類似法人の役員に対する退職給与の支給の状況として把握されたとはいい難いほどの極めて特殊な事情があったとまでは認められない。<br>6　被控訴人の請求は理由がないから全部棄却すべきところ、これを一部認容した原判決は失当であり、控訴は理由があり、附帯控訴は理由がない。 |

## 4．契約転換

| 裁決<br>年月日 | 裁決趣旨 |
|---|---|
| 平成14年<br>12月19日 | 　請求人（法人）は、税務上の課税関係が発生しないとの認識で、旧養老保険契約から新養老保険契約への転換を行ったものであり、税務上の課税関係が発生することが判明した後、本件契約転換を取り消したことにより、旧養老保険契約が復元されて新養老保険契約は本件転換時に遡って取り消され、本件転換時には収益及び費用は発生していないと主張する。<br>　しかし、法人の各事業年度の収益の額及び費用、損失の額は、法法22④において一般に公正妥当と認められる会計処理の基準に従って計算されると規定されており、この場合の各事業年度の収益又は費用、損失については、その発生原因が何であるかを問わず、当該事業年度中に生じたものはすべて当該事業年度に属する損益として認識することになる。<br>　従って、既往の事業年度において収益に計上された取引が当該事業年度において契約解除等により取り消されたとしても、収益に計上された事業年度に遡ってその収益を取り消すという修正処理をするのではなく、当該事業年度の損失として処理するというのが一般的な会計処理であり、これを本件についてみると、本件契約転換は本件事業年度において行われ、本件事業年度末までに取り消された事実はないことから、本件契約転換によって発生した収益及び費用、損失の額は本件事業年度の益金及び損金の額に算入されることになる。 |

## 5．福利厚生プラン

| 裁決<br>年月日 | 裁決趣旨 |
|---|---|
| 平成5年<br>8月24日 | 　請求人は、本件養老保険契約に係る被保険者について、①勤続年数15年以上、②年齢40歳以上、③定年までの定着度の各要件を総合勘案して、各職種より選定した旨主張するが、1名のやむを得ない例外を除いては主任以上の全従業員が被保険者となっており、保険加入の対象者として主任以上の基準を設けていたことが推認される。<br>　ところで、請求人においては、主任とは役職名の一つであって、役職の任免は請求人の業務運営上の必要に応じて行われるものとされており、必ずしもすべての従業員が主任以上の役付者になれるとは限らず、また、課長又は主任に任命されていない者で勤続年数15年以上かつ年齢40歳以上の者が3人認められることからみると、全従業員がその恩恵に浴する機会を与えられているとは認められない。<br>　したがって、本件保険契約については、全従業員がその恩恵に浴する機会が与えられているとは認められず、支払った保険料は、被保険者に対する給与とすることが相当である。 |
| 平成18年<br>10月17日 | 　請求人は、請求人を契約者及び生存保険金の受取人とし、請求人の役員及び使用人を被保険者、被保険者の遺族を死亡保険金の受取人とする養老保険契約について、役員及び使用人の福利厚生の一環として加入したものであり、特定の者に恩恵を与えるような恣意的なものとはいえないから、請求人の役員又は使用人の全部が同族関係者であるとしても、当該養老保険契約の保険料のうち死亡保険金に係る部分は福利厚生費であるとして、本件納税告知処分が違法である旨主張する。ところで、所得税基本通達36-31（注）2の（2）は、役員又は使用人の全部又は大部分が同族関係者である法人が養老保険に加入した場合について、たとえその役員又は使用人の全部を対象として保険に加入する場合であっても、その同族関係者である役員及び使用人については、その支払った保険料の2分の1に相当する金額（死亡保険金部分）は当該役員及び使用人に対する給与等とする旨定めているが、その趣旨は、当該法人においては、当該法人の同族関係者によって経営の支配権が確立され当該法人の同族関係者自らが養老保険の加入の要否及び保険金額等を決定する権限、すなわち養老保険契約の加入に伴う経済的利益の供与を決定する権限を有していることから、 |

| | |
|---|---|
| | 当該法人が支払う養老保険の保険料にはもはや従業員の受動的利益であるはずの福利厚生費の性格が欠如し、福利厚生を目的とした使用者側の業務上の要請による支出とは認められず、同族関係者が、専ら当該経済的利益を自ら受益するために養老保険に加入していると認められることから、当該法人が支払った保険料は同族関係者に対する給与として課税するというものであり、このような取扱いは当審判所においても相当なものとして是認できる。そうすると、請求人が加入した上記養老保険の保険料のうち死亡保険金に係る部分は請求人の役員及び使用人に対する給与と認められるから、本件納税告知処分は適法である。 |
| 平成27年 6月19日 | 請求人は、同人が契約者として締結した、理事長等を被保険者とする養老保険契約（本件各保険契約）の死亡保険金について、従業員を被保険者とする保険契約の死亡保険金に比して多額であるが、格差が存する理由として、理事長等が病院の経営に生涯責任を持ち、請求人の借入金の保証人になっているため、所得税基本通達36-31《使用者契約の養老保険に係る経済的利益》（本件通達）の（注）2の（1）に定める「保険加入の対象とする役員又は使用人について、加入資格の有無、保険金額等に格差が設けられている場合」に該当し、本件通達の（3）ただし書に定める「役員…のみを被保険者としている場合」に該当しないこととなるため、本件各保険契約に基づき請求人が支払う保険料（本件各保険料）の2分の1に相当する金額は理事長等に対する給与等には該当しない旨主張する。しかしながら、理事長等は従業員とは質的に異なる重い責任を負っているということができるものの、本件通達の趣旨や「職種、年齢、勤続年数等」という列挙事由に照らせば、他に特別の事情のない限り、福利厚生を目的として、死亡保険金に大きな格差を設けることの合理的な根拠にはならないというべきである。さらに、本件各契約は、請求人の福利厚生規定に定めたりすることなく理事長等の判断だけで締結されていることからすれば、理事長等は自らが本件各保険契約による経済的利益を受ける目的で締結したものと評価せざるを得ず、本件各保険料の死亡保険金に係る部分には、もはや一種の福利厚生費としての性格が欠如していると言え、本件通達の（注）2の（1）に定める「職種、年齢、勤続年数等に応ずる合理的な基準により、普遍的に設けられた格差であると認められるとき」には該当しないというべきであり、本件通達の（3）ただし書に定める「役員…のみを被保険者としている場合」に該当すると評価できるから、本件各保険料の2分の1に相当する金額は理事長等に対する給与等に該当する。 |
| 平成28年 4月20日 広島高裁 判決 | 1　本件は、個人事業者である控訴人甲（眼科医）及び控訴人乙（歯科医）が、雇用する従業員を被保険者とする養老保険契約及びがん保険契約を締結しており、それらの保険料の一部を所得税法37条1項所定の必要経費としてそれぞれ確定申告（平成18年分ないし平成20年分）をしたのに対し、広島東税務署長が、これらを必要経費として認めず、各更正処分をしたことから、控訴人らがその取消しを求めた事案である。<br>2　当裁判所も、所得税の算定において、事業者である個人が行った支出が必要経費に該当するかを判断するに当たり、その支出の目的を考慮すべきであり、その目的を判断するに当たっては、事業者その他関係者の主観のみならず、客観的事実に基づいてしなければならないと判断する。<br>3　当裁判所も本件各保険契約が福利厚生を目的としているとは認められないものと判断する。その理由は、当裁判所の追加判断を付加するほか、原判決の事実及び理由中第3の2のとおりであるから、これを引用する。<br>4　控訴人らが従業員に養老保険契約の保険証券の写しを交付するなどしておらず、従業員にその契約内容を的確に把握できる手段を講じていないことからすれば、死亡保険金の受取人及び高度障害保険金の代理請求人が従業員の家族であるとしても、その受給が保障されているとはいえない。また、養老保険契約の満期保険金やがん保険契約の給付金、保険金の受取人が控訴人Aと指定されている以上、これを受給するためには被保険者の署名、実印による押印等が必要であるとしても、従業員らの協力を要することを示すに過ぎず、従業員らへの支給が法的に保障されているとはいえない。<br>5　従業員に退職金が支給されてきたという実績が存在しても、その退職金が本件各保険 |

契約の解約返戻金を原資とするものでなければ、本件各保険契約が福利厚生目的であることの裏付けにはならないところ、解約返戻金が退職金の原資に充てられていなかったことは、原判決引用のとおりである。

6　以上のとおり、本件各保険契約が福利厚生目的とは認められないのであり、各保険契約に基づき控訴人らが支払った保険料は、いずれも事業の遂行上必要な費用とは認められないから、必要経費とは認められない。

7　当裁判所も、本件各養老保険契約が、死亡保険金受取人を被保険者である従業員の親族、高度障害保険金の受取人を被保険者である従業員自身とする内容を含む点を捉えて、各養老保険契約に係る保険料が福利厚生費としての性質を含有すると解したとしても、その保険料は、所得税法45条1項1号及び所得税法施行令96条所定の必要経費に算入されない家事関連費に該当し、これを必要経費に算入することはできないと判断する。その理由は、当裁判所の追加判断を付加するほか、原判決の事実及び理由中第3の3のとおりであるから、これを引用する。

8　本件各養老保険契約は、控訴人らが多額の解約返戻金等のある保険契約を締結し、実質的に自己資金を留保しつつ、その保険料を必要経費に算入することを企図したものと認められるのであるから、各養老保険契約が被保険者を従業員とし、死亡保険金の受取人を従業員の家族としているために福利厚生費の性質を帯びていることを考慮しても、支払保険料全体が家事関連費に該当するというほかないし、危険保険料負担部分が各養老保険料の2分の1であると認めることができないばかりか、当該支払保険料の中で業務の遂行上必要な部分として明らかに区分することができるとは認められない。

# 法人税基本通達等

## 養老保険に係る保険料
### （法人税基本通達9-3-4）

法人が、自己を契約者とし、役員又は使用人（これらの者の親族を含む。）を被保険者とする養老保険（被保険者の死亡又は生存を保険事故とする生命保険をいい、傷害特約等の特約が付されているものを含むが、9-3-6に定める定期付養老保険を含まない。以下9-3-7までにおいて同じ。）に加入してその保険料（令第135条《確定給付企業年金等の掛金等の損金算入》の規定の適用があるものを除く。以下9-3-4において同じ。）を支払った場合には、その支払った保険料の額（傷害特約等の特約に係る保険料の額を除く。）については、次に掲げる場合の区分に応じ、それぞれ次により取り扱うものとする。（昭55年直法2-15「十三」により追加、昭59年直法2-3「五」により追加、平15年課法2-7「二十四」により改正）

(1) 死亡保険金（被保険者が死亡した場合に支払われる保険金をいう。以下9-3-5までにおいて同じ。）及び生存保険金（被保険者が保険期間の満了の日その他一定の時期に生存している場合に支払われる保険金をいう。以下9-3-4において同じ。）の受取人が当該法人である場合　その支払った保険料の額は、保険事故の発生又は保険契約の解除若しくは失効により当該保険契約が終了する時までは資産に計上するものとする。

(2) 死亡保険金及び生存保険金の受取人が被保険者又はその遺族である場合　その支払った保険料の額は、当該役員又は使用人に対する給与とする。

(3) 死亡保険金の受取人が被保険者の遺族で、生存保険金の受取人が当該法人である場合　その支払った保険料の額のうち、その2分の1に相当する金額は(1)により資産に計上し、残額は期間の経過に応じて損金の額に算入する。ただし、役員又は部課長その他特定の使用人（これらの者の親族を含む。）のみを被保険者としている場合には、当該残額は当該役員又は使用人に対する給与とする。

## 定期保険に係る保険料
### （法人税基本通達9-3-5）

法人が、自己を契約者とし、役員又は使用人（これらの者の親族を含む。）を被保険者とする定期保険（一定期間内における被保険者の死亡を保険事故とする生命保険をいい、傷害特約等の特約が付されているものを含む。以下9-3-7までにおいて同じ。）に加入してその保険料を支払った場合には、その支払った保険料の額（傷害特約等の特約に係る保険料の額を除く。）については、次に掲げる場合の区分に応じ、それぞれ次により取り扱うものとする。（昭55年直法2-15「十三」により追加、昭59年直法2-3「五」により改正）

(1) 死亡保険金の受取人が当該法人である場合　その支払った保険料の額は、期間の経過に応じて損金の額に算入する。

(2) 死亡保険金の受取人が被保険者の遺族である場合　その支払った保険料の額は、期間の経過に応じて損金の額に算入する。ただし、役員又は部課長その他特定の使用人（これらの者の親族を含む。）のみを被保険者としている場合には、当該保険料の額は、当該役員又は使用人に対する給与とする。

## 定期付養老保険に係る保険料
### （法人税基本通達9-3-6）

法人が、自己を契約者とし、役員又は使用人（これらの者の親族を含む。）を被保険者とする定期付養老保険（養老保険に定期保険を付したものをいう。以下9-3-7までにおいて同じ。）に加入してその保険料を支払った場合には、その支払った保険料の額（傷害特約等の特約に係る保険料の額を除く。）については、次に掲げる場合の区分に応じ、それぞれ次により取り扱うものとする。（昭55年直法2-15「十三」により追加、昭59年直法2-3「五」により改正）

(1) 当該保険料の額が生命保険証券等において養老保険に係る保険料の額と定期保険に係る保険料の額とに区分されている場合　それぞれの保険料の額について9-3-4又は9-3-5の例による。

(2) (1)以外の場合　その保険料の額について9-3-4の例による。

## 傷害特約等に係る保険料
### （法人税基本通達9-3-6の2）

法人が、自己を契約者とし、役員又は使用人（これらの者の親族を含む。）を被保険者とする傷害特約等の特約を付した養老保険、定期保険又は定期付養老保険に加入し、当該特約に係る保険料を支払った場合には、その支払った保険料の額は、期間の経過に応じて損金の額に算入することができる。ただし、役員又は部課長その他特定の使用人（これらの者の親族を含む。）のみを傷害特約等に係る給付金の受取人としている場合には、当該保険料の額は、当該役員又は使用人に対する給与とする。（昭59年直法2-3「五」により追加）

## 払済保険へ変更した場合
### （法人税基本通達9-3-7の2）

法人が既に加入している生命保険をいわゆる払済保険に変更した場合には、原則として、その変更時における解約返戻金相当額とその保険契約により資産に計上している保険料の額（以下9-3-7の2において「資産計上額」という。）との差額を、その変更した日の属する事業年度の益金の額又は損金の額に算入する。ただし、既に加入している生命保険の保険料の全額（傷害特約等に係る保険料の額を除く。）が役員又は使用人に対する給与となる場合は、この限りでない。（平14年課法2-1「二十一」により追加）

(注) 1　養老保険、終身保険及び年金保険（定期保険特約が付加されていないものに限る。）から同種類の払済保険に変更した場合に、本文の取扱いを適用せずに、既往の資産計上額を保険事故の発生又は解約失効等により契約が終了するまで計上しているときは、これを認める。

　　2　本文の解約返戻金相当額については、その払済保険へ変更した時点において当該変更後の保険と同一内容の保険に加入して保険期間の全部の保険料を一時払いしたものとして、9-3-4から9-3-6までの例により処理するものとする。

　　3　払済保険が復旧された場合には、払済保険に変更した時点で益金の額又は損金の額に算入した金額を復旧した日の属する事業年度の損金の額又は益金の額に、また、払済保険に変更した後に損金の額に算入した金額は復旧した日の属する事業年度の益金の額に算入する。

## 契約者配当
### （法人税基本通達9-3-8）

法人が生命保険契約（適格退職年金契約に係るものを含む。）に基づいて支払いを受ける契約者配当の額については、その通知（据置配当については、その積立てをした旨の通知）を受けた日の属する事業年度の益金の額に算入するのであるが、当該生命保険契約が9-3-4の(1)に定める場合に該当する場合（9-3-6の(2)により9-3-4の(1)の例による場合を含む。）には、当該契約者配当の額を資産に計上している保険料の額から控除することができるものとする。（昭55年直法2-15「十三」により改正）

(注) 1　契約者配当の額をもっていわゆる増加保険に係る保険料の額に充当することになっている場合には、その保険料の額については、9-3-4から9-3-6までに定めるところによる。

　　2　据置配当又は未収の契約者配当の額に付される利子の額については、その通知のあった日の属する事業年度の益金の額に算入するのであるから留意する。

## 短期の前払費用
（法人税基本通達2-2-14）

　前払費用（一定の契約に基づき継続的に役務の提供を受けるために支出した費用のうち当該事業年度終了の時においてまだ提供を受けていない役務に対応するものをいう。）の額は、当該事業年度の損金の額に算入されないのであるが、法人が、前払費用の額でその支払った日から1年以内に提供を受ける役務に係るものを支払った場合において、その支払った額に相当する金額を継続してその支払った日の属する事業年度の損金の額に算入しているときは、これを認める。

## 役員の分掌変更等の場合の退職給与
（法人税基本通達9-2-32）

　法人が役員の分掌変更又は改選による再任等に際しその役員に対し退職給与として支給した給与については、その支給が、例えば次に掲げるような事実があったことによるものであるなど、その分掌変更等によりその役員としての地位又は職務の内容が激変し、実質的に退職したと同様の事情にあると認められることによるものである場合には、これを退職給与として取り扱うことができる。

(1) 常勤役員が非常勤役員（常時勤務していないものであっても代表権を有する者及び代表権は有しないが実質的にその法人の経営上主要な地位を占めていると認められる者を除く。）になったこと。
(2) 取締役が監査役（監査役でありながら実質的にその法人の経営上主要な地位を占めていると認められる者及びその法人の株主等で令第71条第1項第5号《使用人兼務役員とされない役員》に掲げる要件の全てを満たしている者を除く。）になったこと。
(3) 分掌変更等の後におけるその役員（その分掌変更等の後においてもその法人の経営上主要な地位を占めていると認められる者を除く。）の給与が激減（おおむね50％以上の減少）したこと。
(注) 本文の「退職給与として支給した給与」には、原則として、法人が未払金等に計上した場合の当該未払金等の額は含まれない。

## ■長期平準定期保険等の保険料の取扱いについて（平成20年2月28日以後の契約の場合）

### 1 対象とする定期保険の範囲

この通達に定める取扱いの対象とする定期保険は、法人が、自己を契約者とし、役員又は使用人（これらの者の親族を含む。）を被保険者として加入した定期保険（一定期間内における被保険者の死亡を保険事故とする生命保険をいい、障害特約等の特約の付されているものを含む。以下同じ。）のうち、次に掲げる長期平準定期保険及び逓増定期保険（以下これらを「長期平準定期保険等」という。）とする。（平8年課法2-3、平20年課法2-3により改正）

(1) 長期平準定期保険（その保険期間満了の時における被保険者の年齢が70歳を超え、かつ、当該保険に加入した時における被保険者の年齢に保険期間の2倍に相当する数を加えた数が105を超えるものをいい、(2)に該当するものを除く。）

(2) 逓増定期保険（保険期間の経過により保険金額が5倍までの範囲で増加する定期保険のうち、その保険期間満了の時における被保険者の年齢が45歳を超えるものをいう。）

(注) 「保険に加入した時における被保険者の年齢」とは、保険契約証書に記載されている契約年齢をいい、「保険期間満了の時における被保険者の年齢」とは、契約年齢に保険期間の年数を加えた数に相当する年齢をいう。

### 2 長期平準定期保険等に係る保険料の損金算入時期

法人が長期平準定期保険等に加入してその保険料を支払った場合（役員又は部課長その他特定の使用人（これらの者の親族を含む。）のみを被保険者とし、死亡保険金の受取人を被保険者の遺族としているため、その保険料の額が当該役員又は使用人に対する給与となる場合を除く。）には、法人税基本通達9－3－5及び9－3－6《定期保険に係る保険料等》にかかわらず、次により取り扱うものとする。（平8年課法2-3、平20年課法2-3により改正）

(1) 次表に定める区分に応じ、それぞれ次表に定める前払期間を経過するまでの期間にあっては、各年の支払保険料の額のうち次表に定める資産計上額を前払金等として資産に計上し、残額については、一般の定期保険（法人税基本通達9－3－5の適用対象となる定期保険をいう。以下同じ。）の保険料の取扱いの例により損金の額に算入する。

〔前払期間、資産計上額等の表〕

| | 区　　分 | 前払期間 | 資産計上額 |
|---|---|---|---|
| (1) 長期平準定期保険 | 保険期間満了の時における被保険者の年齢が70歳を超え、かつ、当該保険に加入した時における被保険者の年齢に保険期間の2倍に相当する数を加えた数が105を超えるもの | 保険期間の開始の時から当該保険期間の60％に相当する期間 | 支払保険料の2分の1に相当する金額 |
| (2) 逓増定期保険 | ①保険期間満了の時における被保険者の年齢が45歳を超えるもの（②又は③に該当するものを除く。） | 保険期間の開始の時から当該保険期間の60％に相当する期間 | 支払保険料の2分の1に相当する金額 |
| | ②保険期間満了の時における被保険者の年齢が70歳を超え、かつ、当該保険に加入した時における被保険者の年齢に保険期間の2倍に相当する数を加えた数が95を超えるもの（③に該当するものを除く。） | 同　上 | 支払保険料の3分の2に相当する金額 |
| | ③保険期間満了の時における被保険者の年齢が80歳を超え、かつ、当該保険に加入した時における被保険者の年齢に保険期間の2倍に相当する数を加えた数が120を超えるもの | 同　上 | 支払保険料の4分の3に相当する金額 |

(注) 前払期間に1年未満の端数がある場合には、その端数を切り捨てた期間を前払期間とする。

(2) 保険期間のうち前払期間を経過した後の期間にあっては、各年の支払保険料の額を一般の定期保険の保険料の取扱いの例により損金の額に算入するとともに、(1)により資産に計上した前払金等の累積額をその期間の経過に応じ取り崩して損金の額に算入する。

(注)1 保険期間の全部又はその数年分の保険料をまとめて支払った場合には、いったんその保険料の全部を前払金として資産に計上し、その支払の対象となった期間（全保険期間分の保険料の合計額をその全保険期間を下回る一定の期間に分割して支払う場合には、その全保険期間とする。）の経過に応ずる経過期間分の保険料について、(1)又は(2)の処理を行うことに留意する。

2 養老保険等に付された長期平準定期保険等特約（特約の内容が長期平準定期保険等と同様のものをいう。）に係る保険料が主契約たる当該養老保険等に係る保険料と区分されている場合には、当該特約に係る保険料についてこの通達に定める取扱いの適用があることに留意する。

### （経過的取扱い…逓増定期保険に係る改正通達の適用時期）

この法令解釈通達による改正後の取扱いは平成20年2月28日以後の契約に係る改正後の1(2)に定める逓増定期保険（2(2)の注2の適用を受けるものを含む。）の保険料について適用し、同日前の契約に係る改正前の1(2)に定める逓増定期保険の保険料については、なお従前の例による。（平20年課法2-3により追加）

国税庁個別通達・昭62・6・16直法2-2（例規）（平8・7・4課法2-3（例規）により改正、平20・2・28課法2-3・課審5-18により改正）

# 長期平準定期保険等の保険料の取扱いについて（平成20年2月27日以前の契約の場合）

## 1 対象とする定期保険の範囲

この通達に定める取扱いの対象とする定期保険は、法人が、自己を契約者とし、役員又は使用人（これらの者の親族を含む。）を被保険者として加入した定期保険（一定期間内における被保険者の死亡を保険事故とする生命保険をいい、障害特約等の特約の付されているものを含む。以下同じ。）のうち、次に掲げる長期平準定期保険及び逓増定期保険（以下これらを「長期平準定期保険等」という。）とする。（平8年課法2-3により改正）

(1) 長期平準定期保険（その保険期間満了の時における被保険者の年齢が70歳を超え、かつ、当該保険に加入した時における被保険者の年齢に保険期間の2倍に相当する数を加えた数が105を超えるものをいい、(2)に該当するものを除く。）

(2) 逓増定期保険（保険期間の経過により保険金額が5倍までの範囲で増加する定期保険のうち、その保険期間満了の時における被保険者の年齢が60歳を超え、かつ、当該保険に加入した時における被保険者の年齢に保険期間の2倍に相当する数を加えた数が90を超えるものをいう。）

(注)「保険に加入した時における被保険者の年齢」とは、保険契約証書に記載されている契約年齢をいい、「保険期間満了の時における被保険者の年齢」とは、契約年齢に保険期間の年数を加えた数に相当する年齢をいう。

## 2 長期平準定期保険等に係る保険料の損金算入時期

法人が長期平準定期保険等に加入してその保険料を支払った場合（役員又は部課長その他特定の使用人（これらの者の親族を含む。）のみを被保険者とし、死亡保険金の受取人を被保険者の遺族としているため、その保険料の額が当該役員又は使用人に対する給与となる場合を除く。）には、法人税基本通達9-3-5及び9-3-6《定期保険に係る保険料等》にかかわらず、次により取り扱うものとする。（平8年課法2-3により改正）

(1) 次表に定める区分に応じ、それぞれ次表に定める前払期間を経過するまでの期間にあっては、各年の支払保険料の額のうち次表に定める資産計上額を前払金等として資産に計上し、残額については、一般の定期保険（法人税基本通達9-3-5の適用対象となる定期保険をいう。以下同じ。）の保険料の取扱いの例により損金の額に算入する。

〔前払期間、資産計上額等の表〕

| 区 分 | | 前払期間 | 資産計上額 |
|---|---|---|---|
| (1) 長期平準定期保険 | 保険期間満了の時における被保険者の年齢が70歳を超え、かつ、当該保険に加入した時における被保険者の年齢に保険期間の2倍に相当する数を加えた数が105を超えるもの | 保険期間の開始の時から当該保険期間の60％に相当する期間 | 支払保険料の2分の1に相当する金額 |
| (2) 逓増定期保険 | ①保険期間満了の時における被保険者の年齢が60歳を超え、かつ、当該保険に加入した時における被保険者の年齢に保険期間の2倍に相当する数を加えた数が90を超えるもの（②又は③に該当するものを除く。） | 保険期間の開始の時から当該保険期間の60％に相当する期間 | 支払保険料の2分の1に相当する金額 |
| | ②保険期間満了の時における被保険者の年齢が70歳を超え、かつ、当該保険に加入した時における被保険者の年齢に保険期間の2倍に相当する数を加えた数が105を超えるもの（③に該当するものを除く。） | 同 上 | 支払保険料の3分の2に相当する金額 |
| | ③保険期間満了の時における被保険者の年齢が80歳を超え、かつ、当該保険に加入した時における被保険者の年齢に保険期間の2倍に相当する数を加えた数が120を超えるもの | 同 上 | 支払保険料の4分の3に相当する金額 |

(注) 前払期間に1年未満の端数がある場合には、その端数を切り捨てた期間を前払期間とする。

(2) 保険期間のうち前払期間を経過した後の期間にあっては、各年の支払保険料の額を一般の定期保険の保険料の取扱いの例により損金の額に算入するとともに、(1)により資産に計上した前払金等の累積額をその期間の経過に応じ取り崩して損金の額に算入する。

(注)1 保険期間の全部又はその数年分の保険料をまとめて支払った場合には、いったんその保険料の全部を前払金として資産に計上し、その支払の対象となった期間（全保険期間分の保険料の合計額をその全保険期間を下回る一定の期間に分割して支払う場合には、その全保険期間とする。）の経過に応ずる経過期間分の保険料について、(1)又は(2)の処理を行うことに留意する。

2 養老保険等に付された長期平準定期保険等特約（特約の内容が長期平準定期保険等と同様のものをいう。）に係る保険料が主契約たる当該養老保険等に係る保険料と区分されている場合には、当該特約に係る保険料についてこの通達に定める取扱いの適用があることに留意する。

## 3 既契約分の取扱い

平成8年9月1日以前の契約に係る逓増定期保険（上記2の(2)の注2の適用を受けるものを含む。）の保険料については、同日以後にその支払期日が到来するものにつきこの通達の取扱いを適用する。（平8年課法2-3により改正）

国税庁個別通達・昭62・6・16直法2-2（例規）（平8・7・4課法2-3（例規）により改正）

## ■がん保険（終身保障タイプ）の保険料の取扱いについて（平成24年4月27日以後の契約の場合）

■法人が支払う「がん保険」（終身保障タイプ）の保険料の取扱いについて（法令解釈通達）

表題のことについては、当面下記により取り扱うこととしたから、これによられたい。

**（趣　旨）**

保険期間が終身である「がん保険」は、保険期間が長期にわたるものの、高齢化するにつれて高まる発生率等に対し、平準化した保険料を算出していることから、保険期間の前半において中途解約又は失効した場合には、相当多額の解約返戻金が生ずる。このため、支払保険料を単に支払の対象となる期間の経過により損金の額に算入することは適当でない。そこで、その支払保険料を損金の額に算入する時期等に関する取扱いを明らかにすることとしたものである。

記

**1　対象とする「がん保険」の範囲**

この法令解釈通達に定める取扱いの対象とする「がん保険」の契約内容等は、以下のとおりである。

(1) 契約者等

　法人が自己を契約者とし、役員又は使用人（これらの者の親族を含む。）を被保険者とする契約。

　ただし、役員又は部課長その他特定の使用人（これらの者の親族を含む。）のみを被保険者としており、これらの者を保険金受取人としていることによりその保険料が給与に該当する場合の契約を除く。

(2) 主たる保険事故及び保険金

　次に掲げる保険事故の区分に応じ、それぞれ次に掲げる保険金が支払われる契約。

| 保険事故 | 保険金 |
|---|---|
| 初めてがんと診断 | がん診断給付金 |
| がんによる入院 | がん入院給付金 |
| がんによる手術 | がん手術給付金 |
| がんによる死亡 | がん死亡保険金 |

(注)1. がん以外の原因により死亡した場合にごく小額の普通死亡保険金を支払うものを含むことができる。
　2. 毎年の付保利益が一定（各保険金が保険期間を通じて一定であることをいう。）である契約に限る（がん以外の原因により死亡した場合にごく小額の普通死亡保険金を支払う契約のうち、保険料払込期間が有期払込であるもので、保険料払込期間において当該普通死亡保険金の支払がなく、保険料払込期間が終了した後の期間においてごく小額の普通死亡保険金を支払うものを含む。）。

(3) 保険期間
　保険期間が終身である契約。

(4) 保険料払込方法
　保険料の払込方法が一時払、年払、半年払又は月払の契約。

(5) 保険料払込期間
　保険料の払込期間が終身払込又は有期払込の契約。

(6) 保険金受取人
　保険金受取人が会社、役員又は使用人（これらの者の親族を含む。）の契約。

(7) 払戻金
　保険料は掛け捨てであり、いわゆる満期保険金はないが、保険契約の失効、告知義務違反による解除及び解約等の場合には、保険料の払込期間に応じた所定の払戻金が保険契約者に払い戻されることがある。

(注)上記の払戻金は、保険期間が長期にわたるため、高齢化するにつれて高まる保険事故の発生率等に対して、平準化した保険料を算出していることにより払い戻されるものである。

**2　保険料の税務上の取扱い**

法人が「がん保険」に加入してその保険料を支払った場合には、次に掲げる保険料の払込期間の区分等に応じ、それぞれ次のとおり取り扱う。

(1) 終身払込の場合

イ　前払期間

　加入時の年齢から105歳までの期間を計算上の保険期間（以下「保険期間」という。）とし、当該保険期間開始の時から当該保険期間の50％に相当する期間（以下「前払期間」という。）を経過するまでの期間にあっては、各年の支払保険料の額のうち2分の1に相当する金額を前払金等として資産に計上し、残額については損金の額に算入する。

(注)前払期間に1年未満の端数がある場合には、その端数を切り捨てた期間を前払期間とする。

ロ　前払期間経過後の期間

　保険期間のうち前払期間を経過した後の期間にあっては、各年の支払保険料の額を損金の額に算入するとともに、次の算式により計算した金額を、イによる資産計上額の累計額（既にこのロの処理により取り崩した金額を除く。）から取り崩して損金の額に算入する。

[算式]

$$\text{資産計上額の累計額} \times \frac{1}{105-\text{前払期間経過年齢}} = \text{損金算入額（年額）}$$

(注)前払期間経過年齢とは、被保険者の加入時年齢に前払期間の年数を加算した年齢をいう。

(2) 有期払込（一時払を含む。）の場合

イ　前払期間

　保険期間のうち前払期間を経過するまでの期間にあっては、次に掲げる期間の区分に応じ、それぞれ次に定める処理を行う。

① 保険料払込期間が終了するまでの期間

　次の算式により計算した金額（以下「当期分保険料」という。）を算出し、各年の支払保険料の額のうち、当期分保険料の2分の1に相当する金額と当期分保険料を超える金額を前払金等として資産に計上し、残額については損金の額に算入する。

[算式]

$$\text{支払保険料（年額）} \times \frac{\text{保険料払込期間}}{\text{保険期間}} = \text{当期分保険料（年額）}$$

(注)保険料払込方法が一時払の場合には、その一時払による支払保険料を上記算式の「支払保険料（年額）」とし、「保険料払込期間」を1として計算する。

② 保険料払込期間が終了した後の期間

　当期分保険料の2分の1に相当する金額を、①による資産計上額の累計額（既にこの②の処理により取り崩した金額を除く。）から取り崩して損金の額に算入する。

ロ　前払期間経過後の期間

　保険期間のうち前払期間を経過した後の期間にあっては、次に掲げる期間の区分に応じ、それぞれ次に定める処理を行う。

① 保険料払込期間が終了するまでの期間

　各年の支払保険料の額のうち、当期分保険料を超える金額を前払金等として資産に計上し、残額については損金の額に算入する。

　また、次の算式により計算した金額（以下「取崩損金算入額」という。）を、イの①による資産計上額の累計額（既にこの①の処理により取り崩した金額を除く。）から取り崩して損金の額に算入する。

[算式]

$$\left(\frac{\text{当期分保険料}}{2} \times \text{前払期間}\right) \times \frac{1}{105-\text{前払期間経過年齢}} = \text{取崩損金算入額}$$

② 保険料払込期間が終了した後の期間

　当期分保険料の金額と取崩損金算入額を、イ及びこのロの①による資産計上額の累計額（既にイの②及びこのロの①の処理により取り崩した金額を除く。）から取り崩して損金の額に算入する。

(3) 例外的取扱い

　保険契約の解約等において払戻金のないもの（保険料払込期間が有期払込であり、保険料払込期間が終了した後の解約等においてごく小額の払戻金がある契約を含む。）である場合には、上記(1)及び(2)にかかわらず、保険料の払込の都度当該保険料を損金の額に算入する。

**3　適用関係**

上記2の取扱いは、平成24年4月27日以後の契約に係る「がん保険」の保険料について適用する。

国税庁個別通達・平24・4・27課法2-5・課審5-6

# ■がん保険（終身保障タイプ）・医療保険（終身保障タイプ）の保険料の取扱いについて

## ■法人契約の「がん保険（終身保障タイプ）・医療保険（終身保障タイプ）」の保険料の取扱いについて（法令解釈通達）

標題のことについて、社団法人生命保険協会から別紙2のとおり照会があり、これに対して当庁課税部長名をもって別紙1のとおり回答したから、平成13年9月1日以降にその保険に係る保険料の支払期日が到来するものからこれによられたい。

なお、昭和50年10月6日付直審4-76「法人契約のがん保険の保険料の取扱いについて」（法令解釈通達）は、平成13年9月1日をもって廃止する。

おって、この法令解釈通達による保険料の取扱いのうち、がん保険（終身保障タイプ）に係る取扱いは、平成24年4月27日をもって廃止する。ただし、同日前の契約に係るがん保険（終身保障タイプ）に係る取扱いについては、なお従前の例による。

別紙1（平成13年8月10日　課審4-99）
社団法人　生命保険協会　専務理事　諏訪　茂　殿
　　　　　　　　国税庁　課税部長　村上喜堂

法人契約の「がん保険（終身保障タイプ）・医療保険（終身保障タイプ）」の保険料の取扱いについて（平成13年8月8日付企第250号照会に対する回答）

標題のことについては、貴見のとおり取り扱って差し支えありません。

なお、御照会に係る事実関係が異なる場合又は新たな事実が生じた場合には、この回答内容と異なる課税関係が生ずることがあります。

おって、当庁においては、平成13年9月1日以降にその保険に係る保険料の支払期日が到来するものから御照会のとおり取り扱うこととしましたので申し添えます。

別紙2（平成13年8月8日　企第250号）
国税庁　課税部長　村上喜堂　殿
　　　社団法人生命保険協会　専務理事　諏訪　茂

がん保険（終身保障タイプ）及び医療保険（終身保障タイプ）に関する税務上の取扱いについて

当協会の加盟会社の中には、下記の内容のがん保険（終身保障タイプ）及び医療保険（終身保障タイプ）を販売している会社があります。

つきましては、法人が自己を契約者とし、役員又は使用人（これらの者の親族を含む。）を被保険者としてがん保険（終身保障タイプ）及び医療保険（終身保障タイプ）に加入した場合の保険料の取扱いについては、以下のとおり取り扱って差し支えないか、貴庁の御意見をお伺いしたく御照会申し上げます。

記

### ＜がん保険（終身保障タイプ）の概要＞

1. 主たる保険事故及び保険金

| 保険事故 | 保険金 |
|---|---|
| 初めてがんと診断 | がん診断給付金 |
| がんによる入院 | がん入院給付金 |
| がんによる手術 | がん手術給付金 |
| がんによる死亡 | がん死亡保険金 |

（注）保険期間の終了（保険事故の発生による終了を除く。）に際して支払う保険金はない。
　なお上記に加えて、がん以外の原因により死亡した場合にごく小額の普通死亡保険金を支払うものもある。

2. 保険期間　　　終身
3. 保険料払込方法　一時払、年払、半年払、月払
4. 保険料払込期間　終身払込、有期払込
5. 保険金受取人　会社、役員又は使用人（これらの者の親族を含む。）
6. 払戻金

この保険は、保険料は掛け捨てでいわゆる満期保険金はないが、保険契約の失効、告知義務違反による解除及び解約等の場合には、保険料の払込期間に応じた所定の払戻金が保険契約者に払い戻される。これは、保険期間が長期にわたるため、高齢化するにつれて高まる死亡率等に対して、平準化した保険料を算出しているためである。

### ＜医療保険（終身保障タイプ）の概要＞

1. 主たる保険事故及び保険金

| 保険事故 | 保険金 |
|---|---|
| 災害による入院 | 災害入院給付金 |
| 病気による入院 | 病気入院給付金 |
| 災害又は病気による手術 | 手術給付金 |

（注）保険期間の終了（保険事故の発生による終了を除く。）に際して支払う保険金はない。
　なお上記に加えて、ごく小額の普通死亡保険金を支払うものもある。

2. 保険期間　　　終身
3. 保険料払込方法　一時払、年払、半年払、月払
4. 保険料払込期間　終身払込、有期払込
5. 保険金受取人　会社、役員又は使用人（これらの者の親族を含む。）
6. 払戻金

この保険は、保険料は掛け捨てでいわゆる満期保険金はないが、保険契約の失効、告知義務違反による解除及び解約等の場合には、保険料の払込期間に応じた所定の払戻金が保険契約者に払い戻される。これは、保険期間が長期にわたるため、高齢化するにつれて高まる死亡率等に対して、平準化した保険料を算出しているためである。

### ＜保険料の税務上の取扱いについて＞

1. 保険金受取人が会社の場合

(1) 終身払込の場合は、保険期間の終了（保険事故の発生による終了を除く。）に際して支払う保険金がないこと及び保険契約者にとって毎年の付保利益は一定であることから、保険料は保険期間の経過に応じて平準的に費用化することが最も自然であり、その払込の都度損金の額に算入する。

(2) 有期払込の場合は、保険料払込期間と保険期間の経過とが対応しておらず、支払う保険料の中に前払保険料が含まれていることから、生保標準生命表の最終の年齢「男性106歳、女性109歳」を参考に「105歳」を「計算上の満期到達時年齢」とし、払込保険料に「保険料払込期間を105歳と加入時年齢の差で除した割合」を乗じた金額を損金の額に算入し、残余の金額を積立保険料として資産に計上する。

(3) 保険料払込満了後は、保険料払込満了時点の資産計上額を「105歳と払込満了時年齢の差」で除した金額を資産計上額より取り崩して、損金の額に算入する。ただし、この取り崩し額は年額であるため、払込満了時が事業年度の中途である場合には、月数あん分により計算する。

2. 保険金受取人が役員又は使用人（これらの者の親族を含む。）の場合

(1) 終身払込の場合は、保険期間の終了（保険事故の発生による終了を除く。）に際して支払う保険金がないこと及び保険契約者にとって毎年の付保利益は一定であることから、保険料は保険期間の経過に応じて平準的に費用化することが最も自然であり、その払込の都度損金の額に算入する。

(2) 有期払込の場合は、保険料払込期間と保険期間の経過とが対応しておらず、支払う保険料の中に前払保険料が含まれていることから、生保標準生命表の最終の年齢「男性106歳、女性109歳」を参考に「105歳」を「計算上の満期到達時年齢」とし、払込保険料に「保険料払込期間を105歳と加入時年齢の差で除した割合」を乗じた金額を損金の額に算入し、残余の金額を積立保険料として資産に計上する。

(3) 保険料払込満了後は、保険料払込満了時点の資産計上額を「105歳と払込満了時年齢の差」で除した金額を資産計上額より取り崩して、損金の額に算入する。ただし、この取り崩し額は年額であるため、払込満了時が事業年度の中途である場合には、月数あん分により計算する。

(4) ただし、役員又は部課長その他特定の使用人（これらの者の親族を含む。）のみを被保険者としている場合には、当該役員又は使用人に対する給与とする。

国税庁個別通達・平13・8・10課審4-100
（平24・4・27課法2-3・課審5-5により改正）

# ■所得税基本通達

## 生計を一にするの意義
（所得税基本通達2-47）

　法に規定する「生計を一にする」とは、必ずしも同一の家屋に起居していることをいうものではないから、次のような場合には、それぞれ次による。
（1）勤務、修学、療養等の都合上他の親族と日常の起居を共にしていない親族がいる場合であっても、次に掲げる場合に該当するときは、これらの親族は生計を一にするものとする。
イ　当該他の親族と日常の起居を共にしていない親族が、勤務、修学等の余暇には当該他の親族のもとで起居を共にすることを常例としている場合
ロ　これらの親族間において、常に生活費、学資金、療養費等の送金が行われている場合
（2）親族が同一の家屋に起居している場合には、明らかに互いに独立した生活を営んでいると認められる場合を除き、これらの親族は生計を一にするものとする。

## 身体に損害を受けた者以外の者が支払を受ける傷害保険金等
（所得税基本通達9-20）

　令第30条第1号の規定により非課税とされる「身体の傷害に基因して支払を受けるもの」は、自己の身体の傷害に基因して支払を受けるものをいうのであるが、その支払を受ける者と身体に傷害を受けた者とが異なる場合であっても、その支払を受ける者がその身体に傷害を受けた者の配偶者若しくは直系血族又は生計を一にするその他の親族であるときは、当該保険金又は給付金についても同号の規定の適用があるものとする。
（注）いわゆる死亡保険金は、「身体の傷害に基因して支払を受けるもの」には該当しないのであるから留意する。

## 高度障害保険金等
（所得税基本通達9-21）

　疾病により重度障害の状態になったことなどにより、生命保険契約又は損害保険契約に基づき支払を受けるいわゆる高度障害保険金、高度障害給付金、入院費給付金等（一時金として受け取るもののほか、年金として受け取るものを含む。）は、令第30条第1号に掲げる「身体の傷害に基因して支払を受けるもの」に該当するものとする。

## 所得補償保険金
（所得税基本通達9-22）

　被保険者の傷害又は疾病により当該被保険者が勤務又は業務に従事することができなかったことによるその期間の給与又は収益の補填として損害保険契約に基づき当該被保険者が支払を受ける保険金は、令第30条第1号に掲げる「身体の傷害に基因して支払を受けるもの」に該当するものとする。
（注）業務を営む者が自己を被保険者として支払う当該保険金に係る保険料は、当該業務に係る所得の金額の計算上必要経費に算入することができないのであるから留意する。

## 葬祭料、香典等
（所得税基本通達9-23）

　葬祭料、香典又は災害等の見舞金で、その金額がその受贈者の社会的地位、贈与者との関係等に照らし社会通念上相当と認められるものについては、令第30条の規定により課税しないものとする。

## 退職手当等の範囲
（所得税基本通達30-1）

　退職手当等とは、本来退職しなかったとしたならば支払われなかったもので、退職したことに基因して一時に支払われることとなった給与をいう。したがって、退職に際し又は退職後に使用者等から支払われる給与で、その支払金額の計算基準等からみて、他の引き続き勤務している者に支払われる賞与等と同性質であるものは、退職手当等に該当しないことに留意する。

## 引き続き勤務する者に支払われる給与で退職手当等とするもの
（所得税基本通達30-2）

　引き続き勤務する役員又は使用人に対し退職手当等として一時に支払われる給与のうち、次に掲げるものでその給与が支払われた後に支払われる退職手当等の計算上その給与の計算の基礎となった勤続期間を一切加味しない条件の下に支払われるものは、30-1にかかわらず、退職手当等とする。
（1）新たに退職給与規程を制定し、又は中小企業退職金共済制度若しくは確定拠出年金制度への移行等相当の理由により従来の退職給与規程を改正した場合において、使用人に対し当該制定又は改正前の勤続期間に係る退職手当等として支払われる給与
（注）1　上記の給与は、合理的な理由による退職金制度の実質的改変により精算の必要から支払われるものに限られるのであって、例えば、使用人の選択によって支払われるものは、これに当たらないことに留意する。
　　2　使用者が上記の給与を未払金等として計上した場合には、当該給与は現に支払われる時の退職手当等とする。この場合において、当該給与が2回以上にわたって分割して支払われるときは、令第77条（（退職所得の収入の時期））の規定の適用があることに留意する。
（2）使用人から役員になった者に対しその使用人であった勤続期間に係る退職手当等として支払われる給与（退職給与規程の制定又は改正により、使用人から役員になった者に対しその使用人であった期間に係る退職手当等を支払うこととした場合において、その制定又は改正の時に既に役員になっている者の全員に対し当該退職手当等として支払われる給与で、その者が役員になった時までの期間の退職手当等として相当なものを含む。）
（3）役員の分掌変更等により、例えば、常勤役員が非常勤役員（常時勤務していない者であっても代表権を有する者及び代表権は有しないが実質的にその法人の経営上主要な地位を占めていると認められるものを除く。）になったこと、分掌変更等の後における報酬が激減（おおむね50％以上減少）したことなどで、その職務の内容又はその地位が激変した者に対し、当該分掌変更等の前における役員であった勤続期間に係る退職手当等として支払われる給与
（4）いわゆる定年に達した後引き続き勤務する使用人に対し、その定年に達する前の勤続期間に係る退職手当等として支払われる給与
（5）労働協約等を改正していわゆる定年を延長した場合において、その延長前の定年（以下この（5）において「旧定年」という。）に達した使用人に対し旧定年に達する前の勤続期間に係る退職手当等として支払われる給与で、その支払をすることにつき相当の理由があると認められるもの
（6）法人が解散した場合において引き続き役員又は使用人として清算事務に従事する者に対し、その解散前の勤続期間に係る退職手当等として支払われる給与

## 一時所得の例示
(所得税基本通達34-1)

次に掲げるようなものに係る所得は、一時所得に該当する。
(4) 令第183条第2項《生命保険契約等に基づく一時金に係る一時所得の金額の計算》に規定する生命保険契約等に基づく一時金(業務に関して受けるものを除く。)及び令第184条第4項《損害保険契約等に基づく満期返戻金等》に規定する損害保険契約等に基づく満期返戻金等

## 生命保険契約等に基づく一時金又は損害保険契約等に基づく満期返戻金等に係る所得金額の計算上控除する保険料等
(所得税基本通達34-4)

令第183条第2項第2号又は第184条第2項第2号に規定する保険料又は掛金の総額には、以下の保険料又は掛金の額が含まれる。
(1) その一時金又は満期返戻金等の支払を受ける者が自ら支出した保険料又は掛金
(2) 当該支払を受ける者以外の者が支出した保険料又は掛金であって、当該支払を受ける者が自ら負担して支出したものと認められるもの
(注)1 使用者が支出した保険料又は掛金で36-32により給与等として課税されなかったものの額は、上記(2)に含まれる。
2 相続税法の規定により相続、遺贈又は贈与により取得したものとみなされる一時金又は満期返戻金等に係る部分の金額は、上記(2)に含まれない。

## 雑所得の例示
(所得税基本通達35-1)

次に掲げるようなものに係る所得は、雑所得に該当する。
(9) 令第183条第1項((生命保険契約等に基づく年金に係る雑所得の金額の計算上控除する保険料等))、令第184条第1項((損害保険契約等に基づく年金に係る雑所得の金額の計算上控除する保険料等))、令第185条((相続等に係る生命保険契約等に基づく年金に係る雑所得の金額の計算))及び令第186条((相続等に係る損害保険契約等に基づく年金に係る雑所得の金額の計算))の規定の適用を受ける年金

## 年金に代えて支払われる一時金
(所得税基本通達35-3)

令第183条第1項、令第184条第1項、令第185条又は令第186条の規定の対象となる年金の受給資格者に対し当該年金に代えて支払われる一時金のうち、当該年金の受給開始日以前に支払われるものは一時所得の収入金額とし、同日後に支払われるものは雑所得の収入金額とする。ただし、同日後に支払われる一時金であっても、将来の年金給付の総額に代えて支払われるものは、一時所得の収入金額として差し支えない。

## 生命保険契約等又は損害保険契約等に基づく年金に係る所得金額の計算上控除する保険料等
(所得税基本通達35-4)

令第183条第1項第2号ロ又は第184条第1項第2号ロに規定する保険料又は掛金の総額には、以下の保険料又は掛金の額が含まれる。
(1) その年金の支払を受ける者が自ら支出した保険料又は掛金
(2) 当該支払を受ける者以外の者が支出した保険料又は掛金であって、当該支払を受ける者が自ら負担して支出したものと認められるもの
(注) 使用者が支出した保険料又は掛金で36-32により給与等として課税されなかったものの額は、上記(2)に含まれる。

## 一時所得の総収入金額の収入すべき時期
(所得税基本通達36-13)

一時所得の総収入金額の収入すべき時期は、その支払を受けた日によるものとする。ただし、その支払を受けるべき金額がその日前に支払者から通知されているものについては、当該通知を受けた日により、令第183条第2項《生命保険契約等に基づく一時金に係る一時所得の金額の計算》に規定する生命保険契約等に基づく一時金又は令第184条第4項《損害保険契約等に基づく満期返戻金等》に規定する損害保険契約等に基づく満期返戻金等のようなものについては、その支払を受けるべき事実が生じた日による。

## 雑所得の収入金額又は総収入金額の収入すべき時期
(所得税基本通達36-14)

雑所得の収入金額又は総収入金額の収入すべき時期は、次に掲げる区分に応じそれぞれ次に掲げる日によるものとする。
(1) 法第35条第3項《雑所得》に規定する公的年金等
イ 公的年金等の支給の基礎となる法令、契約、規程又は規約(以下この(1)において「法令等」という。)により定められた支給日
ロ 法令等の改正、改訂が既往にさかのぼって実施されたため既往の期間に対応して支払われる新旧公的年金等の差額で、その支給日が定められているものについてはその支給日、その日が定められていないものについてはその改正、改訂の効力が生じた日
(注) 裁定、改定等の遅延、誤びゅう等により既往にさかのぼって支払われる公的年金等については、法令等により定められた当該公的年金等の計算の対象とされた期間に係る各々の支給日によることに留意する。
(2) (1)以外のもの
その収入の態様に応じ、他の所得の収入金額又は総収入金額の収入すべき時期の取扱いに準じて判定した日

## 使用者契約の養老保険に係る経済的利益
(所得税基本通達36-31)

使用者が、自己を契約者とし、役員又は使用人(これらの者の親族を含む。)を被保険者とする養老保険に加入してその保険料を支払ったことにより当該役員又は使用人が受ける経済的利益(傷害特約等の特約に係る保険料の額に相当する金額を除く。)については、次に掲げる場合の区分に応じ、それぞれ次により取り扱うものとする。
(1) 死亡保険金(被保険者が死亡した場合に支払われる保険金をいう。以下36-31の2までにおいて同じ。)及び生存保険金(被保険者が保険期間の満了の日その他一定の時期に生存している場合に支払われる保険金をいう。以下この項において同じ。)の受取人が当該使用者である場合 当該役員又は使用人が受ける経済的利益はないものとする。
(2) 死亡保険金及び生存保険金の受取人が被保険者又はその遺族である場合 その支払った保険料の額に相当する金額は、当該役員又は使用人に対する給与等とする。
(3) 死亡保険金の受取人が被保険者の遺族で、生存保険金の受取人が当該使用者である場合 当該役員又は使用人が受ける経済的利益はないものとする。ただし、役員又は特定の使用人(これらの者の親族を含む。)のみを被保険者としている場合には、その支払った保険料の額のうち、その2分の1に相当する金額は、当該役員又は使用人に対する給与等とする。
(注)1 傷害特約等の特約に係る保険料を使用者が支払ったことにより役員又は使用人が受ける経済的利益については、36-31の4参照
2 上記(3)のただし書については、次によることに留意する。

(1) 保険加入の対象とする役員又は使用人について、加入資格の有無、保険金額等に格差が設けられている場合であっても、それが職種、年齢、勤続年数等に応ずる合理的な基準により、普遍的に設けられた格差であると認められるときは、ただし書を適用しない。
(2) 役員又は使用人の全部又は大部分が同族関係者である法人については、たとえその役員又は使用人の全部を対象として保険に加入する場合であっても、その同族関係者である役員又は使用人については、ただし書を適用する。

## 保険契約等に関する権利の評価
(所得税基本通達36-37)

使用者が役員又は使用人に対して支給する生命保険契約若しくは損害保険契約に関する権利については、その支給時において当該契約を解除したとした場合に支払われることとなる解約返戻金の額(解約返戻金のほかに支払われることとなる前納保険料の金額、剰余金の分配額等がある場合には、これらの金額との合計額)により評価する。

## 支払った生命保険料等の金額
(所得税基本通達76-3)

法第76条第1項第1号に規定する「支払った新生命保険料の金額」、同項第2号に規定する「支払った旧生命保険料の金額」、同条第2項各号に規定する「支払った介護医療保険料の金額」、同条第3項第1号に規定する「支払った新個人年金保険料の金額」又は同項第2号に規定する「支払った旧個人年金保険料の金額」については、次による。
(1) 生命保険契約等(法第76条第5項に規定する「新生命保険契約等」(76-6において「新生命保険契約等」という。)、同条第6項に規定する「旧生命保険契約等」(76-6において「旧生命保険契約等」という。)、同条第7項に規定する「介護医療保険契約等」(76-6において「介護医療保険契約等」という。)、同条第8項に規定する「新個人年金保険契約等」(76-6及び76-8において「新個人年金保険契約等」という。)及び旧個人年金保険契約等をいう。76-5、76-7及び76-8において同じ。)に基づく保険料又は掛金(以下76-6までにおいて「生命保険料等」という。)で払込期日が到来したものであっても、現実に支払っていないものは含まれない。
(2) その年中にいわゆる振替貸付けにより生命保険料等の払込みに充当した金額は、その年において支払った金額とする。
(注)1　いわゆる振替貸付けとは、払込期日までに生命保険料等の払込みがない契約を有効に継続させるため、保険約款等に定めるところにより保険会社等が生命保険料等の払込みに充当するために貸付けを行い、その生命保険料等の払込みに充当する処理を行うことをいう。
2　いわゆる振替貸付けにより生命保険料等に充当した金額を後日返済しても、その返済した金額は支払った生命保険料等には該当しない。
(3) 前納した生命保険料等については、次の算式により計算した金額をその年において支払った金額とする。
前納した生命保険料等の総額(前納により割引された場合にはその割引後の金額)×(前納した生命保険料等に係るその年中に到来する払込期日の回数)÷(前納した生命保険料等に係る払込期日の総回数)
(注)　前納した生命保険料等とは、各払込期日が到来するごとに生命保険料等の払込みに充当するものとしてあらかじめ保険会社等に払い込んだ金額で、まだ充当されない残額があるうちに保険事故が生じたなどにより生命保険料等の払込みを要しないこととなった場合に当該残額に相当する金額が返還されることとなっているものをいう。
(4) いわゆる団体扱いにより生命保険料等を払い込んだ場合において、生命保険料等の額が減額されるときは、その減額後の額を支払った金額とする。

## 使用者が負担した使用人等の負担すべき生命保険料等
(所得税基本通達76-4)

役員又は使用人の負担すべき生命保険料等を使用者が負担した場合には、その負担した金額は役員又は使用人が支払った生命保険料等の金額には含まれないものとする。ただし、その負担した金額でその役員又は使用人の給与等として課税されたものは、その役員又は使用人が支払った生命保険料等の金額に含まれるものとする。

(注) 36-31から36-31の6までにより給与等として課税されない生命保険料等及び36-32により給与等として課税されない少額の生命保険料等は、いずれも生命保険料控除の対象とはならない。

# ■相続税法基本通達等

## 相続を放棄した者の財産の取得
（相続税法基本通達3-3）

相続を放棄した者が法第3条第1項各号に掲げる財産を取得した場合においては、当該財産は遺贈により取得したものとみなされるのであるから留意する。

## 年金により支払を受ける保険金
（相続税法基本通達3-6）

法第3条第1項第1号の規定により相続又は遺贈により取得したものとみなされる保険金には、一時金により支払を受けるもののほか、年金の方法により支払を受けるものも含まれるのであるから留意する。

## 法第3条第1項第1号に規定する保険金
（相続税法基本通達3-7）

法第3条第1項第1号の生命保険契約又は損害保険契約（以下3-7から3-9まで及び3-11から3-13までにおいてこれらを「保険契約」という。）の保険金は、被保険者（被共済者を含む。以下同じ。）の死亡（死亡の直接の基因となつた傷害を含む。以下3-16及び3-17において同じ。）を保険事故（共済事故を含む。以下同じ。）として支払われるいわゆる死亡保険金（死亡共済金を含む。以下同じ。）に限られ、被保険者の傷害（死亡の直接の基因となつた傷害を除く。以下3-7において同じ。）、疾病その他これらに類するもので死亡を伴わないものを保険事故として支払われる保険金（共済金を含む。以下同じ。）又は給付金は、当該被保険者の死亡後に支払われたものであつても、これに含まれないのであるから留意する。

（注）被保険者の傷害、疾病その他これらに類するもので死亡を伴わないものを保険事故として被保険者に支払われる保険金又は給付金が、当該被保険者の死亡後に支払われた場合には、当該被保険者たる被相続人の本来の相続財産になるのであるから留意する。

## 保険金とともに支払を受ける剰余金等
（相続税法基本通達3-8）

法第3条第1項第1号の規定により相続又は遺贈により取得したものとみなされる保険金には、保険契約に基づき分配を受ける剰余金、割戻しを受ける割戻金及び払戻しを受ける前納保険料の額で、当該保険契約に基づき保険金とともに当該保険契約に係る保険金受取人（共済金受取人を含む。以下同じ。）が取得するものを含むものとする。

## 契約者貸付金等がある場合の保険金
（相続税法基本通達3-9）

保険契約に基づき保険金が支払われる場合において、当該保険契約の契約者に対する貸付金若しくは保険料の振替貸付けに係る貸付金又は未払込保険料の額（いずれもその元利合計金額とし、以下3-9及び5-7においてこれらの合計金額を「契約者貸付金等の額」という。）があるため、当該保険金の額から当該契約者貸付金等の額が控除されるときの法第3条第1項第1号の規定の適用については、次に掲げる場合の区分に応じ、それぞれ次による。

(1) 被相続人が保険契約者である場合
保険金受取人は、当該契約者貸付金等の額を控除した金額に相当する保険金を取得したものとし、当該控除に係る契約者貸付金等の額に相当する保険金及び当該控除に係る契約者貸付金等の額に相当する債務はいずれもなかったものとする。

(2) 被相続人以外の者が保険契約者である場合
保険金受取人は、当該契約者貸付金等の額を控除した金額に相当する保険金を取得したものとし、当該控除に係る契約者貸付金等の額に相当する部分については、保険契約者が当該相当する部分の保険金を取得したものとする。

## 「保険金受取人」の意義
（相続税法基本通達3-11）

法第3条第1項第1号に規定する「保険金受取人」とは、その保険契約に係る保険約款等の規定に基づいて保険事故の発生により保険金を受け取る権利を有する者（以下3-12において「保険契約上の保険金受取人」という。）をいうものとする。

## 養育年金付こども保険に係る保険契約者が死亡した場合
（相続税法基本通達3-15）

被保険者（子）が一定の年齢に達するごとに保険金が支払われるほか、保険契約者（親）が死亡した場合にはその後の保険料を免除するとともに満期に達するまで年金を支払ういわゆる養育年金付こども保険に係る保険契約者が死亡した場合における取扱いは、次に掲げるところによるものとする。

(1) 年金受給権に係る課税関係
保険契約者の死亡により被保険者等が取得する年金の受給権の課税関係については、次による。

イ　保険契約者が負担した保険料に対応する部分の年金の受給権　法第3条第1項第1号に規定する保険金とする。

ロ　保険契約者以外の者（当該受給権を取得した被保険者を除く。）が負担した保険料に対応する部分の年金の受給権　法第5条第1項に規定する保険金とする。

(注) イ及びロの年金の受給権の評価については、24-2参照。

(2) 生命保険契約に関する権利に係る課税関係
保険契約者の死亡後被保険者が一定の年齢に達するごとに支払われる保険金に係る生命保険契約に関する権利のうち保険契約者が負担した保険料に対応する部分については、当該保険契約者の権利義務を承継する被保険者について法第3条第1項第3号の規定を適用する。

## 雇用主が保険料を負担している場合
（相続税法基本通達3-17）

雇用主がその従業員（役員を含む。以下同じ。）のためにその者（その者の配偶者その他の親族を含む。）を被保険者とする生命保険契約又はこれらの者の身体を保険の目的とする損害保険契約に係る保険料の全部又は一部を負担している場合において、保険事故の発生により従業員その他の者が当該契約に係る保険金を取得したときの取扱いは、次に掲げる場合の区分に応じ、それぞれ次によるものとする。ただし、雇用主が当該保険金を従業員の退職手当金等として支給することとしている場合には、当該保険金は法第3条第1項第2号に掲げる退職手当金等に該当するものとし、この取扱いを適用しない。

(1) 従業員の死亡を保険事故としてその相続人その他の者が当該保険金を取得した場合　雇用主が負担した保険料は、当該従業員が負担していたものとして、当該保険料に対応する部分については、法第3条第1項第1号の規定を適用する。

(2) 従業員以外の者の死亡を保険事故として当該従業員が当該保険金を取得した場合　雇用主が負担した保険料は、当該従業員が負担していたものとして、当該保険料に対応する部分については、相続税及び贈与税の課税関係は生じないものとする。

(3) 従業員以外の者の死亡を保険事故として当該従業員及びその被保険者以外の者が当該保険金を取得した場合　雇用主が負担した保険料は、当該従業員が負担していたものとして、当該保険料に対応する部分については、法第5条第1項の規定を適用する。

(注)雇用主が契約者で、かつ、従業員以外の者が被保険者である生命保険契約に係る保険料を雇用主が負担している場合において、当該従業員が死亡したときは、当該生命保険契約に関する権利については、法第3条第1項第3号の規定は適用がないものとする。

## 弔慰金等の取扱い
(相続税法基本通達3-20)

被相続人の死亡により相続人その他の者が受ける弔慰金、花輪代、葬祭料等については、3-18及び3-19に該当すると認められるものを除き、次に掲げる金額を弔慰金等に相当する金額として取り扱い、当該金額を超える部分の金額があるときは、その超える部分に相当する金額は退職手当金等に該当するものとして取り扱うものとする。
(1) 被相続人の死亡が業務上の死亡であるときは、その雇用主等から受ける弔慰金等のうち、当該被相続人の死亡当時における賞与以外の普通給与(俸給、給料、賃金、扶養手当、勤務地手当、特殊勤務地手当等の合計額をいう。)の3年分に相当する金額
(2) 被相続人の死亡が業務上の死亡でないときは、その雇用主等から受ける弔慰金等のうち、当該被相続人の死亡当時における賞与以外の普通給与の半年分に相当する金額

## 退職金等の支給を受けた者
(相続税法基本通達3-25)

法第3条第1項第2号の被相続人に支給されるべきであった退職手当金等の支給を受けた者とは、次に掲げる場合の区分に応じ、それぞれ次に掲げる者をいうものとする。
(1) 退職給与規程その他これに準ずるもの(以下3-25において「退職給与規程等」という。)の定めによりその支給を受ける者が具体的に定められている場合 当該退職給与規程等により支給を受けることとなる者
(2) 退職給与規程等により支給を受ける者が具体的に定められていない場合又は当該被相続人が退職給与規程等の適用を受けない者である場合
イ 相続税の申告書を提出する時又は国税通則法(昭和37年法律第66号。以下「通則法」という。)第24条から第26条までの規定による更正(以下「更正」という。)若しくは決定(以下「決定」という。)をする時までに当該被相続人に係る退職手当金等を現実に取得した者があるとき その取得した者
ロ 相続人全員の協議により当該被相続人に係る退職手当金等の支給を受ける者を定めたとき その定められた者
ハ イ及びロ以外のとき その被相続人に係る相続人の全員
(注)この場合には、各相続人は、当該被相続人に係る退職手当金等を各人均等に取得したものとして取り扱うものとする。

## 退職手当金等に該当する生命保険契約に関する権利等
(相続税法基本通達3-28)

雇用主がその従業員のために、次に掲げる保険契約又は共済契約(これらの契約のうち一定期間内に保険事故が発生しなかった場合において返還金その他これに準ずるものの支払がないものを除く。)を締結している場合において、当該従業員の死亡によりその相続人その他の者がこれらの契約に関する権利を取得したときは、当該契約に関する権利は、法第3条第1項第2号に規定する退職手当金等に該当するものとする。
(1) 従業員の配偶者その他の親族等を被保険者とする生命保険契約又は損害保険契約
(2) 従業員又はその者の配偶者その他の親族等の有する財産を保険又は共済の目的とする損害保険契約又は共済契約
(注)上記の場合において退職手当金等とされる金額は、生命保険契約に関する権利として時価で評価したときの金額による。

## 契約者が取得したものとみなされた生命保険契約に関する権利
(相続税法基本通達3-35)

法第3条第1項第3号の規定により、保険契約者が相続又は遺贈によって取得したものとみなされた部分の生命保険契約に関する権利は、そのみなされた時以後は当該契約者が自ら保険料を負担したものと同様に取り扱うものとする。

## 被保険者でない保険契約者が死亡した場合
(相続税法基本通達3-36)

被保険者でない保険契約者が死亡した場合における生命保険契約に関する権利についての取扱いは、次に掲げるところによるものとする
(1) その者が当該契約による保険料を負担している場合(法第3条第1項第3号の規定により、相続又は遺贈によって保険契約に関する権利を取得したものとみなされる場合を含む。)には、当該契約に関する権利は、相続人その他の者が相続又は遺贈により取得する財産となること。
(2) その者が当該契約による保険料を負担していない場合(法第3条第1項第3号の規定により、相続又は遺贈によって保険契約に関する権利を取得したものとみなされる場合を除く。)には、課税しないものとすること。

## 保険金受取人が取得した保険金で課税関係の生じない場合
(相続税法基本通達3-38)

保険金受取人の取得した保険金の額のうち、法第3条第1項第3号の規定により当該保険金受取人が相続により取得したものとみなされた部分に対応する金額又は自己の負担した保険料の金額に対応する部分の金額については、相続又は遺贈によって取得する財産とはならないのであるから留意する。

## 保証据置年金契約の年金受取人が死亡した場合
(相続税法基本通達3-45)

保証据置年金契約(年金受取人が年金支払開始年齢に達した日からその死亡に至るまで年金の支払をするほか、一定の期間内に年金受取人が死亡したときは、その残存期間中年金継続受取人に継続して年金の支払をするものをいう。)又は保証期間付年金保険契約(保険事故が発生した場合に保険金受取人に年金の支払をするほか、一定の期間内に保険金受取人が死亡した場合には、その残存期間中継続受取人に継続して年金の支払をするものをいい、これに類する共済契約を含む。)の年金給付事由又は保険事故が発生した後、保証期間内に年金受取人(保険金受取人を含む。以下3-45において同じ。)が死亡した場合には、次に掲げるところによるのであるから留意する。
(1) 年金受取人が掛金又は保険料の負担者であるときは、法第3条第1項第5号の規定により継続受取人が掛金又は保険料の負担者からその負担した掛金又は保険料の金額のその相続開始の時までに払い込まれた掛金又は保険料の全額に対する割合に相当する部分を相続又は遺贈によって取得したものとみなされること。
(2) 年金受取人が掛金又は保険料の負担者でないときは、法第6条第3項の規定により継続受取人が掛金又は保険料の負担者からその負担した掛金又は保険料の金額の相続開始の時までに払い込まれた掛金又は保険料の全額に対する割合に相当する部分を贈与によって取得したものとみなされること。
(3) 掛金又は保険料の負担者と継続受取人とが同一人であるときは、課税しないものとすること

## 法第3条第1項第1号の規定の適用を受ける保険金に関する取扱いの準用
(相続税法基本通達5-1)

　法第5条第1項の規定により贈与により取得したものとみなされる保険金については、3-6及び3-8から3-10までの取扱いに準ずるものとする。

## 生命保険契約の転換があった場合
(相続税法基本通達5-7)

　いわゆる契約転換制度により生命保険契約を転換前契約から転換後契約に転換した場合において、当該転換に際し転換前契約に係る契約者貸付金等の額が転換前契約に係る責任準備金(共済掛金積立金、剰余金、割戻金及び前納保険料を含む。)をもって精算されたときは、当該精算された契約者貸付金等の額に相当する金額は、転換前契約に係る契約者が取得した法第5条第2項に規定する「返還金その他これに準ずるもの」に該当するものとする。

## 相続を放棄した者等の取得した保険金
(相続税法基本通達12-8)

　相続を放棄した者又は相続権を失った者が取得した保険金については、法第12条第1項第5号に掲げる保険金の非課税金額の規定の適用がないのであるから留意する。

## 相続人の数が零である場合の遺産に係る基礎控除額
(相続税法基本通達15-1)

　法第15条第2項に規定する相続人の数が零である場合における同条第1項に規定する遺産に係る基礎控除額は、3,000万円となるのであるから留意する。

## 「生活費」の意義
(相続税法基本通達21の3-3)

　法第21条の3第1項第2号に規定する「生活費」とは、その者の通常の日常生活を営むのに必要な費用(教育費を除く。)をいい、治療費、養育費その他これらに準ずるもの(保険金又は損害賠償金により補てんされる部分の金額を除く。)を含むものとして取り扱うものとする。

## 「教育費」の意義
(相続税法基本通達21の3-4)

　法第21条の3第1項第2号に規定する「教育費」とは、被扶養者の教育上通常必要と認められる学資、教材費、文具費等をいい、義務教育費に限らないのであるから留意する。

## 生活費及び教育費の取扱い
(相続税法基本通達21の3-5)

　法第21条の3第1項の規定により生活費又は教育費に充てるためのものとして贈与税の課税価格に算入しない財産は、生活費又は教育費として必要な都度直接これらの用に充てるために贈与によって取得した財産をいうものとする。したがって、生活費又は教育費の名義で取得した財産を預貯金した場合又は株式の買入代金若しくは家屋の買入代金に充当したような場合における当該預貯金又は買入代金等の金額は、通常必要と認められるもの以外のものとして取り扱うものとする。

## 生活費等で通常必要と認められるもの
(相続税法基本通達21の3-6)

　法第21条の3第1項第2号に規定する「通常必要と認められるもの」は、被扶養者の需要と扶養者の資力その他一切の事情を勘案して社会通念上適当と認められる範囲の財産をいうものとする。

## 社交上必要と認められる香典等の非課税の取扱い
(相続税法基本通達21の3-9)

　個人から受ける香典、花輪代、年末年始の贈答、祝物又は見舞い等のための金品で、法律上贈与に該当するものであっても、社交上の必要によるもので贈与者と受贈者との関係等に照らして社会通念上相当と認められるものについては、贈与税を課税しないことに取り扱うものとする。

## 「定期金給付契約に関する権利」の意義
(相続税法基本通達24-1)

　法第24条に規定する「定期金給付契約に関する権利」とは、契約によりある期間定期的に金銭その他の給付を受けることを目的とする債権をいい、毎期に受ける支分債権ではなく、基本債権をいうのであるから留意する。
(注)法第24条の規定の適用に当たっては、評価基本通達第8章第3節((定期金に関する権利))の定めに留意する。

## 年金により支払を受ける生命保険金等の額
(相続税法基本通達24-2)

　年金の方法により支払又は支給を受ける生命保険契約若しくは損害保険契約に係る保険金又は退職手当金等の額は、法第24条の規定により計算した金額による。
　なお、一時金で支払又は支給を受ける生命保険契約若しくは損害保険契約に係る保険金又は退職手当金等の額は、当該一時金の額を分割の方法により利息を付して支払又は支給を受ける場合であっても当該一時金の額であることに留意する。

## 解約返戻金の金額
(相続税法基本通達24-3)

　法第24条第1項第1号イ、同項第2号イ及び同項第3号イに規定する解約返戻金の金額は、定期金給付契約に関する権利を取得した時において定期金給付契約を解約するとした場合に支払われることとなる解約返戻金に、当該解約返戻金とともに支払われることとなる剰余金の分配額等がある場合にはこれらの金額を加算し、解約返戻金の金額につき源泉徴収されるべき所得税の額に相当する金額がある場合には当該金額を減算した金額をいうことに留意する。

## 生命保険契約に関する権利の評価
(財産評価基本通達214)

　相続開始の時において、まだ保険事故(共済事故を含む。この項において同じ。)が発生していない生命保険契約に関する権利の価額は、相続開始の時において当該契約を解約するとした場合に支払われることとなる解約返戻金の額(解約返戻金のほかに支払われることとなる前納保険料の金額、剰余金の分配額等がある場合にはこれらの金額を加算し、解約返戻金の額につき源泉徴収されるべき所得税の額に相当する金額がある場合には当該金額を減算した金額)によって評価する。
(注)1　本項の「生命保険契約」とは、相続税法第3条((相続又は遺贈により取得したものとみなす場合))第1項第1号に規定する生命保険契約をいい、当該生命保険契約には一定期間内に保険事故が発生しなかった場合において返還金その他これに準ずるものの支払がない生命保険契約は含まれないのであるから留意する。
　　2　被相続人が生命保険契約の契約者である場合において、当該生命保険契約の契約者に対する貸付金若しくは保険料の振替貸付けに係る貸付金又は未払込保険料の額(いずれもその元利合計金額とする。)があるときは、当該契約者貸付金等の額について相続税法第13条((債務控除))の適用があるのであるから留意する。

●著者紹介

岩崎　敏（いわさき　さとし）
＜税理士＞

登美　武（とみ　たけし）
＜公認会計士＞

追中　徳久（おいなか　のりひさ）
＜税理士＞

---

6万件の相談事例にもとづく実践マニュアル
# 生命保険税務と周辺問題Q&A 最新改訂版
（付）保険税務否認事例集／裁判例・国税不服審判所裁決事例集

2019年1月23日　最新改訂版発行

| | |
|---|---|
| 著　　者 | 株式会社 星和ビジネスリンク |
| | 岩崎敏　登美武　追中徳久 |
| 編　　集 | 榊　原　正　則 |
| 発　行　者 | 今　井　進次郎 |

発行所　㈱新日本保険新聞社
　　　　大阪市西区靭本町1丁目5－15
　　　　（第二富士ビル6階）
　　　　郵便番号　550－0004
　　　　電　話　06－6225－0550
　　　　FAX　06－6225－0551
　　　　ホームページ　https://www.shinnihon-ins.co.jp

印刷／株式会社　廣済堂
豊中市螢池西町2-2-1
ISBN978-4-905451-55-6

※本書は、平成30年4月1日現在の税制に基づいて作成しています。個別の取扱い
　については、所轄の国税局・税務署などにご確認願います。
※ネット上を含め、無断転載を禁じます。